李克 编著

全球通史

The Rise of
Capitalism

资本主义的崛起

A Global
History

6

中国大百科全书出版社

图书在版编目（CIP）数据

全球通史. 6 / 李克编著. -- 北京 : 中国大百科全
书出版社, 2025. 5. -- ISBN 978-7-5202-1775-0

Ⅰ. K10

中国国家版本馆CIP数据核字第2025ZK1662号

出 版 人　刘祚臣
责任编辑　牛　昭
责任校对　关少华
责任印制　邹景峰
封面设计　周　亮
版式设计　北京崇贤馆
出版发行　中国大百科全书出版社
地　　址　北京市西城区阜成门北大街17号
邮　　编　100037
电　　话　010-88390790
网　　址　http://www.ecph.com.cn
印　　刷　河北泓景印刷有限公司
开　　本　710毫米×1000毫米　1/16
本册印张　19
本册字数　289千字
版　　次　2025年5月第1版
印　　次　2025年5月第1次印刷
书　　号　ISBN 978-7-5202-1775-0
定　　价　498.00元（全8册）

目录

近代篇（下）

02 19 世纪下半叶的欧美日：帝国主义

04 近代欧美科学文化发展

现代篇（上）

01 20 世纪初的世界

近代篇（下）

19世纪中叶的欧美：改革与统一

　　19世纪六七十年代，随着欧洲工业革命的完成，欧美各国出现了资产阶级革命和改革的浪潮。英国出现了无产阶级为争取民主权利和爱尔兰争取民族解放的斗争。德国、意大利通过自上而下的改革实现了统一。美国为进一步发展资本主义经济爆发了南北战争。俄国进行了农奴制改革等。经过革命和改革，欧美各主要国家进一步确立了资本主义制度。

老角色：英国的改革与发展

19 世纪中期，英国完成第一次工业革命，成为世界上较早实现工业化的资本主义性质的国家。英国凭借强大的工业实力，成为当时的"世界工厂"。在这一时期，英国无产阶级的力量不断壮大，他们为争取、扩大自己的民主权利进行了不懈的斗争。此外，爱尔兰人民为摆脱英国的殖民统治进行了多次民族独立战争。

英国：世界工厂

19 世纪五六十年代的英国进入了经济高速增长时期。这一时期英国已经完成工业革命，机器成为生产的重要工具，为工业的迅速发展创造了条件。此时的英国不仅拥有发达的纺织业，钢铁、煤炭、机器制造、造船等行业也都迅速发展起来。

1850 年，世界有一半的棉布是英国纺织厂生产的。1850 年，英国有棉纺工厂 1900 家，动力织机 29 万多台；到 1870 年棉纺工厂增至 2400 家，动力织机则增加到了 60 多万台，棉花的加工量几乎增加了一倍。在同一时期，英国的煤炭产量增加了一倍多，从 4900 多万吨增长到 1.1 亿吨；生铁的产量也从 200 多万吨增加到了近 600 万吨。在整个 19 世纪 50 年代，英国已经出现了不少拥有几千人的大型工厂，一些工厂甚至拥有上万人。到 1870 年，英国的城市人口占到了全国人口的 60%。

英国向海外大量输出的商品除了轻工业产品外，还有重工业产品，尤其是机器制造业产品占有重要比重，其中机器、机床和机车等大量出口许多国家。1825 年，英国政府取消了机器出口的限制，英国机器开始远销海外。

1845 年至 1870 年，英国机器的海外输出量增长了 9 倍。在造船业方面，英国是世界首个由木材造船改为用金属造船的国家，促进了轮船制造业的发展。英国为世界各国制造各类船舶。1850 年至 1870 年，英国制造并登记的船舶吨位从 13.4 万吨增长到了 34.3 万吨。英国逐渐垄断了世界的主要航运业，英国的轮船频繁航行于美洲、亚洲和非洲各国。

工业生产的快速发展和发达的海洋运输业促进了英国对外贸易业的发展。1850 年至 1870 年，英国出口额和进口额分别增长了 2 倍，在世界贸易中占居首位，对外贸易总额超过了法、德、美三国的总和。英国的对外贸易主要是出口本国生产的工业产品，进口工业生产所需的原料、粮食。英国通过大量出口工业产品，获得了大量资本，促进了资本主义经济的繁荣。

1851 年世界博览会的伦敦水晶宫内部
1851 年，第一届世界博览会在英国召开，向世人展示了现代工业的发展。

19 世纪中期，英国除了大量向世界各国输出工业产品之外，也输出技术和资本。50 年代，西欧的许多铁路是英国人承包建造的，英国甚至提供了修建铁路的一部分资金。英国的经济繁荣与大规模掠夺殖民地是分不开的。1857 年，资本主义世界爆发经济危机，英国加紧了对各殖民地的经济渗透。英国将各殖民地作为原料产地，又将它们作为商品输出市场和投资场所。例如，英国就在印度大规模地修建铁路，输出资本。

19 世纪前期，英国将资本投向世界各国，然而这些资本却很少投向殖民地。19 世纪 60 年代以后，英国则不断加大对殖民地的资本投资。1850 年，英国的对外投资有 2/3 在欧洲，其余的主要在美洲。1854 年至 1860 年，英国的

英国的蒸汽机车
英国发明家斯蒂芬森设计建造的"火箭"号蒸汽机车于 1829 年 10 月参加蒸汽机车比赛，以运行可靠、速度最快得奖。它已初具现代蒸汽机车基本构造特征。

对外投资总额从 3 亿英镑增长到了 6.5 亿英镑。1868 年英国仅在修筑印度铁路的投资金额就达到了 7500 万英镑。1870 年英国的对外投资总额达 7.5 亿英镑，其中 1/4 以上的资本作为债款贷给了各殖民地国家。

在农业经济方面，英国虽然大规模地使用先进的生产技术，大大提高了生产水平，但是农业在国家经济中的比重出现了明显下降。日益增长的城市人口加剧了对粮食的需要，加速了英国对粮食的输入。英国成为从世界各地获取原料和粮食、输出工业产品的"世界工厂"。此时的英国经济处于一个黄金时期，在世界工商业中处于垄断地位，成为影响世界经济的关键因素。

英国政局的变迁

1848 年，在欧洲大陆革命风暴的推动下，英国宪章派再次掀起改革运动的高潮。4 月 10 日，英国宪章派在伦敦肯宁顿广场举行群众集会，并示威游行，向英国议会递交请愿书，要求政府实现《人民宪章》中提出的要求。英国政府禁止群众举行集会，并派警察封锁了通往议会的道路。当日群众的示威游行遭到宪兵的镇压，议会拒绝接受宪章派的请愿书。此外，曼彻斯特、伯明翰、利物浦、格拉斯哥等城市的示威游行也被镇压下去。紧接着，政府下令解散全国宪章派协会，宪章运动由此衰落，逐渐偃旗息鼓。英国资本主义经济的繁荣发展是这次群众运动退潮的重要因素之一。

19 世纪中期，活跃在英国政治舞台上的政党主要有两个——由辉格党蜕变而来的自由党和由托利党蜕变而来的保守党。自由党主要代表工商业资产阶级的利益，大贵族代表是该党的上层，与资产阶级集团有着密切联系。保守党主

帕麦斯顿
帕麦斯顿是英国前首相、帝国主义者，是两
次侵华鸦片战争的支持者。

要代表大地主阶级的利益，也代表部分大资产阶级的利益，农业资本家是其主要支柱。19世纪五六十年代，自由党成为英国政治舞台上的主角。在这期间，自由党单独执政或联合其他党派执政的时间达15年之久，而保守党仅有5年的执政时间。

　　自由党的帕麦斯顿是这一时期重要的政治人物。帕麦斯顿（1784—1865年）原本是托利党人，后来加入了辉格党。自1810年开始，他连续担任内阁成员；1830年至1851年，前后出任外交大臣职务长达16年之久；1855年至1865年，两次担任首相一职，任期9年。帕麦斯顿是大贵族的代表人物，竭力维护工商业资本的利益，不断通过武力和外交手段欺凌弱小国家，为英国资本家海外投资打开和保障通路。英国的这些对外政策主要表现在多次殖民扩张和殖民战争上。例如，1852年英国将兼并的缅甸大部分领土并入自己的印度领地；1856年入侵伊朗，镇压印度民族起义等。

　　帕麦斯顿于1865年去世后，保守党的迪斯雷利和自由党的格莱斯顿在英国政治舞台上展开了角逐。他们都是资产阶级著名的政治人物。从1852年起，两人交替出任自由党和保守党内阁的财政大臣。1868年至1885年，两人又两度交替出任首相职务。

　　迪斯雷利（1804—1881年）出生于伦敦的一个犹太家庭。1835年，他加入了保守党，并于1837年当选为下议院议员。迪斯雷利是英国殖民帝国主义的积极鼓吹者和拥护者。在1857年的大选中，保守党因为反对帕麦斯顿的侵华政策而落败，迪斯雷利于是不再继续反对帕麦斯顿的外交政策，开始顺应执政党的观点。

1870 年的迪斯雷利
迪斯雷利，英国政治家、保守党领袖，曾任两届英国首相、三届内阁财政大臣。

格莱斯顿雕塑
格莱斯顿，英国政治家，曾四次出任英国首相，被誉为最伟大的英国首相之一。

　　格莱斯顿（1809—1898 年）起初是保守党人，1840 年以反对党人的身份反对帕麦斯顿的侵华政策。1859 年，他与一些主张自由贸易的保守党人脱离保守党，然后加入了自由党，数次担任财政大臣。帕麦斯顿去世后，格莱斯顿掌握了自由党的领导权。

　　在格莱斯顿和迪斯雷利角逐首相职位时期，争取改革选举权的斗争成为英国政治的主要内容。在 1832 年的英国议会改革中，工业资产阶级取得了选举权，而工人阶级、小资产阶级和广大劳动人民没有获得这个权利。在 19 世纪三四十年代的宪章运动中，工人阶级为争取选举权进行过多次英勇斗争，但都失败了。

　　19 世纪 60 年代初，工人阶级再次掀起了争取议会选举权的运动。英国工人阶级认识到议会的议员代表的是大资产阶级和地主贵族的利益，与工人阶级的利益是相对的，工人阶级只有获得选举权，才能利用选举权来维护工人阶级的利益。1865 年，英国工人阶级成立了以争取选举改革为目的的“改革同盟”。改革同盟发展迅速，到 1866 年时，英国各地出现了 70 个支部，不断掀起改革运动。

　　1866 年的经济危机沉重打击了英国的工业部门，给广大工人带来了巨大的灾难，加剧了社会的动荡。7 月下旬，改革同盟原定于在伦敦的海德公园举行一个大规模的工人群众集会，但是集会遭到警察的干预，双方发生冲突，改革同盟于是决定改到特拉法加广场举行集会。然而，大部分人坚持留在海德公园举行集会，工人群众冲破长达几百米的公园栏杆，举行了非正式的集会。同年秋天，在曼彻斯特、伯明翰和格拉斯哥等城市也分别举行了大规模的群众集会，要求进行选举改革。随着工人群众的政治积极性不断高涨，统治集团越来越感到需要对选举改革，以此来避免爆发革命。

1866 年 7 月，保守党上台，组成德比内阁。在德比内阁担任财政大臣的迪斯雷利审时度势，看到改革势在必行，拖延改革有可能会激起动乱，使政治局势陷入危险境地。迪斯雷利一反不久前反对格莱斯顿改革案的态度，决定进行选举改革，借以提高保守党和他在民众中的地位。1867 年 8 月，保守党内阁提出一项新的改革法案。这个选举改革法案在议会经过一番争论后被通过。该法案取消了 46 个城镇在下院的席位，并将这些席位分给了工业城市。法案也降低了选民的财产资格，扩大了选民的人数。据统计，英国的选民人数从 1866 年的 135.9 万多人增加到 245.5 万多人。城镇选区中的成年居民除了寄宿的工人之外都获得了选举权，然而农业工人和没有住在城镇选区的产业工人，包括大部分矿工被排斥在选举大门之外。当时的英国成年居民有 1600 多万人，将近 1300 万人被剥夺了选举权。直到 1885 年，英国才逐渐将选举权普及到城镇选区和各地区的居民。

工人运动的发展

宪章运动失败后，英国工人运动一度陷入停滞状态。19 世纪五六十年代以后，工人运动迅速发展起来，各行业部门纷纷成立了工会。这种工会被视为"新模范"，随着工人运动的发展不断壮大。

英国工会是工业革命的产物，早在 1792 年，在英国棉纺纱工人当中就出现了工会组织。工会虽然在一个时期内遭到禁止，然而经过工人的斗争，到 1824 年时成为合法的组织。1851 年，混合机器工人协会成立，成为英国首个新模范工会。该工会由众多技术工会联合组成，主要有蒸汽机业、机器制造业等部门的工会组织，拥有会员 1 万多人。此后，英国其他工业部门模仿混合机器工人协会，也成立了新模范工会，主要有石匠工会、铸铁工会和混合木工协会等。此时的英国虽然已经废除了禁止工人结社的法令，然而新模范工会在成立和发展壮大的过程中仍然经历了一些斗争。1851 年，混合机器工人协会要求取消加班和论件计酬，结果资本家采取联合停产歇业的方式进行报复，工人于是举行罢工活动。这次斗争持续了 4 个月，最终因工会资金匮乏而失败。此后，混合机器工人协会的会员人数有所减少。但 3 年后，该协会的会员人数增加到了 1.2 万多人。

1859 年，伦敦建筑工人举行大罢工，要求把每日工作时间缩短到 9 小时，遭到企业主的拒绝。企业主宣布停工，并将 2.8 万名建筑工人解雇。然而让企业主意想不到的是，其他行业的工人纷纷行动起来支援建筑工人。欧洲各国的工人也起来声援英国工人运动。这次罢工以建筑工人获胜而告终，其工作时间从 10 小时缩短为 9.5 小时。1860 年，伦敦建筑工人成立了混合木工协会，成为英国新模范工会中的一个重要工会。

随着英国工人运动的进一步发展，各行业工会都统一起来组成了全国性的组织。1860 年，新模范工会成立了全国性的"工会联合会"，成为英国工会的一个非正式的领导机构。联合会的机构设在伦敦，其主要成员有制鞋工会的乔治·奥哲尔、混合机器工人协会的威廉·阿兰、混合木工协会的罗伯特·阿普耳加思、铸铁工会的丹尼尔·盖尔等各工会的领袖。这些协会的领导人成为 60 年代英国工联主义的重要力量。

由各行业的熟练工人组织的新模范工会并不是各行业的联合工会，而是一个行业的全国性组织。工会的领导人在工会组织范围内团结会员，发挥集体精神，为争取正直的工作、公平的报酬而不断起来斗争。工会领导人并没有将工会当作是进行阶级斗争的工具，而是用它来向资本家争取改善工人的生活和劳动条件。他们将工人运动限制在经济斗争范围内，认为与其进行罢工斗争，不如通过谈判解决工人与企业主之间的矛盾，把谈判作为工人阶级斗争的主要手段，反对以推翻资本主义制度统治为目的的政治斗争和暴力革命。英国工联主义的实质就是在资本主义制度下改善一部分工人的利益。

英国工人运动出现工联主义并非偶然。19 世纪中叶，英国占有大量殖民地，垄断了世界市场，成为世界工厂。英国资产阶级通过殖民剥削和对外贸易攫取了巨额利润，并从中拿出很少的一部分收买工人阶级中的上层阶级和技术熟练的工人，培养工人阶级中的贵族阶层。此外，英国统治集团也对工会领袖进行收买。那些被资产阶级收买的工会上层分子在利益上得到了满足，自然背弃工人阶级，推行工联主义。

爱尔兰民族解放运动

　　12 世纪中叶，英格兰国王亨利二世率大军大举入侵爱尔兰，爱尔兰开始沦为英国的殖民地。17 世纪英国资产阶级革命以后，爱尔兰完全沦为英国的殖民地。1801 年，根据《英爱同盟条约》，爱尔兰完全并入英国，成立了"大不列颠及爱尔兰联合王国"。英国完成了对爱尔兰的吞并，爱尔兰成为英国最早的殖民地，在政治、经济、文化方面遭到压迫。

　　爱尔兰人民丧失了一切政治权利，议会被迫关闭，议员只能参加英国的下院。爱尔兰大量土地被英国大地主阶级霸占，广大爱尔兰农民成为英国大地主的佃农。19 世纪中叶以后，英国加紧了对爱尔兰人民的压迫。1846 年，英国废除《谷物法》，推行自由贸易，导致欧洲各国的谷物大量出口到英国和爱尔兰。随着欧洲谷物的大量进入，谷物价格暴跌，爱尔兰农业遭受沉重打击。在这种情况下，大地主阶级改营牧场，驱逐佃户。数以万计的爱尔兰人因此失去生计，被迫背井离乡。从 1841 年至 1871 年，大约有 350 万爱尔兰人流散到全球各地。其中大多数爱尔兰人流散到英国、加拿大、美国等国家寻求生路。

　　除了遭受英国大地主和资本家的经济剥削外，爱尔兰人还受到了英国统治集团的民族压迫。然而爱尔兰人不甘被压迫，不断起来反抗英国的殖民统治。从 17 世纪开始，爱尔兰人多次进行民族独立战争，反抗英国的殖民统治。

　　19 世纪五六十年代，爱尔兰人民的反英斗争进入新阶段。1857 年，一批流亡到美国的爱尔兰人成立了一个秘密的革命组织——爱尔兰革命同志会，也称芬尼亚党，该组织的宗旨是通过武装起义使爱尔兰脱离英国的统治获得独立，建立爱尔兰共和国。1858 年 3 月，芬尼亚党的组织开始在爱尔兰本土发展壮

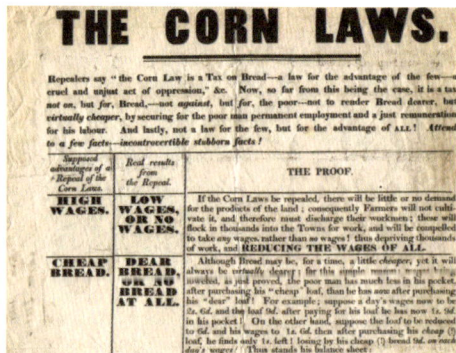

刊登在报纸上的《谷物法》
《谷物法》是英国历史上管理谷物（尤其是小麦）进出口法律的总称，自 12 世纪开始实施。它可以稳定粮食价格，使地主免受来自从生产成本较低廉的外国谷物的竞争。

大起来。该组织的主要成员为城市小资产阶级、知识分子、工人和农民，一些律师和天主教僧侣成为组织的领袖。芬尼亚党提出了自己的纲领，其中解决土地问题在芬尼亚党的纲领中占有重要的地位，始终将争取独立和革命结合在一起。芬尼亚党人认为，"土地是公共财产，应属于全人类"，"地主并没有、也毫无占有土地的权利"。芬尼亚党主张收回地主的土地，实现土地共有，并在此基础上建立一个独立的爱尔兰共和国。

芬尼亚党的领导人主要是城市小资产阶级，深受布朗基主义的影响。芬尼亚运动从一开始就采取了狭隘的密谋策略，脱离了爱尔兰广大人民群众，没有将运动转变为爱尔兰广大人民群众广泛参与的革命运动。芬尼亚党人在有限的组织成员内部进行秘密军事训练，然后寻找合适的时机举行武装起义。进入19世纪60年代后，芬尼亚党的人数达到了20万人。

1865年秋，芬尼亚党准备发动武装起义，结果被一名叛徒出卖。英国当局得知芬尼亚党密谋起义后，迅速对芬尼亚党员进行大逮捕，导致许多领导人被判刑，起义失败。1867年春，芬尼亚党在爱尔兰的11个郡发动武装起义，并与英军展开了激烈战斗。这次起义仍然以密谋的方式进行，没有发动广大群众一起斗争，结果起义遭到英军的镇压，有169人遭到逮捕，起义失败。同年9月，一群芬尼亚党成员为了营救2名芬尼亚党领导人在曼彻斯特袭击囚车，救出了领导人，但同时有5名芬尼亚党成员被捕。11月23日，3名芬尼亚党成员在曼彻斯特被处死。爱尔兰人称他们为曼彻斯特三烈士，并将这一天称为爱尔兰的国丧日，至今爱尔兰人民还在纪念这个历史性的日子。此后，芬尼亚党逐渐开始施行爆炸、行刺、暗杀等恐怖活动，但遭到镇压，该组织的活动逐渐消失。

芬尼亚运动失败的一个重要原因是狭隘的密谋策略，未能团结广大群众尤其是农民。芬尼亚党人的武装起义虽然失败了，但是他们的斗争唤起了爱尔兰人民的觉醒，打击了英国的殖民统治。

新角色之一：统一的德意志

19世纪中期以前，德意志在政治上是一个处于分裂和战乱的地区。19世纪五六十年代以后，随着德意志资本主义经济的不断发展，实现国家统一成为其重要的目标。德意志在普鲁士的领导下开始了统一的进程，在经过普丹战争、普奥战争、普法战争后，德意志最终实现统一。

德意志经济的发展

1848年欧洲革命时期，德意志未能完成国家的统一，依然处于政治上的分裂状态。进入19世纪60年代后，在欧洲工业革命的推动下，德意志的工业和农业快速发展，从农业国转变为工业国。钢铁、煤炭等重工业的产量以平均每10年增长一倍的速度发展，赶上并超过了法国。例如，生铁的产量从1850年的20万吨增加到1870年的约140万吨。

德国1848年革命失利，使得广大农村地区未能通过革命方式解决土地问题。然而，在资本主义工业快速发展的影响下，农业经济也发生了一些转变。1848年以后，越来越多的德意志容克地主开始采用资本主义经营方式。在19世纪前半期，普鲁士就针对地主和农民之间的关系进行了改革，将剥削方式由农奴制转变为资本主义方式。

1850年3月，普鲁士政府颁布了新的"调整法"，规定在地主土地占有制的基础上，无偿取消农民一些次要的封建义务，而同土地占有直接有关的主要封建义务，即各种强制劳役和地租，则允许农民通过交纳赎金或出让土地的方式赎买，即脱离与地主之间的隶属关系，获得人身自由。通过赎免法令，广大农民虽然摆脱了长期以来所受的封建束缚，但是他们需要交纳高额的赎金。容克地主阶级借此从农民手中掠夺了大量金钱，不断扩大自己的庄园，将其改造为具有资本主义性质的农场。那些失去土地的农民沦为雇农或城市雇佣工人。通过对农民的剥夺，普鲁士的封建性地主经济逐渐转变为资本主义农业。在德意志的萨克森邦，大批地主已经在用资本主义方式经营农业生产。

19 世纪中期，普鲁士资本主义工业、农业得到了快速发展，在德意志诸邦中占有越来越突出的地位。在德意志诸邦中，它的经济最发达，其统辖的西里西亚、莱茵－威斯特法伦等省份有着发达的重工业，是德意志重要的工业地区。19 世纪 50 年代，德意志一半以上的重工业在普鲁士。普鲁士已经资产阶级化的容克，在经营资本主义性质的农场之外，还经营制糖、酿酒、面粉等加工业，并将产品出口到欧洲的市场。

早在 1834 年，普鲁士就发起建立了以它为首的区域经济组织——德意志关税同盟。此后普鲁士克服了各种困难，使该联盟不断发展壮大，到 1852 年，除奥地利和个别地区之外，其他各邦都相继加入同盟。同盟内部采取自由贸易的方式，对联邦之外的国家采取相应的关税保护。1850 年至 1866 年，加入关税同盟的各国工业总产量增加了 1 倍。

通过关税同盟，普鲁士将其他各邦的经济纳入自己的市场，同盟促进了德意志经济的统一，为政治上的统一奠定了坚实的基础。普鲁士在政治、经济方面的影响力越来越大，普鲁士的容克地主阶级利用这个有利条件，积极推动德意志的统一。1850 年，普鲁士颁布宪法，根据该宪法选举出来的下议院中，容克贵族和大资产阶级占大多数。普鲁士王国不再是纯粹的封建君主制，逐渐转变为贵族、资产阶级的君主制。

统一运动的兴起

随着德意志资本主义经济的快速发展，国家的分裂状态成为阻碍资本主义经济和社会进步的巨大障碍。德意志统一的问题再次被提上议事日程，而采取何种方式和由谁来实现德意志的统一成为问题的关键。根据当时的情况，德意志的统一存在两条道路：一条是自下而上的革命道路，即通过人民革命推翻封建势力，建立统一的民主共和国，从而实现国家的统一；另一条为自上而下的王朝战争，即由普鲁士或奥地利通过王朝战争实现德意志的统一，建立统一的君主国家。

19世纪50年代末，德意志资产阶级积极主张民族统一，以利于普鲁士农业资本主义的发展。然而他们害怕与无产阶级结成同盟，面临类似巴黎六月起义的危险，但他们又没有能力去组织革命，只能依附容克地主来实现自上而下的统一。统一运动的领导权落入容克地主手中。在自下而上方面，由于资产阶级的软弱，加上当时的无产阶级也没有力量领导革命，也就无法完成自下而上的革命。

在德意志诸邦中，只有普鲁士和奥地利具备实现自上而下统一国家的条件，但大部分德意志资产阶级分子将希望寄托在普鲁士身上。因为当时的普鲁士有着强大的军事力量，能够实现德国的统一，并能镇压工人运动和推行对外扩张。此外，普鲁士倡导关税同盟、颁布宪法和成立议会等行为博得了资产阶级的好感。至于奥地利，它并没有实现德意志统一的意图，而且在镇压1848年革命后，又恢复了封建专制主义统治，违背了时代发展的潮流。这样，统一德意志的重任就落到了普鲁士王朝肩上。

1861年1月，摄政亲王威廉继位为国王，称"威廉一世"。在当年的议会选举中，资产阶级自由派获得大多数席位，提出将政府经费控制在议会批准的范围之内。威廉一世登基后不顾资产阶级自由派的反对，坚持进行军事改革。由于资产阶级自由派占优势，普鲁士议会拒绝批准政府提出的军事拨款。威廉一世不经议会批准支付军队费用，遭到议会的猛烈抨击。1862年9月，威廉一世将驻巴黎大使俾斯麦召回，并将他任命为普鲁士首相，继续进行军事改革。

俾斯麦（1815—1898年）出身于普鲁士容克地主家庭。青年时曾游历过

战场上的威廉一世
威廉一世全名威廉·弗里德里希·路德维希，经过三次王朝战争而一统德意志，建立起德意志帝国。

许多国家。1847 年，32 岁的俾斯麦作为议员出席了柏林的联合议会，步入政坛。1848 年革命爆发以后，他曾计划在自己的领地上组织武装，前往柏林镇压革命。19 世纪 50 年代初，俾斯麦出任普鲁士驻德意志邦联议会代表，不久后升为大使。在这期间，他的思想开始转变，认为统一德意志是历史发展的趋势，是无法阻挡的，统一德意志的使命必须由普鲁士容克掌握。

晚年的俾斯麦
俾斯麦是德意志帝国首任宰相，人称"铁血宰相"。俾斯麦下野之后，长居于汉堡附近的弗里德里希斯鲁庄园。

俾斯麦担任首相时处境艰难，既要面对顽固保守的容克的责难，又遭到资产阶级自由派的反对，许多内阁大臣也不和他合作。然而俾斯麦力排险阻，坚持进行军事改革。他坚信唯有建立起一支强大的军队，才能通过武力实现德意志的统一。俾斯麦不顾议会的反对，仍然拨付大量经费改组军队，推行军事改革方案。1862 年 9 月 26 日，俾斯麦在普鲁士的下院演讲中首次对议会发表了"铁血演说"："德意志所瞩望的不是普鲁士的自由主义，而是它的实力；时代的重大问题不是演说，也不是多数派的决议所能解决的……而必须用铁和血来解决，德意志所瞩目的不是普鲁士的自由派，而是普鲁士的武装。"从此俾斯麦被冠上了"铁血宰相"的称号。俾斯麦顺应时势，坚决实行"铁血政策"，在统一德国的过程中起了积极的作用。

王朝战争和德国的统一

俾斯麦在担任首相后，不断与议会爆发冲突，为此他决心加快武装统一德意志的步伐，转移资产阶级自由派的视线。为了实现武力统一，俾斯麦的首要目的是在军事上打败奥地利。长期以来，奥地利为了争夺德意志的领导权与普鲁士水火不容。俾斯麦推行"铁血政策"，决心对奥地利发动战争，将奥地利排挤出德意志邦联。在对奥地利发动战争前，德意志与丹麦发生领土纠纷，俾斯麦于是决定先进攻丹麦，然后再进攻奥地利。

普鲁士发动对丹麦的王朝战争，为的是从其手中夺取石勒苏益格和荷尔斯泰因两个公国。这两个公国地处北海和波罗的海之间，有着重要的战略地位，是德意志邦联的成员，同时也是丹麦国王的个人领地。但它们没有与丹麦合并，有自己的议会和行政机构。

石勒苏益格与丹麦的关系更为紧密，荷尔斯泰因的居民多数为德意志人。1848 年欧洲革命爆发时，两个公国曾要求脱离丹麦的管辖并入德意志，后因遭到俄国的反对而没能实现。丹麦统治者一直以来就想把这两个公国合并到丹麦的版图之内。1863 年，丹麦宣布合并石勒苏益格和荷尔斯泰因两个公国。这遭到德意志的强烈反对，俾斯麦乘机利用德意志的民族情绪，联合奥地利发动了对丹麦的战争。

1864 年 1 月，普奥军队攻占了荷尔斯泰因，并于 2 月占领石勒苏益格。在较短的时间内，丹麦就被普奥军队击溃。10 月，作战双方签订条约，丹麦放弃石勒苏益格和荷尔斯泰因，普鲁士占有石勒苏益格，奥地利占有荷尔斯泰因。

普鲁士和奥地利分别占有石勒苏益格和荷尔斯泰因后，双方不断出现摩擦，奥地利成为普鲁士统一德意志的主要障碍。为了对付奥地利，普鲁士在军事和外交方面做了一番准备。

在军事方面，以毛奇为首的参谋部和以房龙为首的陆军积极制定作战计划。在外交方面，俾斯麦积极开展外交活动，以图实现孤立奥地利的目的。1863 年波兰发生人民起义，普鲁士协助俄国进行镇压，从而获得了俄国在未来普奥战争中保持中立的保证。为了使法国保持中立，俾斯麦在 1865 年 9 月与拿破仑三世会晤时，表示普鲁士不反对把卢森堡及莱茵河区划入法国的版图，以此使法国在普奥战争中保持中立。普鲁士支持意大利从奥地利手中夺回威尼斯，并同意大利缔结同盟。双方约定普鲁士在对奥地利宣战后，意大利也立即对奥宣战；只有在奥地利向意大利归还威尼斯以后，双方才同意与奥地利讲和。这样，在普鲁士进攻奥地利之前，俾斯麦就已经获得了周围主要国家的保证。

在一切准备就绪后，普鲁士制造理由要求奥地利把荷尔斯泰因让给普鲁士，奥地利拒绝了这个要求，普鲁士于是进行军事挑衅。1866 年 6 月 14 日，普鲁士出兵荷尔斯泰因，普奥战争爆发。

在战争中，德意志的汉诺威、萨克森和黑森－卡塞尔等小邦的君主们担心普鲁士统一德意志后会威胁到自己的统治地位，于是站到了奥地利的一方。普鲁士只得到了德意志北部的几个小邦的支持。此外，意大利为了收复威尼斯也加入了这场战争，对奥地利宣战。战争爆发后，普鲁士军队行动迅速，在很短的时间内就控制了整个北德意志。加入奥地利一方的几个德意志小邦的力量无法抵抗普鲁士军队的进攻，只有汉诺威进行了一些抵抗，但被普鲁士军队在6月28日击败。控制北德意志后，普鲁士军队的主力开始向南推进，向波希米亚进发。

7月3日，普军29万余人和奥军23万余人在萨多瓦进行决战。普军不仅在人数上多于奥军，在武器装备上也比奥军好很多。结果普军取得这次决战的胜利。7月14日，普军向奥地利首都逼近。7月20日，法国拿破仑三世出面进行调停，普奥双方于是达成了停战协定。8月23日，普鲁士和奥地利在布拉格签订和约。和约规定：解散旧德意志邦联，奥地利承认普鲁士成立北德意志邦联；普鲁士从奥地利手中得到荷尔斯泰因，同时吞并汉诺威、法兰克福等地；威尼斯归还意大利；此外，普鲁士也承认南德意志各邦的独立。普奥战争结束后，拿破仑三世派人要求俾斯麦兑现战前许下的诺言，即普鲁士同意法国侵占卢森堡及莱茵河区，但遭到了俾斯麦的拒绝，普法之间的矛盾激化。

俾斯麦会见拿破仑三世
普鲁士首相俾斯麦与法国皇帝拿破仑三世在法国比亚里茨会晤，双方未签订任何正式协定，但拿破仑三世同意在普奥冲突时保持中立。

普鲁士视角的油画《克尼格雷茨战役》
克尼格雷茨战役又称萨多瓦战役。1866 年 7 月 3 日普鲁士与奥地利军队在克尼格雷茨
（今捷克境内的赫拉德茨—克拉洛维）决战，普鲁士取得决定性胜利。

　　普奥战争后，奥地利退出了德意志邦联，普鲁士则将原先分散的领土连成了一片，面积达到 34 万多平方千米，成为德意志最大的邦。1867 年，普鲁士为首的北德意志邦联成立，德意志在统一的进程中又前进了一大步。北德意志邦联由 21 个邦和 3 个自由市组成，普鲁士国王兼任邦联主席，俾斯麦兼任邦联总理一职。

　　北德意志邦联成立后，南德意志的巴伐利亚、巴登、符腾堡、黑森－达姆斯塔德 4 个邦还没有统一进来，俾斯麦要想完成统一，必须击败法国。南德意志诸邦之所以被排除在北德意志邦联之外，主要是遭到了法国拿破仑三世的阻挠。拿破仑三世担心统一后的德意志会威胁到自己在欧洲的统治地位，极力反对德意志的统一，因此在普奥战争后极力主张南德意志另外成立邦联。

　　北德意志邦联成立后，俾斯麦接下来的首要任务就是发动对法国的战争，统一南德意志诸邦，完成德意志的统一。俾斯麦首先迫使南德意志诸邦与普鲁士签订军事协定，并在外交上孤立法国。到普法战争前夕，法国陷入孤立无助的境地。

　　1870 年 7 月 19 日，法国率先向普鲁士宣战，普法战争爆发。战争进行了一个多月，以法国的失败而告终。1870 年底，南德意志四邦与北德意志邦联合并，普鲁士完成了德意志的统一，成立德意志帝国。1871 年 1 月 18 日，普鲁士国王威廉一世在巴黎凡尔赛宫登基为皇帝，德意志帝国建立。4 月，德意志帝国宪法获得通过。宪法规定，德意志帝国是联邦制国家，由 22 个邦、3 个自由市和 1 个直辖区组成，德国统一大业终于完成。

工人运动的发展

在德国统一的过程中，随着工业的快速发展，工人阶级出现了显著变化，人数不断增长。然而共产主义者同盟于 1852 年宣布解散后，德国在一个时期内没有任何工人组织。在这一时期内，德国工厂的工人比手工业工人少，小资产阶级思想在工人阶级当中有着较大的影响，这在某种程度上阻碍了德国工人运动的发展。

19 世纪 50 年代，德国工人建立了一些工人团体，如工人教育协会、互助储蓄会等。这些组织为改善工人物质条件和争取政治权利而进行斗争。德国资产阶级常常利用工人运动为自己谋求利益，因此资产阶级自由派控制了许多工人团体。由于害怕工人阶级走上独立的革命道路，德国资产阶级建立互助会以及各种教育团体，使工人运动处于自己的操纵之下。

19 世纪 50 年代末至 60 年代初，欧洲度过了 1848 年革命失败后的政治反动时期，工人运动和民族民主运动开始出现新高潮。1857 年爆发的世界性经济危机推动了这一运动的发展。在此情况下，德国工人运动再次活跃起来，逐渐开始脱离资产阶级的操控，建立一个独立的、不受资产阶级影响和控制的政治组织成为工人运动的首要目标。

1861 年 2 月，东部城市莱比锡的工人创建了"前进社"。该社的宗旨是组织举行工人大会讨论政治问题，并主张举行全德工人代表大会。德国的柏林、汉堡、纽伦堡等其他城市的工人也纷纷提出了类似的要求。1862 年冬天，莱比锡工人为举办全德工人代表大会组建了中央委员会。1863 年 5 月 23 日，德国 11 个城市的工人代表在莱比锡举行工人代表大会，成立了"全德工人联合会"。它的成立标志着德国工人运动开始脱离资产阶级的控制，是德国工人阶级独立的政治组织。大会的筹建者之一——斐迪南德·拉萨尔当选为联合会第一任主席。

斐迪南德·拉萨尔（1825—1864 年）出生于普鲁士布勒斯劳城的一个富裕的犹太商人家庭。1841 年至 1844 年读大学时，他开始接受黑格尔的学说，也接触了空想社会主义思想。

斐迪南德·拉萨尔
1863 年 5 月 23 日，全德工人联合会成立，
拉萨尔当选为联合会主席。

1848 年欧洲革命期间，拉萨尔在莱茵省杜塞尔多夫市参加民主派的革命活动，并成为主要的领导人。他曾在马克思主编的《新莱茵报》工作，并与马克思、恩格斯结识。11 月，革命失败后拉萨尔遭到逮捕，被判处 6 个月监禁。次年 7 月拉萨尔获释，并留在了杜塞尔多夫。

19 世纪五六十年代，拉萨尔写作了大量哲学和文学作品，成为一名著名的作家和政论家。他在这些作品中描写了工人阶级艰难穷苦的状况，鼓励工人阶级起来争取政治独立，在工人阶级当中有着很高的声望。19 世纪 60 年代初国际工人运动开始复苏的时候，拉萨尔为建立德国工人组织而积极活动。

1862 年 4 月，拉萨尔在柏林进行了一次演讲，在演讲中对当前的制度进行了批判，强调了工人阶级在社会历史发展中所发挥的作用。拉萨尔的演讲推动了德国工人阶级摆脱资产阶级影响进程的发展，使工人阶级开始转变成为独立的政治组织。1863 年，莱比锡中央委员会着手组建全德工人组织，拉萨尔发表了《给筹备莱比锡全德工人代表大会的中央委员会的公开答复》，提出了一整套机会主义理论作为工人政治纲领的基础，对全德工人联合会的成立起到了积极的作用。

然而拉萨尔并不是一个无产阶级革命者，其理论和实践都采取了与马克思、恩格斯革命理论不同的立场。他的观点被称作"拉萨尔主义"，即工人阶级只能够采取合法的方式，也就是议会的方式进行革命活动。在全德工人联合会成立后，拉萨尔在工人之间宣传改良主义和阶级调和思想。拉萨尔反对进行阶级斗争，否认革命是解放工人运动的主要手段。在拉萨尔看来，工人可以通过争取普选权和建立生产合作社获得解放。他认为工人可以利用生产合作社组织与资本家进行竞争，使工人转变为企业主阶层，就可以实现社会主义。而成立生产合作社需要大量资金，怎样才能获得资金呢？他认为只有通过平等、普遍和直接的选举权才能实现。因此，他主张工人阶级组成独立的政治组织，使工人阶级在议会选举中获得更多席位，控制国会，从而向工人生产合作社提供贷款。由于拉萨尔反对阶级革命，因此他反对工人阶级与农民进行联合，反对成立工农联盟。

在德国统一问题上，拉萨尔支持在普鲁士的领导下建立统一的德意志国家。拉萨尔与俾斯麦进行谈判，以支持普鲁士统一德意志为代价，使普鲁士同意在统一后推行普选制度。拉萨尔促进了德国工人阶级与资产阶级自由派的分离，推动了全德工人联合会的成立。然而拉萨尔主义给德国工人运动带来了无法估量的危害。全德工人联合会在拉萨尔主义的影响下，逐渐偏离了革命的道路。与此同时，在工业发达的小邦萨克森，工人阶级运动处于蓬勃发展的阶段。在工人领袖奥古斯特·倍倍尔（1840—1913 年）和威廉·李卜克内西（1826—1900 年）的领导下，萨克森工人教育协会组建了地方联合会。

倍倍尔出生于科隆，是一个普鲁士士兵的儿子。倍倍尔因家庭贫困，幼年时尝尽了心酸，少年时失去双亲，14 岁时到作坊里当了旋工学徒。1858 年至 1860 年，他前往慕尼黑、奥地利和瑞士等地，四处流浪打工。1860 年 5 月初，他来到莱比锡，幸运地找到了一份工作，随后开始参加工人运动和政治斗争。在参加工人运动的过程中，倍倍尔的才能很快显现出来，当选为工人领袖。倍倍尔与李卜克内西一样对拉萨尔主义进行了批判。1866 年底，倍倍尔参加了国际工人协会，即第一国际。

奥古斯特·倍倍尔

1869 年 8 月，倍倍尔在爱森纳赫城主持召开德意志工人协会代表大会，通过了他参加起草的包含革命原则的党纲，宣布成立德国社会民主工党。

　　李卜克内西（1826—1900 年）出生于德国吉森的一个知识分子家庭。1848 年他在巴登领导起义，起义失败后被捕，后流亡国外，在伦敦侨居 12 年。在此期间，李卜克内西在马克思、恩格斯的帮助下积极参与共产主义者同盟和伦敦德意志工人教育协会的工作。1862 年，李卜克内西从伦敦返回德国进行革命工作，随后定居在莱比锡。次年 9 月，李卜克内西支持拉萨尔与资产阶级民主派的决裂，加入了全德工人联合会。但是李卜克内西坚决反对拉萨尔的机会主义策略，计划以第一国际的组织替代全德工人联合会。

　　在马克思、恩格斯的影响下，倍倍尔和李卜克内西决定建立一个革命的德意志工人政党。1866 年，倍倍尔和李卜克内西建立萨克森人民党，并加入了第一国际。在两人的积极活动和领导下，1869 年 8 月 7 日在爱森纳赫城召开了德意志工人协会代表大会，并依照第一国际的原则，建立德国社会民主工党，并通过了党纲。该党接受了第一国际的规章，并加入了第一国际。它的建立标志着真正独立的、革命的德国无产阶级政党诞生了。

新角色之二：统一的意大利

　　19 世纪中期，意大利仍然处于分裂割据的状态，大部分邦国和地区受到外国的控制。19 世纪 50 年代，撒丁王国首相加富尔实行自上而下的统一政策，使撒丁王国成为统一意大利的中心。在加富尔和加里波第等人的努力下，意大利最终于 1871 年实现了国家的统一。

复兴运动的兴起和统一道路的分歧

　　维也纳会议以后，意大利依然处于四分五裂的状态，奥地利不仅夺取了威尼斯和伦巴第，还间接控制了意大利中部各邦。拿破仑战争结束以后，欧洲传统格局被打破，各国民族意识蓬勃兴起，不断走向统一。在这一时期，意大利民族意识也和欧洲其他各国一样蓬勃发展起来，人们纷纷要求争取民族独立和国家统一。意大利的一些"雅各宾派"参与和领导了各种组织，提出自由、平等、博爱等口号，呼吁改革社会，实现意大利的国家统一和民族独立。在这些组织的影响下，一些秘密会社在意大利纷纷出现，其中以烧炭党最为活跃。

烧炭党是意大利人民为反抗外族压迫而建立的第一个民族主义组织，早在法国占领意大利时期就出现在意大利南部的那不勒斯王国。它提出了争取民族独立和实现国家统一的政治纲领，鼓励民众开展反对奥地利的斗争。在烧炭党的影响下，自由派贵族、资产阶级以及先进知识分子中的爱国者纷纷加入该组织。烧炭党在意大利各地建立基层组织，进行秘密活动。由于烧炭党热衷于进行密谋起事和恐怖活动，未能获得广大民众的支持，因此 1820 年那不勒斯起义和 1821 年皮埃蒙特起义都失败了。

1830 年法国爆发的七月革命在意大利引起了巨大的反响。1831 年初，烧炭党在经过长期准备后，在摩德纳发动起义。由于摩德纳公爵的背叛，起义最终被奥地利军队镇压下去。起义失败后，烧炭党受到沉重打击，势力逐渐衰落。摩德纳起义虽然失败了，但促进了意大利民族解放运动的发展。烧炭党衰落后，朱塞佩·马志尼（1805—1872 年）领导的"青年意大利党"在意大利政治舞台中的作用日益凸显。

马志尼出生于热那亚。马志尼早年受到爱国民主思想的影响，立志献身于意大利的民族独立和统一事业。1830 年马志尼就加入了烧炭党，并参加推翻

朱塞佩·马志尼
马志尼是意大利建国三杰之一，被列宁归列为马克思主义以前的非无产阶级社会主义的代表人物。

撒丁王国的起义，起义失败后被捕，被流放国外。次年，他在法国马赛建立了秘密的革命组织青年意大利党，主张通过革命道路推翻奥地利的统治，解放意大利，建立一个独立、统一的民主共和国。

青年意大利党的主要成员为中小资产阶级和部分贵族当中的进步阶层以及先进知识分子。到1833年，该党的成员超过6万人，在意大利各地建立了地方组织。1833年7月，青年意大利党在撒丁王国的热那亚发动起义，结果因为一个军士的告密而宣告失败。起义失败后马志尼被缺席判处死刑，青年意大利党被迫瓦解。1837年初，马志尼流亡伦敦，继续坚持斗争。1840年4月，他宣布重建青年意大利党，恢复了组织机构和宣传工作。

19世纪40年代中期以后，尤其是1848年革命后，意大利统一运动进入了新的发展阶段。参加统一运动的各阶层在实现统一这个目标上是一致的，但在如何实现目标以及统一之后组建一个什么形式的政府上出现了分歧。

根据各自的政治主张，意大利民族解放运动可以分为3个派别。以修道院院长乔伯蒂为代表的右翼主张建立一个以罗马教皇为首的联邦国家。以政论家达泽利奥侯爵为代表的另一派则主张建立一个以撒丁王国国王为首的统一的君主立宪制联邦国家。这两派主要代表了意大利大资产阶级和自由主义贵族的利益，希望意大利各王国统治者通过协议达成一致，通过自上而下的改革道路实现国家的统一。以马志尼为代表的革命民主派则主张采取革命的手段，通过自下而上的革命道路推翻奥地利和国内封建割据势力的统治，完成民族解放和国家统一大业，建立一个民主共和国。这三派关于意大利统一道路的主张各不同，彼此互不妥协。

撒丁王国的对奥战争

19世纪50年代，意大利开始进行工业革命，北部地区出现了一些新的工业部门，资本主义经济快速发展起来。经济的发展需要一个统一的国内市场，这又为进一步推动国家统一提供了动力。与德意志统一的特点相类似，意大利也是以一国为核心进行统一的，那就是撒丁王国。

撒丁王国地处意大利西北部，是当时意大利各王国当中经济最发达、实力最强的王国。1848年革命失败后，撒丁王国是意大利各王国中唯一处于独立状态的国家。撒丁王国政治清明，革命后大多数意大利王国又恢复了专制统治，只有撒丁王国保留了 1848 年颁布的自由主义宪法，实行君主立宪制度。该宪法对国王的权力进行限制，实行两院制的国会制度，保障资产阶级自由，人民有言论、出版、集会的自由。因此撒丁王国成为资本主义自由派向往的地方，人民希望在撒丁王国的领导下实现意大利的统一。撒丁王国作为意大利各王国中没有受到奥地利控制的国家，成为 19 世纪 50 年代意大利统一运动的核心力量。当时的撒丁王国处于萨伏伊王朝的维托里奥·埃马努埃莱二世统治之下。埃马努埃莱二世任用资产阶级自由派的代表人物卡米洛·加富尔（1810—1861年）为首相。

　　加富尔出生在皮埃蒙特一个贵族家庭，青年时就进入军事学院学习，然后在军队服役。22 岁时，加富尔开始游历英、法等国，研究这些国家的政治、经济问题，尤其倾心于英国君主立宪制，成为资产阶级自由派的重要人物。19世纪 40 年代，加富尔开始以资本主义方式经营农业和兴办各种实业，成为资产阶级化的地主。加富尔曾主编过民族主义派的报纸，并参与了 1848 年革命。19 世纪 50 年代初，他开始担任撒丁王国的农业、商业和海上运输大臣，1851年兼任临时代理财政大臣，并于 1852 年出任王国的首相。在此后的 10 年里，他几乎一直担任这个职务，力主意大利的统一和工业化。加富尔是一个改良主

维托里奥·埃马努埃莱二世
维托里奥·埃马努埃莱二世是意大利统一后的首任国王，被意大利人尊称为国父。

卡米洛·加富尔
1852 年，维托里奥·埃马努埃莱二世任命加富尔组阁，开始两人近 10 年的合作历程。

义者，反对通过革命改造社会，希望在撒丁王国的领导下实现意大利的统一。

　　他担任首相职务后大力推行自由贸易政策，采取了整顿财政、改革税收制度、兴办铁路、强化国家银行职能、鼓励造船等一系列措施，促进经济的发展。此外，加富尔还大力加强军队建设，改善军队装备。为了实行自由贸易政策，撒丁王国先后与英、法等国签订通商条约。为了减少罗马天主教会在政治上的影响，加富尔将教会的部分财产收归国家，限制教会和寺院的各种特权。加富尔的执政政策迎合了撒丁王国国王想当意大利国王的野心，因此得到了撒丁王国统治阶级的支持。撒丁王国优越的条件和加富尔卓有成效的改革及反对奥地利的立场，大大提高了撒丁王国在意大利各王国中的影响力。

　　加富尔与马志尼的政治目标都是争取意大利的民族独立和统一。然而加富尔认为仅靠撒丁王国自身的力量是无法实现这个目标的，于是他采取各种外交手腕，四处寻找可以结盟的国家。1853 年爆发的克里米亚战争给加富尔提供了寻求盟友的机会。这场战争原本是因英、法与俄国为争夺奥斯曼帝国而产生利害冲突引起的，与撒丁王国并没有直接的利害关系。然而加富尔打算借参战提高撒丁王国在国际上的地位，于是决定加入英法军队一方参与战争。1855 年，撒丁王国军队 15000 名士兵加入英法一方对俄国作战。战争一直持续到 1856 年，以俄国的失败而告终。战后，加富尔代表撒丁王国出现在巴黎和会上，并在会上痛斥奥地利在意大利的残暴统治，博得了欧洲舆论的同情。

　　在寻求同盟的过程中，加富尔努力寻求近邻法国的帮助，而法兰西第二帝国皇帝拿破仑三世也有着自己的算盘。1858 年 6 月，拿破仑三世致函加富尔，希望可以和他进行一次会晤。7 月中旬，加富尔与拿破仑三世在普隆比埃尔会晤，经过密谋，双方达成联合对奥作战的协议。拿破仑三世答应联合撒丁王国对奥作战，帮助撒丁王国收复被奥地利占领的领土。作为回报，加富尔答应将尼斯和萨伏伊割让给法国。为巩固与法国的联盟，加富尔撮合两个王室的婚姻，埃马努埃莱二世将女儿嫁给法国王子。同年年底，法、撒签订防御同盟，法国承诺一旦撒丁王国和奥地利爆发战争，法国将派 20 万军队支援，将奥地利赶出意大利。撒丁王国与法国成功结盟后，奥地利陷入进退两难的境地，拿破仑三世对奥地利的态度也发生了改变。1859 年 1 月 1 日，拿破仑三世在接见奥地利驻法国大使时说，他很遗憾法国与奥地利的关系已经不像以前那好了。这成为法国对奥地利宣战的信号。

　　1859 年 4 月 29 日，奥地利率先开始了军事行动。战争开始后，北意大利地区不断出现人民起义，摩德纳也发生起义，帕尔玛公国的统治者被起义民众赶走。托斯卡纳的首府佛罗伦萨出现人民运动，人们纷纷要求联合撒丁王国反抗奥地利的进攻。起义的浪潮不断向南部地区扩展，逐渐影响到罗马教皇国。奥地利对意大利采取军事行动后，法国军队终于可以进行"干涉"，于是进入意大利境内，联合撒丁王国军队作战。6 月 4 日，法撒联军在米兰西北的马真塔会战击败奥军，奥军受到重创。6 月 24 日，法撒联军又在索尔费里诺会战中打败奥军，双方互有损失。6 月底，联军将奥军赶出伦巴第，迫使其退守到威尼斯。

索尔费里诺会战结束后，拿破仑三世不想再继续前进，决定就此停止战争。拿破仑三世这样做的目的，一方面是因为他害怕战争扩大从而引起国际干预，一方面是因为他被意大利人民掀起的热潮吓住了，不愿意看到一个统一、强大的意大利。于是拿破仑三世背信弃义，于 1859 年 7 月单独与奥地利会晤，签订停战协议。根据这个协定，奥地利答应将伦巴第交给法国，再由法国转交给撒丁王国，但其仍然继续占领威尼斯。1859 年撒丁王国与法国联合反对奥地利的战争就这样结束了。加富尔原本是想依靠法国人赶走在意大利的奥地利人，然而拿破仑的背信弃义让他沮丧不已。加富尔按照战前两国达成的协议，将尼斯和萨伏伊割让给法国。这场战争使撒丁王国收复了伦巴第地区，但是并没有将奥地利人赶出北意大利，也未能完成北部意大利的统一。

意大利王国建立

1859 年反对奥地利的战争虽然没有将奥地利人完全赶出意大利，但意大利人并没有放弃统一的目标。在对奥战争中，意大利中部的帕尔玛、摩德纳和托斯卡纳等小国爆发人民起义，推翻了当地的政权，成立了资产阶级临时政府。在此情况下，加富尔抓住时机对这几个小国进行了访问，游说他们归于撒丁王国。在加富尔的活动下，这些小国的自由派于 1860 年 3 月举行了全民投票，正式与撒丁王国合并。教皇国的一个省也起来反对教皇的统治，也归于撒丁王国。

在意大利北部对奥战争和中部地区革命运动的影响下，意大利南部地区以及西西里岛，也就是两西西里王国也爆发了声势浩大的起义，朱塞佩·加里波第（1807—1882 年）成为这场起义的领导者。

加里波第出生于尼斯，曾经当过海员。他的思想受到意大利革命党人埃德阿尔多·穆特鲁的影响，立志投身于意大利的民族独立和统一事业中。1832 年青年意大利党成立以后，他就加入了这个组织。19 世纪 30 年代，加里波第参加了意大利海军，准备组织革命起义，结果被镇压，被迫逃往南美洲，并在那里继续开展革命活动。1848 年 6 月，加里波第重返阔别 12 年的意大利，并参与了 1848 年的革命。

1849 年，罗马人民发动起义，加里波第与马志尼并肩作战，推翻了教皇庇护九世的统治，成立了罗马共和国。教皇庇护九世不甘心失败，在欧洲天主教国的援助下进攻罗马共和国，镇压了起义。起义失败后，加里波第再次流亡美洲，前往纽约。在流亡期间，加里波第仍然关注着意大利的发展局势。1854 年，加里波第重返意大利，组建阿尔卑斯山猎手兵团，并于 1859 年参加了对奥地利的战争。尽管对奥地利的战争半途而废，但意大利迈出了统一的关键一步。

描绘加里波第与病重的妻子阿妮塔撤离罗马的油画

1849 年 7 月，罗马共和国被镇压，加里波第的队伍被打散，加里波第的妻子阿妮塔在逃亡途中病死，加里波第再次流亡美洲。

1860 年 4 月，受北方局势的影响，两西西里王国爆发了声势浩大的农民起义。加里波第闻讯后，决定组织志愿军前去支援当地的农民起义。这支志愿军主要由工人、手工业者、渔民和革命知识分子组成，因身穿红衫而被称为"红衫军"。5 月 5 日，加里波第率领红衫军 1000 多人从热那亚出发，渡海远征西西里。11 日，红衫军在西西里岛的马萨拉港登陆，向两西西里王国首府巴勒莫进军。面对巴勒莫强大的守军，红衫军毫无畏惧，在加里波第的领导下灵活作战，在当地人民的支持下一举攻克巴勒莫，红衫军首战告捷。6 月，在红衫军的猛烈进攻下，王国军队撤离西西里，西西里基本解放。加里波第决定乘胜追击，率军渡过墨西拿海峡，向意大利半岛南部进军。

　　8月18日晚，红衫军在萨尔沃港登陆，乘夜向两西西里军队发动进攻。两西西里王国军队溃败，王国军队大多不战而降，红衫军连战连捷。9月7日，红衫军攻克王国的首都那不勒斯，结束了西班牙在南部意大利的统治。10月，加里波第在那不勒斯成立临时政府，自任临时政府的执政官。

　　加里波第远征的胜利，是意大利统一运动中资产阶级民主派的胜利。尽管加里波第经常以撒丁王国埃马努埃莱二世的名义进行活动，然而他并不想简单地把新占领的领土并入撒丁王国。马志尼则计划在意大利南部建立一个民主共和国。

描绘加里波第（图中占据最高位者）在卡拉塔菲米山作战的油画
加里波第率领红衫军和西西里起义军与两西西里王国军队在卡拉塔菲米山进行战斗，两西西里王国军队损失惨重，退至巴勒莫。

　　加富尔不想看到意大利民主派建立共和国，为了阻止加里波第，他认为撒丁国王出面的时机已经到来。就在这时，在教皇国境内出现了革命活动，加富尔于是向教皇发出照会，称撒丁王国有义务阻止人民运动遭到教皇国的雇佣军镇压。于是撒丁王国派军队进入教皇国，击败教皇国的雇佣军，随后继续南下，进抵那不勒斯。加里波第原本可以依靠人民群众的支持，在那不勒斯建立一个资产阶级民主派向往的共和国，进而在共和国的旗帜下实现意大利的统一。但这个在战场上足智多谋的统帅，在政治舞台上却显露出了资产阶级革命家软弱和缺乏远见的缺点。加里波第放弃了发动人民以斗争的方式实现意大利统一的革命道路，交出了自己的全部权力，将胜利的果实拱手交给了撒丁王国。

　　1860年10月，南部意大利举行公民投票，宣布并入撒丁王国。1861年2月，第一届意大利议会在都灵召开。3月，议会宣布撒丁王国以及并入的各小国成立意大利王国，埃马努埃莱二世为意大利王国的国王，加富尔为首相，佛罗伦萨为新王国的首都。1859年以来，人民的斗争基本上促成了意大利的统一。至此，除罗马和威尼斯之外，意大利已经基本上实现了统一。

意大利完成统一

　　1861年，意大利王国成立，但威尼斯地区还处在奥地利的统治下，罗马地区的人民还受到教皇的压迫，最后的统一尚待完成。1861年6月，加富尔病逝，意大利王国仍然采用加富尔依靠外国力量完成意大利统一的外交路线。为了收复威尼斯，意大利密切关注普鲁士与奥地利之间的矛盾发展。

　　1866年4月，意大利与普鲁士结成同盟。普奥战争爆发后，意大利加入普鲁士一方作战。意大利在海陆战场上都遭到失败，但普鲁士最终打败奥地利，意大利与奥地利签订《维也纳和约》，收回了威尼斯。收回威尼斯后，意大利

纪念加里波第"遵命"的明信片
普奥战争后期，普鲁士为避免法俄干涉，希望迅速与奥地利议和，意大利政府强令加里波第撤出了南蒂罗尔。加里波第以国家为重，向维托里奥·埃马努埃莱二世发送了"遵命"的电报。

的统一只剩罗马教皇国。1860 年，加里波第率军解放了那不勒斯，原本计划北上一举收复罗马，却因撒丁王国军队南下那不勒斯而中断。1862 年，加里波第在巴勒莫组织了 2000 多人的志愿军，率军北上，准备收复罗马。然而军队在北上时遭到意大利王国军队的阻挠，加里波第受伤被俘，进军罗马的计划失败。1867 年，加里波第再度率军进入教皇领地，但被教皇的雇佣军和法国军队打败。20 多年来，由于法国从中作梗，干涉、支持教皇的统治，罗马始终无法归入意大利。

1870 年 7 月，普法战争爆发，拿破仑三世调回了驻守在罗马的军队，加里波第乘机再次组织志愿军进军罗马。9 月 20 日，意大利王国军队和加里波第率领的军队同时开进罗马。10 月，罗马进行公民投票，罗马教皇国并入意大利王国。教皇庇护九世被剥夺了世俗权力，避居梵蒂冈。1871 年，意大利首都从佛罗伦萨迁到罗马。至此，意大利统一最终完成。

美国：自我完善——美国内战

北美独立战争结束了英国的殖民统治，实现了国家的独立，确立了较为民主的资产阶级政治体制。随着美国资本主义工业的快速发展，为满足经济发展的需要，刚独立不久的美国走上了对外扩张的道路。19 世纪中期，美国完成工业革命，北方工业资产阶级在发展过程中与南方种植园奴隶主爆发冲突，导致美国内战爆发，最终废除了奴隶制。

美国独立之初的发展——领土扩张和西进运动

美国在 18 世纪下半期通过独立战争推翻了英国的殖民统治，建立了美利坚合众国。美国独立后的疆域包括密西西比河和大西洋之间的地区，北同英属加拿大接壤，南与西班牙领地佛罗里达接壤，西面与法国领地路易斯安那接界。路易斯安那地处密西西比河流域的富饶地区，美国急切想要占有该地区。1803年，美国乘法国军队镇压海地独立革命失败以及忙于欧洲战争的时机，从法国手中购买了路易斯安那。

法国把路易斯安那卖给美国后，英法之间的关系再度紧张起来。英国立即组织反法同盟，对法作战。在英法交战之际，美国商人抓住时机与双方进行贸易，一时买卖兴旺。但随着英法双方不断加强封锁，美国商人遭受打击。英国当时掌握着制海权，为了打击美国经济，不断查抄美国的商船，破坏美国与欧洲各国的贸易往来，美英关系不断恶化。1812年6月，美英双方爆发战争。战争的起因一方面是英国破坏美国的经济和贸易，另一方面是美国试图利用英国对法战争这一时机占领加拿大。这场战争持续到了1814年，双方在战场上各有胜负，只好停战讲和，史称"第二次独立战争"。战争结束后，美国没有获得新领土，但通过这场战争美国确信英国已经对其独立地位没有了威胁。英国则逐渐放弃了对美国经济、贸易的压制。

美国在结束对英国的第二次战争后，将目标瞄准了西班牙所属的佛罗里达。美国于1810年和1813年将佛罗里达"肢解"，随后强占其西部。1817年，美国以印第安人逃往佛罗里达为借口，入侵佛罗里达，并于两年后强占佛罗里达东部。

19世纪三四十年代，美国加快了对外扩张的步伐，得克萨斯、俄勒冈和太平洋之滨加利福尼亚成为其扩张的目标。当时的得克萨斯到加利福尼亚的广袤土地都是新独立的墨西哥的领土。早在1836年，美国就挑动得克萨斯发动叛乱，使其从墨西哥独立出来，建立所谓的"孤星共和国"。1845年，该共和国通过决议，以一个州的身份加入美国联邦。1846年至1848年，美国又发动对墨西哥的侵略战争，吞并了从新墨西哥到加利福尼亚的大片领土。1846年6月，美国从英国手中夺取了俄勒冈地区的部分土地。1867年，美国又从俄国手中购买到了阿拉斯加和阿留申群岛。这样，到19世纪中叶，美国的领土从密西西比河扩展到了太平洋沿岸。

美国独立后，随着领土不断向西扩张，出现了大规模的向西移民运动，称"西进运动"。刚开始只有小部分东部各州的人往西部地区迁徙，后来逐渐演变成大规模的移民运动。在美英爆发第二次战争以前，人们向西迁徙的主要目的地为密西西比以东地区，即田纳西河流域和俄亥俄河流域。第二次美英战争

人熊面具
这件面具由美国西北部的印第安人创作，可能是
当地萨满巫师在印第安人传统节日时所佩戴。

期间以及战争结束后的数年间，向西的迁徙运动再次活跃起来。阿巴拉契亚山
以西的人口迅猛增长，1810 年此地人口仅占美国总人口的 1/7，10 年以后增长
到 1/4。越来越多的人越过密西西比河，向西部地区迁徙。在密西西比河两岸
地区，在 10 年间有 6 个新的州加入联邦。

　　西进运动实际上是美国一次大规模的领土扩张进程，两者互为影响。19 世
纪 20 年代，西进的美国人开始进入得克萨斯，到 1835 年时有 3 万左右的美国
人迁移到该地区。随着扩张政策的不断发展，得克萨斯最终脱离墨西哥并入美
国。在俄勒冈地区，早就有美国商人的活动，此后传教士也进入这一地区。19
世纪 40 年代，人们大规模迁入俄勒冈，出现了"俄勒冈热"。1845 年，有数
千名美国人迁移到哥伦比亚河以南地区。1847 年前后，随着"俄勒冈热"的
不断升温，俄勒冈最终并入了美国联邦。在加利福尼亚地区，早在 19 世纪 30
年代时，美国人就已经与当地的墨西哥人和印第安人做生意。19 世纪 40 年代，
一些迁往俄勒冈的美国人改变方向，向西南方向迁徙，进入萨克拉门托河流域。
富饶的加利福尼亚成为美国人扩张的重要目标，对墨西哥的战争使美国人实现
了占有加利福尼亚的目的。

　　美国的西进运动对印第安人而言是一场大灾难。在进行领土扩张时，美
国采取了英国曾使用的种族灭绝政策。不计其数的印第安人遭到无情屠杀、
剿灭，他们的土地被侵占。侥幸存活下来的印第安人被赶到西部山区的不毛
之地。美国资本主义就是在领土扩张及对印第安人的掠夺屠杀过程中发展起
来的。

资本主义经济的发展和南北矛盾的加深

美国独立初期，其工业主要以家庭手工业为主。18 世纪初，美国颁布关税政策鼓励工业的发展，一些小工厂得到了较快发展。自 1815 年起，美国工业资本主义得到了大幅度发展。人们大规模向西部地区迁徙，许多商人开始投资开办工厂、兴建道路或发展对外贸易，美国资本主义工商业和农业迅速发展起来。

棉纺织业是美国发展最早的工业部门，早在 1814 年棉纺织业就采取了机器生产，此后逐渐推广到其他工业部门。19 世纪 30 年代以后，在冶铁、皮革、陶器等工业制造业部门中，机器生产已经开始替代手工生产。到 40 年代时，已经开始用机器制造机器，美国工业进入了更高的发展阶段。随着工业劳动生产率的不断提高，工业产量也因此大量增长。煤炭产量从 1840 年的 200 万吨增长到 1860 年的 1400 多万吨，生铁产量从 1840 年的 32 万吨增长到 1860 年的 200 万吨。在这一时期，农业生产快速增长，但在总收入中的比例却从 1799 年的 39.5％ 降到 1859 年的 30.8％，而工厂制造业和商业的比例从 1799 年的 5％ 左右增长到 1859 年的 12％。到 1860 年时，美国工业生产总值上升到全世界第四，仅次于英国、法国和德国。

19 世纪上半期美国资本主义工业快速发展的原因是多方面的。第一，源源不断的移民为美国资本主义发展提供了丰富的劳动力。随着美国领土的不断扩大，劳动力缺乏的问题日益突出。与此同时，迁入美国的外国移民不断增多。外国移民在 1790 年至 1830 年约有 40 万人；在 1830 年至 1860 年，外来人口增长 250 万人。1790 年，在阿巴拉契亚山以西的人口仅占全国总人口的 3％，到 19 世纪初时就约占全国总人口的 50％。这些外国移民不仅解决了劳动力缺乏的问题，同时还带来了许多技术，对美国西部开发以及整个经济的迅速发展起到了巨大的作用。第二，美国资本家通过残酷掠夺获得资本的原始积累。通过对印第安人的血腥掠夺、大规模的走私、土地投机买卖、商业贸易等手段，新兴资产阶级积累了大量货币财富，获得发展经济的资本。第三，美国继英国之后实行工业革命，促进了工业的发展。机器的发明和使用，不仅提高了工业的劳动生产率，同时也促进了农业的发展。19 世纪中叶，农业生产普遍使用播种机、收割机、脱粒机和割草机等机器，促进了资本主义大农场的发展。第四，铁路、公路、运河的大规模兴建，加强了国内市场的联系，尤其是东部工业区和西部农业的经济联系，促进了东北部工业的发展。

美国工商业资本主义经济仅限于北方和西北方，美国南方经济则以黑人奴隶劳动为基础的种植园经济为主。随着经济的不断发展，南北地区两种经济制度之间的矛盾日益加深。北方发展资本主义工商业，实行资本主义自由劳动制度，要求不断扩大原料来源和商品市场，需要更多的自由劳动力。南方的种植园奴隶制度则要求扩大奴隶的数量，发展种植园经济，不允许出现自由劳动制，这就阻碍了资本主义的发展。此外，南方种植园主将大量的棉花和工业原料运往英国，并从英国进口工业产品，使北方几乎丧失了南方这个原料产地和商品市场。

南北双方沿着不一样的经济道路发展，出现对立的情况日益增多，其中就包括关税和土地问题。北方的工业资产阶级要求提高关税税率，以遏制外国相关商品进入美国。南方种植园奴隶主对此表示反对，因为他们想自由地向英国销售自己的农产品，并从英国购买廉价的工业产品。19 世纪 40 年代，北方大部分人要求联邦政府将公共土地免费分给定居的移民进行耕种，却遭到南方种植园奴隶主的反对。南方种植园奴隶主认为政府如果免费将土地分给定居的移民，那么他们大部分人将会被排挤出西部。南北方的矛盾和斗争焦点则集中在存废黑人奴隶制度的问题上，同时这个问题又涉及双方在政治力量上的消长。

随着美国领土的不断扩张，不断出现是以"自由州"还是"蓄奴州"的身份加入联邦的问题。南方种植园奴隶主看到北方各州的人口增长比南方各州快，使得北方各州在众议院的议员超过了南方各州。然而不论各州的人口多寡，各州在参议院中只能有 2 名议员，同时参议院有着很大权力，控制参议院就能在政治上打击北方各州。因此，南方种植园奴隶主试图通过扩大"蓄奴州"、扩大种植园奴隶制经济来获得更多的参议院议员席位，取得政治上的优势。

1819 年，密西西比河西岸的密苏里向联邦政府申请成立州。当时的美国已经有 22 个州，蓄奴州和自由州各占一半，双方在参议院中的议员席位不相上下。因此，密苏里建州后应为蓄奴州还是自由州成为南北双方争夺的焦点问题。1820 年，美国国会通过了《密苏里妥协案》，确立了密苏里为蓄奴州。但国会为了缓和矛盾，又从马萨诸塞州分出缅因州，作为自由州加入联邦。国会还规定了西部地区以北纬 36 度 30 分为分界线，将来在这里建州时，分界线以南为蓄奴州，以北为自由州。密苏里州的问题虽然以妥协的方式平息下去，但南北双方的矛盾依然存在。

19 世纪 40 年代末期，美国新获得的领土加利福尼亚和新墨西哥等地要求以自由州加入联邦，但遭到南方各州的反对。双方在这个问题上的争执日趋激烈。在经过一番斗争后，国会通过了一系列法案，总称为《1850年妥协案》。法案规定加利福尼亚以自由州加入联邦，而新墨西哥和犹他地区加入联邦时有关奴隶制的存废问题，由当地居民自行决定。由于新墨西哥和犹他地区的白人居民大多数是奴隶主，其结果不言而喻。法案还规定联邦政府机构必须协助奴隶主追捕逃亡的奴隶。这些法案有利于南方种植园奴隶主，却引起了废奴运动者的愤怒，激起了更加广泛的反对奴隶制的斗争，彻底废除黑人奴隶制度的呼声日益高涨。

废奴运动的发展

美国在建国之初，就已经出现了存废奴隶制的问题。主张废除奴隶制的人认为，奴隶制度违背了独立革命和《独立宣言》的精神。在制宪会议上，有人提议废除奴隶制，但遭到南方蓄奴州的反对，并称如果废除奴隶制度，南方各州将不参加联邦。

19世纪三四十年代，美国出现了一股改革热潮，为工人、妇女争取权利，主张兴办自由民众教育，给予工人、妇女权利等，其中影响最大的是废奴运动。1822年和1831年，在南卡罗来纳和弗吉尼亚分别爆发了由黑人丹麦·维塞和奈特·特纳领导的黑人暴动。虽然南方种植园奴隶主对此加强了防范，但是在北方废除黑人奴隶制度的呼声越来越高。19世纪30年代初，新英格兰反奴隶制协会和美国反奴隶制协会等废奴运动团体迅速发展起来。北方各州成立了许多废奴组织，出版了许多有影响力的废奴主义刊物，越来越多的人参与到反对奴隶制的运动中来。

废奴运动在某种意义上可以说是美国南北双方政治斗争的表现，也可以说是资产阶级性质的民主运动。北方资产阶级反对奴隶制，是为了促进资本主义工商业发展。工人当中的先进分子认识到反对奴隶制斗争可以促进工人阶级的成长和壮大。广大农民为获得更多的自由土地，也加入反对奴隶制的斗争。黑人为获得自身的解放、取得与白人一样的权利而斗争，是废奴运动的主要力量。北方的中产阶级知识分子是这场运动的领导者，参与运动的成员主要有工人、农民、黑人和妇女等。

在新英格兰反奴隶制协会和美国反奴隶制协会成立前后，废奴派在北方开展了一系列活动。1831 年，废奴运动活动家、散文家威廉·加里森在波士顿创办了激进的废奴主义报纸《解放者报》，提出了"立即解放奴隶"的口号。在黑人当中，奴隶出身的弗里德里希·道格拉斯在废奴运动和为黑人争取权利的斗争做出了杰出贡献。1838 年，道格拉斯从马里兰州逃到了北方的马萨诸塞州。1841 年，马萨诸塞州反奴隶制协会举行集会，道格拉斯以自己的亲身经历揭露了种植园奴隶制的黑暗，深深打动了每一个参加集会的人。此后道格拉斯到各地从事反奴隶制的讲演活动，宣传废奴运动。

废奴派除了进行宣传鼓动之外，还协助南方种植园里的黑人奴隶出逃，将他们运往北方自由州或加拿大。废奴派组织了"地下铁道"活动，参与运送的人员被称为"乘务员"。废奴派成员进入南方种植园地区，历尽艰辛把奴隶带离南方。帮助黑人奴隶出逃的有白人也有黑人，他们当中的一部分人被抓后遭到监禁或罚款，但是他们没有退缩，继续帮助黑人奴隶出逃。运送黑人奴隶的线路主要有 3 条，一条是从南方经特拉华州、马里兰州进入宾夕法尼亚州，一条是穿过田纳西州、肯塔基州、俄亥俄州南部进入印第安纳州，一条是经过圣路易斯城溯密西西比河北上进入艾奥瓦州和堪萨斯州。在运送的路途中有人进行接应，设立掩蔽场所作为休息的地方。在这次解救黑人的运动中，究竟有多少黑人获救，至今没有确切的数目，估计在 5 万人以上。"地下铁道"不仅解救了黑人奴隶，同时沉重打击了种植园奴隶制经济。

《1850 年妥协案》的通过助长了南方种植园奴隶主的贪欲，他们妄图将奴隶制扩展到整个西部地区。1854 年，国会在讨论堪萨斯和内布拉斯加建州问题时，在奴隶主的压力下通过了《堪萨斯—内布拉斯加法案》，规定新建州的

表现堪萨斯内战的油画
南方奴隶主企图用武力把奴隶制扩张到堪萨斯，西部农民与来自自由州的移民对南方奴隶主们发动了袭击。

奴隶制问题由当地的居民自行决定，这就等于废除了《密苏里妥协案》所规定的分界线，并将整个西部地区划分为奴隶州。奴隶主计划在这个法案的掩护下，通过武力强迫新州居民接受奴隶制。因此，法案一通过，奴隶主的武装力量就进入堪萨斯。此时成千上万的北方居民来到堪萨斯，与奴隶主武装的残暴行为进行斗争，发生了流血冲突，史称"堪萨斯内战"。

堪萨斯内战结束后，南方奴隶主认识到仅靠《堪萨斯－内布拉斯加法案》无法确保自己的利益，于是在 1857 年又利用联邦最高法院通过了"德雷德·斯科特诉桑福德案"，宣布奴隶不论被带往任何地方，都是奴隶主的财产。这意味着奴隶制在美国的任何一个地方都是合法的。这个判决激起了废奴派和北方广大人民的愤怒，北方地区出现了反对奴隶制的高潮，通过武装斗争推翻南方奴隶制的思想开始盛行。在这种情况下，1859 年由约翰·布朗（1800—1859 年）领导的起义爆发了。

约翰·布朗

布朗为了筹措起义资金及争取黑人，尤其是著名黑人废奴主义者的合作，多次奔走于新英格兰各地，得到北方一些废奴派人士道义上和经济上的支持。

布朗出生于康涅狄格州的一个白人家庭，是一名伟大的废奴运动者。他曾积极参与了"地下铁道"活动，并参加了堪萨斯内战。1857 年最高法院通过"德雷德·斯科特诉桑福德案"后，布朗开始制订起义计划，举行武装斗争。1859 年 10 月 16 日晚上，布朗率领一小队武装人员袭击了弗吉尼亚州的哈普斯渡口，发动震惊全国的起义。起义队伍占领了当地的军火库，起义消息很快就传开了。弗吉尼亚州政府迅速调集 1000 多名民兵围攻起义者。起义者被团团包围，在敌众我寡的情况下一再击退敌军，坚守阵地两昼夜，但终因寡不敌众，起义失败了。这次起义有 10 人丧生，连同布朗在内的 7 人被俘。几天之后，布朗和被俘的同伴以谋叛罪被处以绞刑。起义的失败并没有动摇北方人民打击奴隶制的决心，布朗的慷慨就义反而激起了北方广大群众的悲愤。他的死推动了美国废奴运动的发展，成为引发美国内战的一个重要原因。

美国内战爆发

　　布朗起义失败后，南北局势日趋紧张，美国临近内战边缘。1860 年 11 月的美国总统选举就是在这种形势下进行的。当时竞选的两个主要政党是民主党和共和党。共和党成立于 1854 年，是在堪萨斯内战的反奴隶制的热潮中形成的，其宗旨为反对奴隶制的扩张和拥护自由土地。共和党本质上是由工业资产阶级领导的，由广大农民、工人和自由黑人积极参加的反对奴隶制的联合组织。民主党代表南方奴隶主的利益，与共和党形成对垒的局面。

　　在 1860 年的大选中，南方民主党人坚决要将奴隶制扩张到美国全境，从民主党中分裂出来，南方民主党和北方民主党分别推选一个总统候选人。共和党推选林肯为总统候选人。在广大工人、农民、知识分子和废奴派的支持下，共和党最终获胜，亚伯拉罕·林肯（1809—1865 年）当选总统。

　　林肯出生于肯塔基州的一个农民家庭。林肯很小的时候就开始劳动，曾当过雇农、船工、土地测量员等。1830 年举家迁入伊利诺伊州。林肯后来通过勤奋自学，于 1836 年成为一名律师。林肯在 23 岁时就开始涉足政坛，曾当选

亚伯拉罕·林肯
林肯在任期间主导废除了美国黑人奴隶制。美国内战爆发后，林肯签署了《宅地法》、颁布了《解放黑奴宣言》，为北方获得内战的胜利奠定了基础。

为州议员、联邦众议员。林肯认为人生而平等，反对奴役，反对奴隶制度的存在。林肯作为一位资产阶级民主主义者，对黑人抱有强烈的同情，主张黑人在政治上享有与白人同等的权利。林肯反对奴隶制度在美国继续蔓延，但同时他又担心美国南北分裂，因此不敢提出立即废除奴隶制的主张。

1860 年，共和党推选林肯竞选总统，得到了北方各州的大力支持。共和党在竞选当中提出了反奴隶制纲领，要求限制奴隶制的扩张，制定促进全国工业发展的关税政策以及分给移民耕地的政策。

共和党候选人林肯在大选中获胜，意味着南方奴隶主想把奴隶制扩张到西部土地上的计划破灭，南方奴隶主的统治变得岌岌可危。南方奴隶主自然不会坐以待毙，他们决定脱离联邦，发动叛乱，进行最后的挣扎。1860 年 12 月，南卡罗来纳州正式宣布脱离联邦。1861 年 2 月 4 日，南方又有 6 个州宣布脱离联邦。随后，这些州的代表在亚拉巴马州的蒙哥马利举行会议，宣布成立另一个国家——美利坚联众国，并选举密西西比州的奴隶主杰斐逊·戴维斯为该联盟的总统。此时的联邦政府还试图与南方各州和解，然而同盟军队却悍然挑起军事行动，于 1861 年 4 月 12 日炮轰驻扎在南卡罗来纳境内查尔斯顿附近的联邦军队，挑起了内战。

表现美国内战的油画
美国内战发生在 1861 年到 1865 年之间，参战双方为北方的美利坚合众国（简称联邦军）和南方的美利坚联众国（简称南方军）。联邦军由亚伯拉罕·林肯领导，南方军由杰斐逊·戴维斯带领。

　　内战爆发后，南方的弗吉尼亚等 4 个蓄奴州也先后退出联邦，加入同盟。加入南方同盟的有 11 个州，然而有 23 个州表示继续忠于联邦政府。从南北力量的对比上看，北方占有很大的优势。北方占有 3/4 的领土，南方只占有 1/4；1860 年北方人口为 2200 多万人，南方仅有 900 万人，其中 400 万人为黑人；北方有着发达的工业，1860 年北方工业生产占全国的 92%，南方仅占全国的 8%。不论在人力或物力上，北方都占有压倒性的优势。

　　在政治方面，北方也处于比南方更有利的地位。美国内战是由南方诸州叛乱引起的，目的是维护和扩大落后的奴隶制度，因此是非正义的战争。对联邦政府而言，战争的目的是维护联邦的统一，得到了北方人民的大力支持。相反，南方奴隶主陷入失道寡助的境地，不仅南方 400 万的黑人奴隶反对他们，而且白人中的广大小农也起来反对他们。广大南方小农在政治上没有权利，在经济上受到大奴隶主的剥削和压迫，双方存在着无法调和的矛盾。联邦政府虽然在人力、物力以及政治方面比南方诸州占有优势，但是这些优势在内战前期并没有发挥出来，从而在战场上接连失败，处于不利的地位。

　　联邦政府军总司令温菲尔德·斯科特（1786—1866 年）制定了一个"长蛇计划"——通过海军封锁南部沿海，切断南方同盟与欧洲的联系，扼杀其经济命脉。在封锁的同时，北方军队沿密西西比河南下，攻占南方的首都——弗吉尼亚的里士满；占领并控制密西西比河沿岸的重镇，将南方各州分割为东西两个部分，随后围困和封锁南部中心的东南诸州，最终迫使南方屈服。这样，内战初期就出现了两个战场：以弗吉尼亚州和波托马克河流域为中心的东面战场；以田纳西河和密西西比河为中心的西面战场。

　　1861 年 7 月，东面战场第一场战役爆发，联邦军队向华盛顿西南面的马纳萨斯发起进攻。联邦军队的进攻开始时较为顺利，然而南方军队在得到增援后实施反击，联邦军被击溃，被迫向华盛顿撤退。然而此时的南方军队由于与联邦军队鏖战多时，已经疲惫不堪，因此没有继续向华盛顿方向追击。

　　1862 年初，战争日趋白热化，时任联邦军队总司令的麦克莱伦指挥联邦军主力向里士满进军。3 月，联邦军 10 万人沿波托马克河而下，向里士满进军。然而麦克莱伦指挥的军队行动缓慢，又以等待援军为由踌躇不前。结果增援部队在中途被击溃。6 月末至 7 月初，联邦军与南方军鏖战 7 天。南方军在罗伯特·李的指挥下，集中主力击败联邦军。联邦军向里士满进军的计划失败，被迫撤离。9 月，罗伯特·李率领南方军渡过波托马克河，穿过马里兰，试图进军宾夕法尼亚，切断联邦军东面与西面之间的联系。麦克莱伦指挥联邦军在

柯里尔与艾夫斯作品《轰击和占领亨利堡，腾龙1862号》

1862年2月6日，驻田纳西河畔亨利堡的南方军在联邦军炮艇的轰击下，被迫投降。

安提塔姆溪阻击南方军的进攻，双方进行了一场激烈的血战，最终联邦军击退了南方军，阻止了南方军向华盛顿的突进。然而在东面战场上联邦军队总体上仍然败多胜少。

在西面战场上，联邦军取得了一系列胜利。他们击溃了在肯塔基的南方军，并在田纳西河流域连续击败南方军队，缴获大量军用物资。1862年，联邦军队的陆军在海军的配合下，沿着密西西比河而上，占领了新奥尔良。在密西西比河上游、下游的联邦军相互呼应，向维克斯堡进军。联邦军在西面战场上处于有利形势。

内战初期，联邦军队在东面战场上接连受挫，国内人心动荡，林肯政府面临着严重的危机。在后方，"铜头毒蛇"分子的活动十分猖獗，不断进行捣乱和破坏，同时林肯政府在国际上也面临着英国进行干涉的威胁。所谓"铜头毒蛇"即北方民主党人中的主和派。他们代表着与南方奴隶主有着密切经济来往的北方商业、金融阶层的利益，成为南方奴隶主在北方的代理人。他们不断在北方进行反战宣传，不断在国会上向林肯政府施压，甚至秘密组织队伍等待时机发动暴乱。他们的破坏行径遭到了民众的抵制和反击，广大人民纷纷走上街头进行示威游行，要求联邦政府清除军队和政府中的消极怠工分子和反革命分子，要求立即解放黑人，把土地无偿分给人民。在国际上，英国和一些欧洲国家在经济上与南方关系密切，它们向南方奴隶主进口棉花的同时，也要向其销售自己的工业产品，因此站在南方奴隶主这边进行干涉。1861年5月，英国政府承认南方同盟。同年年底，英国政府以美国海军搜查英国船只为由，声称要与联邦政府作战。由于英国工人阶级展开了支持美国北方的运动，迫使英国放弃了进行武装干涉的计划。

林肯所领导的北方资产阶级并没有以解放南方奴隶为作战目标，没有依靠黑人进行斗争，没有用革命方法进行斗争，使得内战失去了群众的支持。这成为联邦军队在军事上接连失利的重要原因之一。人们纷纷举行群众大会，要求联邦政府立即解放奴隶，征召黑人进入军队，通过坚决的军事手段结束叛乱。在此形势下，林肯认识到解放奴隶是关系到能否平息这次叛乱的关键，联邦政府想要取得战争的胜利，恢复联邦的统一，除了解放黑人之外没有其他选择。

油画《林肯总统首次宣读〈解放黑奴宣言〉》
1864 年美国画家卡朋特创作的这幅油画再现了 1862 年 7 月 22 日林肯总统召集内阁成员，第一次向他们宣读《解放黑奴宣言》的场景。

1862 年 9 月 22 日，林肯颁布了《解放黑奴宣言》。《解放黑奴宣言》宣布从 1863 年 1 月 1 日起，所有叛乱州的奴隶全部获得自由；允许条件合适的黑人加入联邦军队。这个宣言的颁布，使南方 400 万奴隶看到了自由的曙光。《解放黑奴宣言》顺应了历史潮流，标志着美国内战从维护联邦统一范畴进入了革命战争阶段，解放黑人奴隶成为联邦军队作战的重要目标。

除了《解放黑奴宣言》之外，联邦政府还颁布了一系列措施和政策。1862 年 5 月，林肯签署《宅地法》，规定农民在缴付 10 美元手续费后，就可以在西部得到 160 亩土地，耕种 5 年后就可以获得这块土地的所有权。这实际上是将土地廉价赠送给农民，从而满足了广大人民群众的愿望，激发了民众的斗志。同年 7 月，林肯又签署了《没收法案》，规定没收叛乱分子的所有财产，并解放其奴隶。

此外，联邦政府还实行了武装黑人政策、征兵政策、严厉镇压反革命政策以及累进所得税政策。1862 年至 1863 年，联邦政府迫于广大人民的压力，也为解决军队兵力不足的问题，决定实行武装黑人的政策。这个政策一公布，立即有大批黑人报名当兵。在前线，也不断有逃亡奴隶加入北方军队。武装黑人政策为联邦军队增添了一支生力军。

在内战前期，北方实行的是志愿兵制。1863 年 3 月开始实行《征兵法》，它规定凡年龄在 20 岁至 45 岁之间的男子都有服兵役的义务，从而使参军服兵役成为国民义务和强制性行为。征兵制的实施对于加强联邦军队的军事实力起到巨大的作用。1862 年底联邦军队仅有 55.6 万人，到 1863 年底时增加到了近 92 万人，到 1864 年时又增加了 30 万人。

1862 年 9 月，联邦政府决定解放奴隶的同时，也加紧镇压反革命的活动，抓捕了一批反革命分子。从 1863 年开始，联邦政府逮捕了"铜头毒蛇"及各类反革命分子 1 万多人。此外，政府及军队里的异己分子被清洗，有能力的士兵被提拔为军官。林肯采取了一系列减轻广大人民负担的政策，如制定了向富人征收累进税用作战争费用的政策。在内战期间，联邦政府的所得税收入达到了 5500 万美元。

林肯政府的这些政策和措施鼓舞了北方人民群众的革命热情和积极性，极大地增强了北方的力量，对整个战局的转变产生了积极的效果。在《解放黑奴宣言》颁布后，许多北方的黑人踊跃参军，到内战结束时，加入联邦军队的黑人达到了 18.6 万人。1862 年，在路易斯安那州的联邦军队成立了第一支黑人兵团——非洲军。马萨诸塞州第 54 团和 55 团全是由黑人士兵组成的。广大黑人士兵为了黑人同胞的解放在战场上英勇杀敌，立下了不朽的功勋。

自 1863 年起，联邦军队在前线虽然仍遭到挫败，但是战局已经出现了转机。7 月初，在东面战场的葛底斯堡，双方集合了 16 多万人，进行内战中规模最大的一次战役。联邦军队最终获得这场战役的胜利，成为内战的转折点。此后，南方军队进行了战略上的调整，从进攻改为防御。与此同时，联邦军队在西面战场上也传来了好消息，格兰特将军率领联邦军在维克斯堡击败了罗伯特·李的南方军。这次胜利使北方控制了密西西比河，并将南方同盟分割开来。双方经过一番拉锯战，联邦军队牢牢控制了田纳西州的交通枢纽查塔努加。

1864 年 3 月，格兰特将军被林肯任命为联邦政府军总司令。虽然此时战况出现改观，然而南方军队的主力仍然存在，里士满、亚特兰大等城市还在南方军队的控制之下。5 月，格兰特率领联邦军队大举南下，向里士满进发。南

葛底斯堡战役油画
葛底斯堡战役通常被认为是美国内战的转折点，它标志着北方联邦军的崛起，为内战最终的胜利奠定了基础。

方军在罗伯特·李的指挥下坚决抵抗。与此同时，谢尔曼率领 10 万联邦军从查塔努加出发，进军佐治亚州，经过一番苦战后，于 9 月占领了亚特兰大。紧接着，谢尔曼率军向沿海地区进军，于年底攻占了港口城市萨凡纳，使联邦政府的陆军和海军建立起了紧密的联系。翌年初，谢尔曼率军北上，途经南卡罗来纳，随后进入北卡罗来纳，一路上连续击败南方军队。

　　1865 年 4 月初，罗伯特·李被迫率部撤离里士满。4 月 9 日，罗伯特·李的南方军被联邦军围困，被迫向格兰特投降。此后，南方各州的军队相继向联邦军投降，历时 4 年的美国内战以联邦军的最后胜利而结束。在内战期间，联邦军队共有 36 万人牺牲，为维护联邦的统一付出了沉重的代价。联邦政府在南北内战中的胜利，不仅维护了国家统一，废除了奴隶制度，也为资本主义的进一步发展扫除了障碍，使美国资本主义经济迅速发展。

　　1865 年 3 月 4 日，就在内战结束前的一个多月，林肯宣誓第二次就任总统。他在 1864 年的大选中再次当选为总统。内战结束后不久的 4 月 14 日晚上，

罗伯特·李

林肯在华盛顿剧院观赏话剧时，被奴隶制度支持者、演员约翰·布斯刺杀身亡。在林肯被刺的前几天，他再次指出要将脱离联邦的南方各州重新纳入联邦政府，并提出了重建南方问题。然而在这个艰巨的任务还未开始的时候，他就被刺杀了。

战后重建——约翰逊反动时期

林肯被刺身亡后，副总统安德烈·约翰逊继任总统。内战爆发前，约翰逊与南方种植园奴隶主有着紧密联系，并于 1835 年出任田纳西州的州长。1857 年，约翰逊以民主党人的身份当选为国会参议员。在他担任国会议员期间，美国内战爆发。1860 年底以后，南方各州成立南方同盟，南方参议员纷纷离开国会，他是留在参议院内的唯一南方参议员。此后，约翰逊在参议院发表了反对南方脱离联邦，主张维护联邦宪法的讲话，获得了林肯的信任。在 1864 年的大选中，约翰逊被提名为林肯的竞选伙伴，成为副总统。

在内战期间，约翰逊倾向北方，与共和党进行合作，参与了反对南方叛乱诸州的斗争。然而在继任总统后，约翰逊纠集共和党的保守势力，与南方民主党人联合在一起，采取了一系列反动措施，以掩护那些南方种植园奴隶主恢复对南方诸州的控制。

1865 年 5 月，约翰逊发表《大赦宣言》，宣布凡曾直接或间接参与了叛乱的种植园奴隶主，除少数"南方同盟"的头目外，只要举行忠诚宣誓，就可以恢复所有权利，收回在战争中被没收的财产。另外，《大赦宣言》还规定总统有权赦免向他提出赦免申请的人。就这样，约翰逊几乎赦免了所有叛乱分子，

美国南方种植园

此画描绘了南方种植园棉花丰收的场景，许多黑人奴隶正在忙碌地采摘棉花。

恢复了他们的公民权、政治权以及战时被没收的财产。

在约翰逊的掩护下，南方种植园奴隶主重新控制了南方各州的立法、行政大权。1865 年至 1867 年，美国处于约翰逊的反动统治时期。在这期间，南方各州都制定了《黑人法典》，不允许黑人拥有土地，不允许黑人举行集会，不允许黑人与白人接触等。这使刚刚获得解放的黑人又被剥夺了政治权利，重新遭受奴隶主的剥削和压迫。奴隶主认为仅靠《黑人法典》还不足以统治黑人，为了进一步蹂躏黑人，他们于 1866 年在田纳西州建立了恐怖组织——"三 K 党"。此后，南方各州纷纷建立了许多公开或秘密的恐怖组织，迫害那些获得解放的黑人。这些秘密团体实行恐怖手段，对黑人进行惨无人道的折磨和迫害。南方种植园奴隶主加紧了复辟活动，严重威胁了北方资产阶级的统治。

约翰逊的反动政策不仅遭到了黑人群众的反对，而且引起了广大人民的愤慨和反抗，共和党激进派对此表示担忧。他们担心南方种植园奴隶主在南方复辟，那意味着北方工业资产阶级在内战中所取得的胜利果实将化为乌有。在激进派看来，唯有给予黑人选举权，才能杜绝这种情况的发生。

1865 年 12 月，共和党成立国会两院重建南方联合委员会。1866 年的中期选举中，共和党获得了多数票。激进派利用立法机构与约翰逊展开斗争，促使国会通过了一系列法案，反击南方种植园奴隶主的复辟活动，为南方的重建制定了较为进步的方案。1866 年 4 月，国会通过了《公民权利法案》，规定给所有在美国出生的人（除印第安人外）完全的公民权，不论他们的民族、肤色以及社会地位如何。由于这一法案在南方遭到排斥，得不到实行，国会又于同年 6 月通过了关于宪法第十四条的修正案，规定凡在美国出生或归化的人，不论肤色都享有平等的公民权利和政治权利。这一规定承认了黑人的公民权。

1867 年 3 月，国会又通过了南方重建法案。根据该法案，南方十州的政府均不合法，并按规定把这 10 个州划为 5 个军区，实行军事管制，在军队的监督下举行选举，成立新的州政府。凡是参加过叛乱的人都不能入选州立宪大会，也没有资格担任政府官员。法案要求军管各州逐步建立起由白人和黑人共同组成的立宪会议；凡 20 岁以上的成年男子，不分肤色、种族和地位，都享有选举权，可以参加州立宪大会选举。这样，法案剥夺了奴隶主叛乱分子的选举权，而黑人的选举权被确定下来了。该法案还规定，军管各州逐步建立州议会，宪法第十四条修正案批准之后才有权利派代表参加国会，重新加入联邦。不久，南方诸州相继成立了由黑人和白人组成的政府。

在重建南方的过程中，依然充满着各种尖锐的矛盾和斗争。从 1868 年至 1870 年，军管各州在进行改造之后，重新加入了联邦政府。黑人在名义上获得了自由，享有平等的公民权利，但是依然受到种族歧视，遭到美国反动的种族主义组织的迫害。此外，联邦政府并没有彻底解决土地问题。1877 年南方重建结束时，联邦政府在南方尝试民主政权遭到失败，它未能将黑人平等地纳入社会体系，导致种族歧视仍然是一个严重的社会问题。然而经过内战和对南方的重建后，美国工业资产阶级掌握了政权，为美国资本主义经济的快速发展创造了有利条件。

俄国：1861年改革

俄国 1861 年的改革是一场以废除农奴制为主要内容的自上而下的改革。这次改革在保留了贵族地主特权的条件下，使俄国完成了从封建主义向资本主义的过渡。然而这次改革并不彻底，保留了大量封建残余，影响了俄国资本主义的发展。

俄国农奴制的危机

18 世纪末，俄国开始出现资本主义萌芽。19 世纪前期，俄国的资本主义经济得到了一定的发展。1804 年至 1825 年，俄国的手工工场从 2400 多个增加到 5200 多个，工人从 22.5 万人增长到了 34 万人。工场中雇佣工人的人数也在不断增加。比如，在加工制造工业中，1804 年雇佣工人占工人总数的48%，到 1825 年这个比例增长到了 54%；而在棉纺织工业中，1825 年雇佣工人在工人总数中的比例达到了 94% 以上。

从 19 世纪 30 年代起，俄国开始了工业革命，机器生产代替了手工劳动，手工工场逐渐转变为工厂，工厂数目逐渐增多，自由雇佣工人的使用也不断增多。这一时期，俄国的交通运输业也迅速发展起来了。人工运河连接了内河与波罗的海、黑海，帆船被轮船取代。1851 年 11 月 1 日，连接莫斯科和圣彼得堡的铁路通车。资本主义工业和现代交通的发展促进了俄国对外贸易的发展。

随着社会经济的迅速发展，俄国的封建农奴制生产关系与新的生产力出现了矛盾。工业的发展需要更多的自由劳动力，然而大量的农民被封建农奴制束缚在土地上。那些在工厂中进行生产劳动的雇佣工人，大部分是向地主缴纳代役租的农民，随时都可能被地主召回去。因此，这些人对于企业主来说是自由劳动力的出卖者，而不是真正意义上的近代资本主义雇佣工人。在这种情况下，这些工人的劳动积极性并不高。地主随时都会召回这些自由劳动力者，使得工厂的生产处在一种不稳定的状态中。工业的发展离不开广阔的商品市场和原料产地，然而封建农奴制度下的自然经济以及农民极低的购买力很难满足这个条件。由此可以看出，从 19 世纪前期起，封建农奴制度已经成为俄国社会生产力进一步发展的束缚。

在农业方面，俄国的封建农奴制关系也趋于瓦解。在俄国中部以及土地肥沃的地区，地主阶级为了取得更大的收成，不断减少或是收回农民的份地，将农奴变作家奴，每月仅发给他们一定的口粮以维持生活。而在北部土地贫瘠的地区，地主则通过提高代役租的方式来提高收入，这使得广大农民纷纷进入城市务工或是经商。一些地主还允许那些富裕的农民用金钱赎取自由。

在意识形态领域，出现了反映俄国资本主义经济发展和农奴制危机的思想。早在 18 世纪末期，俄国作家拉吉舍夫（1749—1802 年）就写了《从圣彼得堡至莫斯科旅行记》一书，号召广大人民起来推翻农奴制度。从 19 世纪开始，俄国的一些先进分子清楚地看到了农奴制的腐朽，于是要求进行改革。最先起来进行斗争的是那些接受过教育的青年军官。他们通过各种方式受到西欧资产阶级民主主义思想的熏陶。1821 年，由佩斯捷尔（1793—1826 年）领导建立的"南方协会"就是由一些军官组成的组织。这个组织提出了推翻农奴制

《伏尔加河上的纤夫》
俄国现实主义画家列宾最出名的代表作,描绘了伏尔加河上的农奴们拖着一艘驳船往岸边停靠的场景,展现了当时的社会制度对人民的压迫之深。

度、建立共和国家、解放广大农民并无偿分给他们土地等要求。

1822 年，军官穆拉维约夫和诗人雷列耶夫（1795—1826 年）在圣彼得堡建立了"北方协会"。该协会主张在俄国实行君主立宪，废除农奴制度，地主阶级仍然占有土地。1825 年 12 月 14 日，十二月党人在俄国首都圣彼得堡城举行武装起义。同年 12 月 31 日，南方协会也举行武装起义。由于当时俄国的客观革命条件还没有成熟，再加上武装起义未能发展广大群众，武装起义最终被镇压下去。反对专制制度的武装起义虽然失败了，但是起义唤醒了民众起来反对农奴制度和沙皇统治的斗争，为后来的革命运动树立了榜样。

1825 年 11 月，沙皇亚历山大一世去世，尼古拉一世（1825—1855 年）继位。尼古拉一世即位后，将维护农奴制度作为其统治的首要任务。为了防止出现革命运动，他采取了严厉的镇压措施，加强了对思想文化的控制。尼古拉一世将神学列入大学、中学的必修课程当中，建立了严格的书报检查制度。尽管尼古拉一世采取了严厉的镇压措施，但俄国各地要求废除农奴制的斗争依然没有停息。尼古拉一世在位的 30 年间，俄国一共爆发了 600 多次农民起义。1830 年至 1831 年波兰人民发动反对沙皇统治的起义，并蔓延到了今立陶宛、乌克兰和白俄罗斯一带，起义最终被尼古拉一世镇压。尼古拉一世对外奉行神圣同盟，镇压欧洲自由主义、民族主义运动，于 1848 年镇压了匈牙利民族运动。

19 世纪前半期，革命思想在俄国得到了广泛传播。在这一时期，革命思想家赫尔岑和别林斯基成为反对农奴制度的杰出代表。赫尔岑（1812—1870 年）出身于莫斯科的一个贵族家庭，青年时代受到十二月党人起义的影响，立志要反抗沙皇的专制统治。他在莫斯科大学学习期间，就积极参与革命活动。1833 年大学毕业后，他在准备展开社会活动时，突然被沙皇政府逮捕并流放。1842 年，他返回莫斯科，不久后再度被流放。1847 年，他在欧洲各国流亡，在法国、意大利等地旅居。1852 年他来到英国伦敦，创办《钟声》等刊物，积极宣传反对农奴制度，并向俄国人民传播西欧的民主运动。赫尔岑最初是想通过改良的道路使农奴获得解放，然而随着认识的不断深入，他最终成为一名坚定的革命民主主义者。别林斯基（1811—1848 年）出身于一个海军军医的家庭，文学评论家，俄国革命思想家的先驱。1829 年他进入莫斯科大学学习，后因创作反对专制统治的剧作《德米特里·卡列宁》而被学校开除。1834 年，别林斯基发表了第一篇文学批评作品《文学的幻想》，开始了批评家的生涯。此后，他通过撰写文学批评文章来宣传革命思想。1847 年他写下了著名的《致果戈理的一封信》，信中不仅对果戈理进行了批评，并对俄国农奴制的黑

尼古拉一世

暗和腐朽进行了揭露和鞭策，号召人民起来推翻沙皇专制统治。这封信成为 19 世纪 40 年代俄国革命运动的战斗宣言，有力地推动了俄国反对农奴制度的斗争。

对外的扩张

19 世纪初期，随着资本主义的发展，俄国农奴制度的危机不断加深，其对外侵略扩张的野心也日益膨胀。俄国企图通过领土扩张，开拓更为广阔的商品市场和原料产地，以满足贵族地主的贪欲和资本主义发展的需要，从而缓和国内日益尖锐的阶级矛盾。

高加索地区成为俄国兼并的首个目标。高加索是位于亚欧大陆黑海、里海之间的广阔地带，有着重要的战略地位，并且有着丰富的物产。高加索地区是中亚古文明的发源地，曾出现许多部落和封建汗国，其中一些汗国主要在伊朗和奥斯曼帝国的统治之下。1801 年，俄国在经过多年的政治和军事渗透后，最终吞并了东格鲁吉亚。1810 年，俄国又吞并了西格鲁吉亚。在此后的 20 年间，俄国对奥斯曼帝国和伊朗发动数次战争，夺取了亚美尼亚和阿塞拜疆，从而控制了南高加索。在征服南高加索后，俄国又将目标转向北高加索。由于英国和奥斯曼帝国的阻挠，俄国对北高加索的征服一直持续到了 19 世纪 60 年代。

塞凡湖
塞凡湖位于亚美尼亚境内，被誉为"高加索的眼泪"，是高加索地区最大的高山湖泊。

　　从19世纪20年代开始，俄国在哈萨克草原修筑堡垒，加强对哈萨克人的镇压。从19世纪从30年代起，俄国将扩张的触角伸向中亚细亚。它采取蚕食、武装入侵或"自愿归顺"等方式，逐渐吞并中亚北部的草原地区。从19世纪60年代初，美国爆发内战，导致出口俄国的棉花骤减。这使得俄国将目标对准了盛产棉花的中亚南部地区。18世纪以后，中亚南部地区出现了浩罕汗国、布哈拉汗国和希瓦汗国三个封建王国。这三个王国彼此经常发生战争，导致民不聊生。1865年，俄国派兵进入中亚中南部地区，占领了浩罕汗国首府塔什干。次年，俄国政府宣布吞并浩罕汗国，将其改为费尔干纳省。1868年和1873年，俄国又先后侵入布哈拉汗国和希瓦汗国，迫使它们臣服于俄国，然后割地赔款。1887年和1899年，俄国将两个汗国割让的土地改名为撒马尔罕省和外里海省，布哈拉汗国和希瓦汗国实际上已名存实亡。1877年至1885年，中亚最后一个地区土库曼也被俄国征服。

　　俄国在亚洲进行扩张的同时，也加紧了对欧洲的侵略扩张。19世纪初期，俄国与法国为争夺欧洲霸权展开了斗争。1805年至1807年，沙皇亚历山大一世曾先后两次组织反法同盟与法国作战，结果都失败了。1807年俄法两国签订《提尔西特和约》，俄国退出反法同盟，与法国缔结了反对英国的同盟，参与对英国的"大陆封锁"，并承认法国对战争中获得的土地的占有权，法国则允许俄国在瑞典、奥斯曼帝国享有自由行动的权利。1808年至1809年，沙皇亚历山大一世利用法俄结盟之机，以瑞典拒绝退出反法联盟为由，派兵夺取了原属于瑞典的芬兰，进一步巩固自己在波罗的海的地位。芬兰在名义上是一个"自治国家"，实际上已成为俄罗斯帝国的一部分。1812年和1828年至1829

年，俄国先后两次发动对奥斯曼帝国的战争，强占了罗马尼亚的比萨拉比亚，同时获得了对摩尔达维亚公国和瓦拉几亚公国的保护权。

1812 年 6 月，拿破仑发动对俄战争，并一度占领了莫斯科。俄国人民奋起反抗法国人，最终把法军赶出了俄国。沙皇利用这个机会，再次与英国、普鲁士等国组成反法同盟。1814 年 3 月，反法联军攻入巴黎，拿破仑被迫退位，被流放于厄尔巴岛。拿破仑帝国覆亡后，法国丧失欧洲霸主地位，俄国取得在欧洲的霸主地位。在此后的将近 40 年里，俄国不断出兵镇压欧洲各国的革命运动，充当"欧洲宪兵"，维持欧洲的秩序。俄国巴尔干地区大肆扩张，企图占领黑海海峡，巩固自己在黑海的地位。俄国的扩张行为损害了英法两国的利益，加剧了彼此间的矛盾。

1853 年至 1856 年，欧洲爆发了克里米亚战争。战争开始时是在俄国和奥斯曼帝国之间进行的，俄国海军在黑海击溃奥斯曼帝国海军。1853 年 7 月，俄国军队开入多瑙河流域国家。1854 年 3 月，英国和法国对俄国宣战。12 月，英、法和奥地利在维也纳签署反俄同盟条约。1855 年 9 月，英法击败俄军在克里米亚半岛上的塞瓦斯托波尔要塞的驻军，扭转了整个战局的走势。1856 年 3 月，英国、法国、普鲁士和俄国等国签署《巴黎和约》，正式结束克里米亚战争。俄国被剥夺了在黑海驻军的权利，并将比萨拉比亚的部分土地归还给奥斯曼帝国和摩尔多瓦。俄国在克里米亚战争中的失败是其扩张道路上的一次空前沉重的打击，使其在巴尔干和黑海地区扩张的成果几乎化为乌有，同时丧失了在欧洲大陆的霸主地位。

然而，俄国对外扩张的步伐并没有因此而停止。在克里米亚战争爆发前后，俄国将扩张的目标对准了中国。1849 年，俄国政府为了侵略中国，成立了"黑龙江问题特别委员会"。紧接着，俄国派海军由海路侵入中国库页岛和黑龙江口。1850 年 8 月，俄国通过武力强占了中国黑龙江口的庙街，并以沙皇的名字将庙街命名为"尼古拉耶夫斯克"，建立起侵略据点。1853 年，俄国强占了中国黑龙江北岸的大片领土和库页岛。

1854 年至 1857 年，沙皇政府派东西伯利亚总督穆拉维约夫四次率兵闯入中国黑龙江，擅自建立哨所，设置村屯，并强占了包括海兰泡在内的一部分中国领土。1857 年 12 月，沙皇尼古拉一世派普提雅廷出使中国，提出了以黑龙江和乌苏里江为中俄界线的无理要求，遭到清政府的拒绝。1858 年春，俄国政府利用英法联军侵华的机会，再次派穆拉维约夫率领兵船抵达瑷珲（今黑河），强迫清政府签订了不平等的中俄《瑷珲条约》。根据该条约，中国黑龙江以北、外兴安岭以南 60 多万平方千米的土地被俄国割占，乌苏里江以东的中国领土（包括库页岛在内）划为中俄两国"共同"管理。1860 年 10 月，英法联军攻占北京。俄国以"调停"中英、中法之间的战事为名，强迫清政府于 1860 年 11 月签订了中俄《北京条约》，割占了中国乌苏里江以东 40 多万平方千米的领土，并强行规定了中俄西部的边界走向。

罗伯特·吉布所绘《细红线》油画
这幅画作于 1881 年，描绘了克里米亚战争中英法联军与俄国激战的场景，现藏于苏格兰国家战争博物馆。

　　1864 年 10 月，俄国强迫清政府签订了中俄《勘分西北界约记》。通过中俄《北京条约》和中俄《勘分西北界约记》，俄国共割占了中国西部巴尔喀什湖以东、以南 44 万多平方千米的领土。1871 年 7 月，俄国派兵强占中国新疆的伊犁地区，屠杀当地的中国人民。此后清政府多次同俄国交涉，要求其归还伊犁，均遭到拒绝。1881 年 2 月，中俄签订《伊犁条约》，中国虽然收回伊犁，但霍尔果斯河以西地区却被俄国割占，并向俄国赔款 500 多万两白银。条约还规定：中俄西北边界如发现不妥之处，可随时酌定新界。据此，俄国又强迫清政府于 1882 年至 1884 年间签订了《伊犁界约》《喀什噶尔界约》等 5 个条约，重新勘定了中俄西部边界。俄国通过这些手段，又割占了中国西部 7 万多平方千米的领土。19 世纪后半期，俄国是侵占中国领土最多的国家。在克里米亚战争结束后的 30 年间，俄国一共侵占中国领土 150 多万平方千米，其面积大致相当于今天的 3 个法国。

1861年的改革

19 世纪 50 年代，俄国社会生产力与封建农奴制生产关系之间的矛盾日益尖锐。俄国资本主义工商业在农奴制度的束缚下，难以获得更大的发展，农业生产也面临着同样的危机。俄国在克里米亚战争中的失败，暴露了农奴制度的腐败和落后，加重了广大劳动人民的负担，阶级斗争空前加剧。广大劳动人民不堪忍受沉重的剥削，于是纷纷发动起义。1858 年俄国共发生了 86 次农民暴动，1859 年增加到了 90 次，到 1860 年时达到了 108 次。广大劳动人民不仅拒绝给地主服劳役和缴纳代役租，并提出了废除农奴制度的诉求。劳动人民的斗争威胁到了沙皇和各贵族地主的统治。北方土地贫瘠地区的地主阶级因经营土地收入不多而同时兼营工商业，他们需要政府进行适当的改革，以维护自己的利益。

1855 年 2 月 18 日，尼古拉一世病逝，其子亚历山大（1818—1881 年）继位，成为俄罗斯帝国第 12 位皇帝，史称亚历山大二世。当时的俄国处于内外交困之中，亚历山大二世意识到了这一点，因此希望通过改革改变当前的危险局面。1856 年 3 月，亚历山大二世在对莫斯科贵族发表演说时指出："与其等待农奴自下而上地废除农奴制度，倒不如自上而下地废除奴隶制度为好。"此后，俄国开始准备对农奴制进行改革的工作。

在俄国贵族地主阶级之中，对以何种方式进行农奴制改革存在着不同的意见。大多数地主阶级要求将土地控制在自己的手中，主张在改革时不分土地给农民，或是仅分给他们一小块土地，以迫使农民在改革之后租佃地主的土地，继续依附于地主。也有部分地主阶级主张在改革时对农民做出一定的让步，在进行土地改革时解放农民，但农民需要为此付出高额的赎金。这部分的地主阶级属于自由派，代表了北方地区工业较为发达省份地主阶级的利益。尽管俄国地主阶级对农奴制改革有不同意见，但地主阶级各集团的基本利益是一致的，那就是通过改革防止出现革命运动，巩固地主阶级的利益和地位。在广大农民方面，他们提出了彻底废除农奴制度的主张，并要求地主无条件将土地分给农民。当时活跃在政治舞台上的革命民主主义者成为广大劳动人民的代表。他们主张通过农民革命运动推翻沙皇的专制统治，实现农民的解放。

亚历山大二世
亚历山大二世进行了政治、军事、司法、教育、
财政等方面的改革，下诏废除了农奴制，因此被
称为"解放者"。

　　1857 年 2 月，俄国国务会议就农奴制改革草案进行了讨论和审议。亚历
山大二世在会议上强调拖延改革将会给整个国家带来更大的灾难，因此改革方
案要尽快获得通过。2 月 17 日，国务会议同意通过了改革方案。1860 年 10 月，
俄国拟出解放农奴的法令草案。1861 年 3 月 3 日，亚历山大二世批准了《1861
年 2 月 19 日宣言》和《关于脱离农奴依附关系的农民的一般法令》等废除农
奴制的法令。法令规定，农民有人身自由，有权拥有财产、进行诉讼、立约和
从事工商业等活动；地主仍然占有全部土地，农民在获得自由时可以获得一定
数量份地的使用权；但农民在获得人身自由和份地时，必须签署契约，并支付
高额的赎金；农民在签订赎身契约之前，如果想要使用之前的份地，还要为地
主服劳役或缴代役租。在赎买份地之前，农民即便已经获得了人身自由，但还
要为地主履行各种义务劳动。在改革中，农民获得了数额很小的份地，而他们
之前耕种的土地被地主剥夺，这部分土地被称为割地。在土地肥沃的地区，地
主割地的情况尤为严重。此外，广大劳动人民以前共用的牧场、森林、水塘等
资源也被地主霸占。

　　亚历山大二世颁布改革的法令后，俄国仍然保留了大量的农奴制残余，作
为封建农奴制经济基础的地主土地所有制没有被消灭，全国大部分土地仍然掌
握在少数贵族地主手中，占人口绝大多数的农民却占有极少数的土地。然而这
次改革使农民摆脱了对地主的人身依附关系，为资本主义的发展提供了大量的
自由雇佣劳动力，促进了资本主义工业的发展。俄国逐渐从地主的徭役经济向
资本主义经济过渡。

　　在进行农奴制度的改革之后，俄国政府还进行了一系列资产阶级性质的改革。这些改革的主要内容包括：一、地方机构改革。1864 年，俄国建立县、省两级自治机构，其中包括自治会议以及它的执行机构自治局。1870 年，各城市也建立了自治机构——杜马和自治局。这些地方机构在名义上是通过选举产生的，实际上被贵族地主和富裕资产阶级的代表所控制，广大劳动人民根本没有途径表达自己的意愿。地方自治机构的权力十分有限，只是地方政府的辅助机构，主要负责管理地方上的经济、教育以及医疗方面的事务。二、司法改革。1864 年，俄国进行了司法改革，建立了各级法院。人们在法院内依据法律和审判程序进行审判。在进行审判时要向大众公开，并有陪审员参与，允许律师为犯人辩护。三、军队改革。1874 年，俄国颁布普遍义务兵役法，替代100 多年前彼得一世在位时制定的强制征兵制。规定年满 20 岁的青年都要服兵役，部分人服预备役，部分人服现役。服役的期限从 25 年缩短到 6 年至 7年。此外，对军队装备进行革新，大幅提高军队的训练水平。

　　1861 年的农奴制改革以及随后的一系列改革，使俄国逐渐从农奴制社会过渡到资本主义社会，成为俄国历史上一个重大转折点。但由于俄国经济发展的落后以及资产阶级力量的薄弱，这场改革主要是由地主阶级主导的。因此这场改革并不彻底，保留了不少封建农奴制残余，地主阶级仍然掌握大部分土地，俄国的专制制度并没有发生本质上的改变。

资本主义的发展

　　俄国 1861 年的改革虽然保留了不少农奴制度的残余，然而资本主义经济在社会生产中逐渐居于统治地位，俄国从一个封建社会逐渐转变为资本主义社会。从 19 世纪 60 年代开始，俄国的资本主义工业获得了较快发展，工业生产大幅增长。1860 年至 1890 年的 30 年间，俄国的生铁产量增长了 2 倍，钢铁和棉纺织品的产量增长了 3 倍。俄国的煤炭产量因为顿涅茨煤田的形成　开采量猛增了 19 倍。

　　在这一时期，出现了一些新兴工业部门，如石油工业和机器制造业。1860年至 1890 年，俄国机器制造工厂的数量增长了两倍以上。在进行农奴制改革之前，俄国的石油年产量还不到 1.7 万吨，到 1890 年时石油年产量增长了近400 万吨。巴库成为新兴的石油工业中心，石油工业迅速繁荣发展起来。19 世纪 80 年代初，俄国的工业革命基本完成，重要的工业部门已经开始使用机器生产。1861 年俄国的铁路长度只有 1600 多千米，到 19 世纪 80 年代时铁路长度增长了近 14 倍。工业的发展促进了产业工人队伍的发展。1890 年俄国在铁路、采矿以及其他工业的产业工人数目达到了 140 多万人。

在农村地区，随着阶级的不断分化，大量贫困的农民沦落成为农业无产阶级，而那些富裕的农民则不断积攒财富，不仅向那些贫困的农民购买土地，并且向一部分地主购买或租佃土地。到了 19 世纪 80 年代末，全国将近一半的耕地被占农村人口 20% 的富裕农民占有。这些富裕的农民依照资本主义工商业的组织形式兴办大农场。与此同时，一些贵族地主为了获得更多收入，开始雇佣劳动力在自己的领地进行耕种，同时引进先进的耕具和种植技术进行农业生产，使俄国的地主经济开始向资本主义经济转化。然而这种农业资本主义的发展速度较为缓慢。在俄国的 40 多个农业省份中，只有 19 个省份的资本主义农业经济处于优势地位。随着俄国资本主义农业的发展，农业雇佣劳动力人数在 19 世纪 90 年代初达到了 350 多万人。农业产品的商品化程度得到了显著提高。1876 年至 1891 年，俄国六种主要谷物的贸易量增长了一倍多。俄国的资本主义起步较晚，并且是在存在大量封建农奴制残余的社会条件下发展起来的，因此在进行改革后的 30 年间，虽然俄国的资本主义有着较快的发展速度，但是在社会生产和技术水平等方面仍远远落后于其他主要资本主义国家。

俄国资本主义不断发展的同时，广大工农劳动者的生活状况却日益恶化，其中贫苦农民受到的压迫最为严重。农奴制改革不仅没有给他们带来自由和土地，反而使他们受到来自资本主义和封建主义的双重剥削和压迫。在这种情况下，广大农民不堪重负，纷纷起来反抗。

19 世纪 70 年代初，俄国革命运动在经历了短暂的低潮后又再度活跃起来。民粹派成为俄国 70 年代革命运动的主要领导力量。俄国 1861 年改革后，农民与地主阶级的矛盾日益激化，一些代表农民利益的平民知识分子走上民主革命的道路，逐渐形成“民粹派”。民粹派主要由资产阶级自由知识分子和平民知识分子组成。民粹派主张通过农民革命推翻沙皇专制统治，彻底消灭封建农奴制度残余。民粹派同时又认为，俄国出现资本主义是一种偶然现象，也是一场大灾难，因此必须加以限制和阻止。民粹派否认工人阶级在历史发展中所起到的作用，认为俄国可以绕过资本主义社会阶段，在农村公社的基础上建立起社会主义社会。

19 世纪 70 年代初，民粹派在圣彼得堡、莫斯科和基辅等地建立了第一批革命组织。民粹派把农民理想化，认为农民是本能的社会主义者和天生的革命者，只要加以领导就可以发动革命运动。在这种思想的影响下，民粹派于1873 年至 1874 年展开了"到民间去"的革命运动，大批知识分子穿起农民的服装，到农村地区进行革命运动。他们走进各地农村，向农民演讲，宣传民粹主义理论，并号召农民展开革命运动和起义。然而事情的发展和结果却出乎他们的意料，这些知识分子的活动并没有获得广大农民的理解和支持，最终遭到了俄国政府的镇压，"到民间去"的革命运动最后以失败告终。

　　"到民间去"运动失败后，民粹派并没有气馁，更加积极地活动。1876年，民粹派成立了一个秘密组织——"土地与自由社"。亚历山大·米哈伊洛夫是该组织的创始人。他提出了明确的斗争纲领，主张把全部土地平分给农民，农村公社拥有完全的自主权。1879 年，由于在斗争策略上出现分歧，"土地与自由社"分裂为两个独立的组织——"民意党"和"土地平分派"。土地平分派基本上坚持"土地和自由社"原有的路线，继续开展活动。民意党热衷于个人恐怖活动，把恐怖手段看作是主要的斗争形式。1881 年 3 月，民意党暗杀了沙皇亚历山大二世。1884 年，民意党停止活动，革命民粹主义运动结束。此后，民粹派逐渐蜕化，主张与沙皇妥协，成为代表富农利益的自由主义民粹派。

滴血救世主教堂
亚历山大二世遇刺后，其子亚历山大二世在圣彼得堡他遇刺的地点修建了这座教堂，以表纪念。现在滴血救世主教堂是俄罗斯最著名的教堂之一。

法国：法兰西第二帝国

> 1852 年，路易·波拿巴通过政变恢复帝制，开始了法兰西第二帝国的统治。拿破仑三世在执政期间大力发展工业，多次发动对外战争，巩固了帝国在欧洲的地位。为获得更多的殖民地，第二帝国先后发动了侵略中国、越南、埃及和墨西哥等地的殖民主义战争，给当地人民带来了深重的灾难。

拿破仑三世的统治

1851 年 12 月 2 日，路易·波拿巴为攫取政权发动政变，宣布解散议会。共和派在各地举行反对政变的示威活动，结果遭到镇压。借着政变的有利时机，路易·波拿巴设立特别法庭，审判那些反对他的人，结果有 2 万多人被判监禁或遭到流放。路易·波拿巴通过这种方式恐吓自己的政敌，打击了共和派的势力。12 月 14 日至 21 日，他呼吁民众举行投票，裁决他的政变活动。结果多数票赞成政变，使他的政变合法化。1852 年 1 月，路易·波拿巴颁布新宪法，将总统任期由 4 年改为 10 年。1852 年 11 月，他就恢复帝制问题再次举行公民投票，得到了大多数人的赞同。12 月 2 日，路易·波拿巴改第二共和国为第二帝国，自封为皇帝，称拿破仑三世。路易·波拿巴的统治时期被称为法兰西第二帝国。12 月 30 日，参议院发布法令，将稍作修改后的 1852 年 1 月的宪法确定为第二帝国宪法。宪法规定：皇帝集国家权力于一身，有权任免一切文武官员，法案的提出、颁布归皇帝掌握，皇帝有权指挥军队对外宣战、媾和、缔结条约等。

拿破仑三世为了掩盖自己的篡权行为并使其合法化，除了举行公民投票外，还在形式上保留了议会，实行议会多院制。第二帝国的议会被分为三院，分别是参议院、立法团和国务会议。立法团的议员通过公民普选产生，但议会代表的候选人则由政府指定，选民只有投票的权利。议员的人数不超过 260 名，任期为 6 年。立法团议员只能讨论、表决政府宣读的法案，表决政府的预算和税收，对法案只能被动地投票表示赞同或反对。参议院成员由皇帝选定，终身任职。其成员最初由 80 人组成，后来增至 150 人。它的职能是审查各项法案是否符合宪法，否决有悖于宪法的法案，有权发布法令或修改宪法。国务会议由 40 名至 50 名参事组成，其成员也由皇帝任免。它的职能是在皇帝的授意下制定法规和起草法令。第二帝国的政府由皇帝及治下的各部大臣组成，大臣只对皇帝负责，没有一个对议会负责的责任内阁。议会的权力被削弱到最低限度，处于名存实亡的地步。

第二帝国代表了大资产阶级的利益，帝国的军政要职都由拿破仑三世的亲信以及大资产阶级掌管。参议院的大多数成员为大工业家和金融家，立法团成员中的 1/4 由大工业家和金融家担任。拿破仑三世的政权实质上是以君主批准为原则的委任制，是代表着大资产阶级利益的官僚专制制度。

拿破仑三世在位期间，采取了一系列措施维护帝国的统治。首先，强化军队、警察和官僚机构。帝国军队从 40 万人增长到了 60 万人，国家和地方机构的官员从 47 万人增至 62 万人，并建立了一整套警察监视制度，对那些反对

路易·波拿巴
1852 年 12 月 2 日，路易·波拿巴在圣克鲁宫正式称帝，实行独裁统治，建尊号为拿破仑三世，他所建立的帝国称为"法兰西帝国"，日后也被称为"法兰西第二帝国"。

政府的人进行严惩。其次，禁止出版、集会、结社自由。波拿巴在称帝之前就颁布相关法令，规定报刊需要取得政府的批准、登记后方可发行，并需要缴付高额的保证金和印花税。政府有权任免报社经理和主编，编辑人员需要登记备案，以便进行审查。此外，法令还禁止所有政治性俱乐部的活动，严禁结社和公共集会等。第三，实行高压政策。拿破仑三世在称帝后实行独裁统治，引起资产阶级共和派和广大人民的不满。一些对拿破仑三世不满的人士先后4次行刺拿破仑三世，结果遭到镇压。在此情况下，大难不死的拿破仑三世借机进一步强化专政措施。他以保障安全为由，恢复了曾在1852年初实行过的"非常期"统治。拿破仑三世又颁布《安全法》，使镇压进入新的阶段。该法令规定，对当前进行活动的反政府分子以及对政府不满的人士，可以在不经审判的情况下投入监狱或是流放国外。与此同时，帝国警察在全国范围内对共和派人士进行搜捕和迫害，结果有400多人遭到逮捕和流放。

第二帝国时期资本主义经济迅速发展，金融、铁路、工业部门都取得了较快发展。政府设立一些专门银行，用以发放工业和农业贷款，促进工农业的技术革新。银行业的发展有利于资金的集中和流通，使那些急需资金的工商业者方便贷款。为了方便流通，1865年政府颁布法令，可以使用支票进行支付，从而改变了旧的支付手段。在第二帝国统治时期铁路建设取得了巨大的成就。帝国的铁路总长度从1851年的3000多千米增长到了1869年的16000多千米，建成了遍布全国的铁路网。铁路网的建成打破了各地方封闭的经济状态，促进了国内统一市场的形成，同时也刺激了冶金、采矿、机械等工业的发展。

第二帝国的工业发展出现了不平衡的状态，冶金、机械、采矿等重工业部门发展较快，而纺织、食品及其他传统手工业的发展则相对缓慢。1861年至

法兰西第二帝国国徽
拿破仑称帝后建立法兰西第一帝国，用传统的王冠、斗篷、权杖组成国徽，将旧王室波旁家族的鸢尾花改成了象征帝国的古罗马式雄鹰。法兰西第二帝国国徽在此基础上做了细微的修改。

1869 年，在重工业方面，冶金业总产量增长了近 3 倍，其中钢铁冶炼的发展速度较快，钢的年产量从 1 万多吨增长到 11 万吨，生铁的年产量从 40 多万吨增长到了 130 多万吨。采矿业增长了近 3 倍，其中煤炭产量从 455 万吨增加到了 1350 万吨，而铁矿的开采从 1862 年起就陷入停滞，在整个帝国时期仅增长了 72%。机械工业则增长了 2.4 倍，机车数量从 1000 个增加到了 4800 个。

第二帝国时期纺织业发展较为缓慢。英国纺织品自 1860 年开始涌入法国，再加上美国内战爆发导致出口法国的棉花剧减，法国一度出现棉荒，导致纺织业产量增长还不到 50%。此外，在面粉、制糖、木材加工以及制衣业等部门出现技术革新，开始采用新式机器进行生产。技术的革新和机器的广泛使用标志着法国工业革命的完成。1850 年至 1870 年，法国的工业总产值从 60 亿法郎增加到 120 亿法郎，工业生产水平位居世界第二位，仅次于英国。法国工业资本主义的发展刺激了对外贸易的发展。1851 年至 1861 年，法国相继成立了泛大西洋公司等对外贸易公司。法国商船的总吨位从 68 万吨增加到了 106 万吨，位居世界第二。1850 年至 1869 年，法国进出口商品总额从 18 亿法郎增长到 62 亿法郎。

拿破仑三世实行专制独裁统治，遭到反对派的反对，根据对帝国持有的不同态度，反对派主要分为左、右两派。右翼反对派包括正统派和奥尔良派，他们持有相似的政见。正统派支持波旁王朝复辟，不参加帝国的政治活动，对第二帝国抱有消极抵制态度。奥尔良派代表资产阶级的利益，属资本主义自由派，成员主要由知识分子组成。奥尔良派以资产阶级自由和议会主义作为武器，在意识形态领域反对拿破仑三世的专制统治。右翼反对派属于保守的反对派，他们在根本上并不反对帝国，只是希望帝国给予他们一定的自由。如果帝国能满足他们的利益，他们就会接受帝国的统治。左翼反对派指的是资产阶级共和派，是帝国最主要的反对力量。他们反对帝制和王朝，主张建立共和政体。但共和派在具体的实践中又分成激进派和温和派。温和派主张参与帝国的政治活动，通过议会斗争逐步实现共和制的改革。激进派则主张与帝国进行公开的斗争，反对一切向帝国妥协的行为，实行共和制度。然而激进共和派不主张进行革命运动，拒绝通过革命斗争推翻帝国的统治，表现出了资产阶级软弱的一面。

法兰西第二帝国时期的巴黎
奥斯曼在拿破仑三世大力支持下，完成了改造扩建巴黎和其他一些大城市的宏大计划，即"奥斯曼计划"，使得巴黎真正成为具有现代意义的国际大都市。

法兰西的对外战争和殖民侵略

拿破仑三世在称帝前为了笼络人心，大肆宣称"帝国就是和平"。然而当他登上帝位后，却连连发动战争，试图以此消除 1815 年维也纳会议给法国带来的耻辱，重振法国在欧洲大陆的地位。随着法国资本主义经济的不断发展，大资产阶级希望扩大原料来源和商品销售市场，因此他们支持拿破仑三世进行对外扩张。拿破仑三世为了实现夺取世界霸权的野心，保持帝国在国际上的地位，不间断地发动对外扩张战争，进行殖民掠夺。

第二帝国进行的第一次战争是 1853 年至 1856 年的克里米亚战争。1853 年 6 月，俄国为了扩大其在地中海的势力范围，以保护东正教教徒为借口，出兵占领了属奥斯曼帝国管辖的摩尔达维亚和瓦拉几亚。10 月，奥斯曼帝国政府对俄国宣战，然而不久后就被俄军击败。俄国进攻奥斯曼帝国的行为侵害了英法两国在这一地区的利益，它们不能容忍俄国的军事行动。因此，法国与英国组成联合舰队，于 1854 年初进入黑海。3 月 27 日，英法两国向俄国发出最后通牒，要求俄军从占领地区撤军，结果遭到拒绝，英法随即向俄国宣战。8 月，联合舰队离开黑海西海岸在克里米亚半岛登陆，夺取了黑海的制海权。9 月，联军进攻俄军坚守的塞瓦斯托波尔要塞，开始了长达 11 个月的围攻战。1855 年 9 月 11 日，英法联军终于攻陷塞瓦斯托波尔，俄军败局已定。联军为攻占塞瓦斯托波尔付出了惨重的代价。此后，双方进行了一些零星的战争。1856 年 1 月 18 日，克里米亚战争结束。3 月 30 日，参战的各国在巴黎举行和会，签订了《巴黎和约》。和约规定，黑海中立化，禁止俄国在黑海保留舰队；多瑙河

描绘被围困的塞瓦斯托波尔的油画
尽管塞瓦斯托波尔在被围攻11个月后失守，但俄军在塞瓦斯托波尔防御战上总体是成功的，俄军夜间不断出击及大量运用地雷，和纵深梯次配置防御体系给联军很大杀伤。

为航行自由的河流。俄国在巴尔干地区的扩张遭受沉重打击，加剧了国内危机。法英两国通过这场战争加强了在奥斯曼帝国的影响力，法国取代俄国成为欧洲大陆的霸主。

克里米亚战争期间，拿破仑三世表示支持撒丁王国反对奥地利的战争。1858年7月，拿破仑三世与撒丁王国首相加富尔会晤，双方商定法国支援撒丁王国对奥地利作战，恢复对伦巴第和威尼斯的统治。作为回报，撒丁王国将尼斯和萨伏伊割让给法国。同年12月，拿破仑三世与撒丁国王签订协议，正式结成同盟。1859年4月，第二帝国以奥地利对意大利进行战争威胁为借口，派20万大军翻越阿尔卑斯山，进入意大利。6月4日，法撒联军在马真塔大败奥军。6月24日，法撒联军又在索尔费里诺会战中击败奥军，迫使奥军撤退到威尼斯。索尔费里诺会战之后，拿破仑三世却下令军队停止前进，单独向奥地利提出停战。7月11日，法国与奥地利签署停战协议。11月10日，法撒、奥撒、法奥撒三方在苏黎世签订三份协议，规定撒丁王国收回伦巴第，威尼斯仍然归奥地利管辖，法国则获得了萨伏伊和尼斯。就这样，拿破仑三世通过这个协议不仅削弱了奥地利的实力，又攫取了尼斯和萨伏伊，阻止了意大利的完全统一，使其继续有求于法国。拿破仑三世的这种背信弃义的行为，不仅遭到了意大利爱国者的愤慨，也引起了法国民主人士的不满和反对。

除了在欧洲进行扩张战争外，第二帝国还对大洋洲、亚洲、非洲和美洲发动了殖民战争。1853年，法国占领大洋洲西南部的新喀里多尼亚岛。在亚洲，法国多次武装入侵中国、中南半岛等地区。为了进一步侵略中国，法国联合英国组成联军于1857年发动第二次鸦片战争，战火殃及中国南方大片领土。

1858 年和 1860 年，法国又联合英国先后两次侵入中国，火烧圆明园，迫使清政府签订《天津条约》和《北京条约》，获得了巨额赔款，开辟多处商埠并取得在中国传教的特权，进一步破坏了中国领土主权的完整。

法国在入侵中国的同时，于 1856 年开始入侵中南半岛。1858 年，法国以保护传教士为由，进犯越南。1859 年 2 月，法军占领西贡，迫使越南顺化王朝签订《西贡条约》，向法国割地赔款。1867 年 6 月，法军又占领南圻西三省，使越南南部六省沦为法国殖民地。法军在入侵越南的同时，也向柬埔寨进行扩张。1863 年 8 月，法国迫使柬埔寨签订条约，使法国成为柬埔寨的保护国，柬埔寨与越南、老挝一道成为法属印度支那。1866 年 3 月，法国以天主教传教士遭到朝鲜统治者迫害为由，派出军舰攻打朝鲜半岛西海岸。总之，19 世纪中期，法国加紧了对亚洲地区的殖民侵略。

非洲地区一直以来都是法国对外殖民扩张的重要地区。1854 年 9 月，法国派费德尔布出任塞内加尔总督。费德尔布上任后大肆进行扩张，通过连年征战，使其成为法国的殖民地。在七月王朝时期，法国就已经侵入阿尔及利亚，并于 1834 年强行宣布阿尔及利亚并入法国领土。法国进入第二帝国统治时期后，大肆攻占阿尔及利亚的领土。1857 年，法军攻占阿尔及利亚的南部绿洲和卡比利亚山区。法国还不断扩大在埃及的势力范围，并于 1854 年夺取了苏伊士运河的开凿权。1869 年运河开通，法国在攫取巨额利润的同时，巩固了其在中东的势力。除了对阿尔及利亚和埃及进行殖民侵略之外，法国还将侵略的矛头对准了西非和非洲腹地，先后对马达加斯加、索马里、毛里塔尼亚、达荷美和苏丹等国发动殖民战争，在各地区建立殖民据点和商埠，获得商品贸易特权，扩大在这些地区的殖民势力。经过多年的殖民扩张，到 1870 年时，法国拥有的殖民地面积达到了 90 万平方千米，这使其成为仅次于英国的世界第二大殖民帝国。

远征墨西哥是拿破仑三世在位期间最大的一次殖民冒险。拿破仑对美洲大陆觊觎已久，早在 1836 年因发动暴乱被流放美洲时，他就对这片富庶的土地产生了想法。1858 年，墨西哥发生内战，拿破仑三世开始考虑远征美洲。1860 年，以华莱士为首的资产阶级推翻墨西哥封建王朝，成立墨西哥共和国。为了改善共和国的财政状况，共和国政府宣布在两年之内暂不支付前政府欠下的国外债务。欧洲列强借此机会出兵墨西哥进行干涉，其中作为最大债权国的法国最为积极。1862 年 2 月，英、法、西三国联合舰队以讨债为借口在墨西哥登陆。华莱士政府为了避免与列强爆发战争，接受了列强提出的经济要求。

英、西两国随即撤离在墨西哥的军队，唯独法国军队仍然留了下来。拿破仑三世要实现他征服美洲的梦想，因此不仅没有撤军，反而增派数万军队。法国军队向墨西哥腹地进军，墨西哥军队在法军的强大攻势下接连败退。1863 年 6 月，巴赞将军率领的法军进入墨西哥首都墨西哥城，华莱士政府被推翻，共和国宣告结束。7 月，在法军的支持下墨西哥恢复帝制，成立天主教帝国。1864 年 6 月，在拿破仑三世的努力下，奥地利哈布斯堡王室的马西米利安大公加冕为帝国的皇帝。墨西哥人民为重建共和国，在华莱士的领导下与法军进行了艰苦卓绝的斗争。1867 年 2 月，在墨西哥共和军的进攻下，法军被迫撤离墨西哥城。同年 3 月，法军被迫撤出墨西哥。5 月，傀儡皇帝马西米利安被共和军俘虏，之后被判处死刑，法国远征墨西哥宣告失败。法国在侵略墨西哥的战争中失败，使法国损失大量财力、物力，沉重打击了拿破仑三世的统治，加剧了帝国的危机。

法兰西第二帝国的危机

拿破仑三世对外政策的失利，使帝国陷入内外交困之中。继 1857 年至 1859 年出现经济危机后，法国在 1865 年至 1867 年再度爆发周期性经济危机。帝国工业在经济危机中遭受严重破坏，大量工人因此失业。这引起了广大劳动人民对帝国的不满和反对，反对帝国的社会力量加紧了活动。这一时期法国工人运动不断兴起，资产阶级共和派的力量也迅速发展壮大。帝国政府为了谋求各阶层尤其是资产阶级的支持，在政治上做出了小的让步。帝国政府允许立法团和参议院对政府进行批评，允许立法机构对阐明政府政策的御前演说进行辩论，同时放松了对报刊的管制和检查，报纸可以全文公布议会的辩论。

帝国政府的让步非但没能使政府获得更多的支持，反而使反对派的力量日益加强。这在议会的选举结果中得到了充分体现。1857 年，在议会中仅有 7 名反对政府的候选人当选，到 1863 年时增加到了 35 人，到 1869 年时增加到了 93 人。在 1869 年的选举中，政府获得了 440 多万张选票，反对派则获得了 330 多万张选票。巴黎、马赛、里昂等一些大城市成为反对派活动的中心。共和派一方面加强其在议会中的力量，一方面创办报刊，宣传共和。尽管帝国在前期严格管制书刊的出版，但是共和派仍出版了一些文艺和哲学出版物，并通

法兰西第二帝国时期的钱币
钱币正面头像为头戴桂冠的
拿破仑三世，外环铭文为
NAPOLEON III EMPEREUR（拿破仑
三世皇帝）；钱币背面为第二帝
国的国徽，外环铭文为 EMPIRE
FRANCAIS（法兰西帝国）。

过迂回的方式对政治进行批判，产生了较大的影响。帝国在后期对书刊的管制
有所松动，共和派开始恢复活动，创办了一些报刊。1868 年，巴黎就出现了
100 多种新报刊。

第二帝国政府为了拉拢工人阶级，宣称要保护工人阶级的利益。早在 1853
年时，拿破仑三世就下令成立劳资调解委员会，为劳资双方调解纠纷，以防止
工人起来罢工，并希望将其变成一个专门维持社会公共秩序的机构。1864 年，
政府取消了刑法中与工人运动相关的犯罪条款，取消了 1791 年制定的禁止同
行工人结社、罢工的《列沙白里哀法》。然而法国的工人阶级并没有因此而放
松警惕，从 60 年代初起，法国工人运动就十分活跃。拿破仑三世废除《列沙
白里哀法》后，一些先进工人在法国各地纷纷成立了工会组织。法国工人组
织与其他国家的工人组织一道创立国际工人协会，并积极组织工人活动。从
1865 年开始，包括巴黎在内的许多法国城市先后成立了国际工人协会的支部。
在选举中，法国工人阶级提出了自己的候选人，与第二帝国政府和资产阶级反
对派划清界限。

在这种情况下，拿破仑三世政府改变了之前的政策，对工人阶级进行打击。
1867 年和 1868 年，拿破仑三世政府指控国际工人协会的法国支部秘密组织社
团，逮捕社团的领导人并进行审判，一些工人领袖因此被判监禁。但法国的工
人运动没有因此而停滞下来，仍然继续进行斗争。1869 年，卢瓦尔矿区爆发
工人大罢工。1870 年 1 月，20 万工人在巴黎举行反对拿破仑三世政府的游行
示威，第二帝国的统治出现危机。

02

19世纪下半叶的欧美日：帝国主义

从 19 世纪中叶开始，西方主要资本主义国家相继发生了第二次工业革命，生产力大为提高。为了释放多余的资金、产能，各资本主义国家大肆对外扩张，抢占殖民地，最终从资本主义阶段过渡到了以垄断为标志的帝国主义阶段，这是 19 世纪末 20 世纪初欧美国家的发展特点。

第二次工业革命和垄断组织的发展

19世纪60年代末，西方各国资产阶级革命的完成，为70年代开始的第二次工业革命创造了有利条件。19世纪70年代，随着电力的广泛应用，科学技术发展迅速，各种新技术、新发明不断出现，并被应用于工业生产，促进了经济的发展。经济的发展促进了生产和资本的集中，从而产生了垄断组织。

第二次工业革命产生的背景

19世纪中后期，世界资本主义经济高速发展，到20世纪初，世界经济的发展进入了一个新的阶段。这一时期，资本主义经济在众多因素的影响下取得了显著发展。一方面，19世纪以后西方科学技术的快速发展使物质财富得到了急剧增长。另一方面，资本主义工业化在纵深发展的同时不断横向扩展，加强了世界各国之间的经济联系，出现了真正意义上的全球经济。以电力的发明和应用为标志的第二次科技革命，为资本主义的经济发展提供了新的技术，推动了工业生产的发展，由此引发了世界经济的迅猛发展。

自19世纪末开始，在各主要资本主义国家中出现了许多新兴的工业——电力工业、化学工业、石油工业等。这些工业是在新技术革命后逐渐兴起的第一批工业。此后，随着新的科学技术成果不断被广泛应用于工业生产，不断出现了新的工业，从而发生了人类历史上的第二次工业革命。这次工业革命从19世纪六七十年代开始，到19世纪末20世纪初基本完成。完成工业革命后，世界主要资本主义国家的社会经济发生了显著变化，资本主义的自由竞争被垄断所代替。资本主义国家从自由资本主义开始向帝国主义过渡。

第二次工业革命的标志：电能的应用、内燃机的发明

电能的应用有赖于电磁学的发展。早在 2000 多年前，人类就已经发现了自然界中电和磁的现象。不过，在 19 世纪以前，人们还无法弄明白电和磁之间的关系。

关于电的实验，德国物理学家奥托·冯·盖利克（1602—1686 年）于 17 世纪中叶制作出了一件仪器——在托架上旋转的硫黄球。当人用手或布与它摩擦时，会出现发声发光现象。同时经过摩擦的硫黄球周围会有物体被吸引或排斥。18 世纪中期，人们创造了一种经过改进的静电起电机，它最初装有玻璃圆筒，后来改为玻璃圆盘。不久后，人们设计出了一种用以储存电的容器——莱顿瓶。作为当时唯一的电容器，莱顿瓶使用了半个世纪。18 世纪末到 19 世纪初，意大利物理学家亚历山德罗·伏特用化学方式制造出了电池。在此后的较长一段时间内，这种电池一直是唯一的电源。

1820 年，丹麦物理学家奥斯特（1777—1851 年）发现了电流通过导线时，可以使与导线平行的罗盘指针发生偏转，即电流对磁针的效应。就这样，他把电学和磁学两门学科结合起来。此后，科学家们对电和磁的研究迅速开展起来。

1831 年，英国杰出的科学家法拉第（1791—1867 年）精心设计了一系列电磁感应的实验。他通过实验证明电和磁之间的联系是动态的，磁铁在电导体周围移动时可以使导体产生电流。法拉第的发现表明，可以靠机械作用来产生

法拉第

1831 年 10 月 17 日，法拉第首次发现电磁感应现象，进而得到产生交流电的方法，他于 1831 年 10 月 28 日发明了第一个发电机——圆盘发电机。

电流，又可以用电流反过来控制机器。这为制造发电机和电动机提供了理论基础，开启了人类电力时代的大门。然而从法拉第的实验到生产实践，八类对电力的研究还要再经历数十年的发展。

1864 年，英国科学家麦克斯韦（1831—1879 年）总结了各国物理学家在电磁学、热力学等方面的研究和理论。他继承了法拉第的研究，提出了电磁场理论。他通过数学语言概括了全部电磁理论，并将其归结为数学方程式，即著名的麦克斯韦方程组。根据这组方程，可以推论出自然界中存在着以光速传播的电磁波的结论，而光只是波长在一个小范围内的电磁波。后来，科学家们又经过研究发现，不仅是可见光，各种不同的辐射都是波长不同的电磁波。19 世纪 80 年代，德国物理学家赫兹（1857—1894 年）通过实验确定了电磁波的存在，并算出了波的长度和速度。这为无线电技术的发展奠定了基础。

电磁学的发展为电能的利用奠定了基础，引发了第二次技术革命。从 19 世纪 70 年代开始，出现了一系列电气发明，发电机被创制出来并得到广泛应用。1870 年，比利时人格拉姆（1826—1901 年）发明了电动机。1882 年，法国学者德普勒（1843—1918 年）发现了远距离送电的方法。同年，美国发明家爱迪生在纽约建立了第一个火力发电站，并把输电线连接成网络，就像供应煤气和水一样进行供电。大功率的电站在这一时期纷纷出现。发电站通过输电线输送电能，通过电动机带动机器生产。在使用电能后，机器的生产效率得到了大幅提高。从此，人类跨入了以电力为主要能源的时代。

电能除了应用于工业生产之外，在人类生活的各个方面也得到了广泛应用。1876 年，美国人贝尔（1847—1922 年）发明了电话。电话的发明是近代通信技术的一项重要革新，从根本上改变了人类的通信方式。1877 年，美国发明家爱迪生（1847—1931 年）发明了记录和再现声音的录音器，由此出现了留声机和各种录音器械。1879 年，爱迪生完成了白炽灯的发明，并于 1882 年和 1893 年先后发明电车和电影放映机。1896 年，意大利人马可尼（1874—1937 年）发明了无线电。这些电器的发明，促进了人类社会生活和文明的进步。随着电能的广泛应用，新兴的电力工业部门出现了，它是 19 世纪末 20 世纪初一个重要的工业部门。

内燃机的发明是这一时期科学技术的又一个重大成就。19 世纪 60 年代，内燃机就已经问世，但是性能还不稳定。1876 年，德国发明家奥托（1832—1891 年）制造出第一台以煤气为燃料的四冲程内燃机。1883 年，德国工程师戈特利布·戴姆勒（1834—1900 年）发明了以汽油为燃料的内燃机。它具有重量轻、体积小、马力大的特点。1892 年，又一名德国工程师狄塞尔（1858—1913 年）设计出了一种结构更为简单、效率更高的内燃机——柴油机。内燃机的发明为飞机、汽车的发明解决了发动机问题，使交通领域发生了一次革命性的变革。19 世纪 80 年代，内燃机汽车这种新型的交通工具应运而生。从 19 世纪 90 年代开始，世界主要资本主义国家纷纷建立了汽车工业。随后，以内燃机为发动机的轮船、飞机等运输工具陆续出现，带动了相关工业部门的发展。

内燃机需要大量的石油作为燃料，这就推动了石油开采和化工业的发展。1859 年，美国在内战爆发前夕，在宾夕法尼亚州发现了石油，打下了第一口井。然而石油最初只是用来照明，在内燃机得到广泛应用后，人们才开始大量开采石油。1870 年，世界石油产量仅为 80 万吨，到 1900 年时剧增到 2000万吨。从此，世界主要资本主义国家为了争夺石油资源展开了新一轮的斗争。

1863 年的宾夕法尼亚油田
1863 年，美国第一条石油管道在宾夕法尼亚州正式投用。

交通工具的进步

19 世纪末，随着资本主义工业的迅猛发展，交通运输业也取得了巨大的发展。其中的主要成就有铁路网络的形成、汽车的发明以及蒸汽轮船的出现等。19世纪中叶，欧洲的铁路建设进入蓬勃发展时期。1870 年，全世界的铁路长度仅为 20.9 万多千米，到 1880 年则增长到了 37.2 万千米。19 世纪后 20 年，世界各国的铁路建设依然蓬勃发展，人们在修建新铁路时，用钢轨替代了以往常用的铁轨。到 1890 年时，世界铁路的总长度为 61.7 万余千米，到 1911 年时迅速增长到 105.7 万余千米，20 年内增长了 70% 以上。其中，欧洲的铁路长度从 22.3 万千米增长到了 33.8 万千米。1911 年，美国铁路的总长度达到了 54.1 万千米，大大超过了欧洲，比世界其他地区铁路的总长度还要长。此外，亚洲、非洲和大洋洲各国也在这一时期开始了铁路建设，逐渐形成一个世界铁路网。在铁路建设发展的同时，机车的功率、牵引力、运行速度等都有了显著的提升。19 世纪末，一些国家开始使用电气牵引机车，在城郊或城市之间建立了电气铁路线。

在铁路出现之前，海洋运输承担着世界各国主要的运输业务。19 世纪中叶至 20 世纪初，苏伊士运河、巴拿马运河的开通，使世界各地之间的联系更为紧密，促进了海洋运输的发展。在 1870 年，世界海洋运输仍以木质帆船为主。然而到 19 世纪末，随着工业的不断发展，轮船制造技术迅速发展。蒸汽涡轮机作为轮船的动力装置得到广泛应用，使得轮船的功率和速度得到大幅度提升，进而缩短了海洋运输的时间。到 1910 年，世界主要资本主义国家的蒸汽船数量和吨位远远超过了帆船的数量和吨位。

19 世纪末，一种新型的交通工具——汽车诞生了。1885 年至 1886 年，德国工程师卡尔·本茨（1844—1929 年）与戴姆勒设计出了首批汽车模型。同年，本茨设计的由内燃机作为动力的世界第一辆汽车，在慕尼黑的街道进行了首次行驶。1892 年，在欧洲制造汽车技术的基础上，美国人也制造出了第一辆汽车。次年，美国人福特试制汽车成功，汽车的时速达到了 40 千米。从 19 世纪 90 年代开始，世界主要资本主义的汽车工业逐渐发展起来。1888 年，爱尔兰兽医约翰·邓禄普发明了充气橡胶轮胎，极大地改善了汽车行驶的平顺性

卡尔·本茨和他的汽车

1886 年，德国的本茨驾驶自己制造的"三轮车"，这辆车也是世界公认的第一辆汽车。

和操控性，从而促进了汽车的广泛流行。自汽车诞生后的30年间，全世界的汽车已达200万辆。汽车的发明和大量使用彻底改变了人类的交通状况，是世界交通领域的一个伟大发明。

自古以来，人类就梦想着能够像鸟儿那样在天空飞翔。为了实现飞翔的设想，人类进行了不懈的努力。人们曾制作出了可以在空中飞翔的滑翔机，然而人类实现空中旅行的梦想，直到发明飞艇和飞机才得以实现。飞艇是利用填充到气囊中的氢气、氮气以及热空气等气体，获得升力而升到空中。同时它利用内燃机作为动力装置，促进螺旋桨旋转，从而产生向前的动力。

1896年，德国设计师捷尔费尔特首次将使用液体燃料的内燃机发动机安装在飞艇上，促进了飞艇的发展。在飞艇制造的基础上，美国人莱特兄弟开始研制用内燃机作为动力装置、由人进行操控的飞机。1903年12月17日，莱特兄弟在美国北卡罗来纳州成功试飞了世界上第一架飞机，开启了人类航空的新纪元。

莱特兄弟试飞
1903年12月17日，人类历史上第一架飞机——"飞行者一号"在莱特兄弟的操控下成功起飞。

军事技术的革新

19世纪末，随着科学技术的不断发展，欧美主要国家将科学技术上的成就运用到军事领域，促进了军事技术的发展。其中以枪械的自动化发展最为快速。1884年，美国工程师海勒姆·马克沁（1840—1916年）制造出了世界上第一支真正意义上的全自动机枪，每分钟可以发射600多发子弹。马克沁机枪是一种有着卓越性能的机枪，是一种杀伤性强的重要武器。然而它在诞生初期并未得到各国军队的重视。在 1905 年日俄战争中，双方在战场上进行激烈的机枪对射。此后，马克沁机枪才在欧洲军队中广泛使用。

这一时期，大炮的性能也有了显著提高，采用了强度较高的炮钢和无烟火药。20 世纪初，大炮的射程从 3 千米提高到 7 千米以上。此外，大炮还开始装配周视瞄准镜、测角器和引信测合机等。第一次世界大战时期，大炮射程又有了进一步提高，已经可以达到 16 千米以上。第一次世界大战期间，德国制造了射程达 120 千米的远程大炮。这门大炮的炮管长达 37 米，全重达 750 吨，炮弹重达 1.25 吨。战争期间，德国用这种火炮轰击了法国首都巴黎，后来人们称其为"巴黎大炮"。

20 世纪初，随着内燃机技术、火炮技术、装甲技术的不断成熟，人们发明了坦克。1915 年，英国发明了坦克和装甲车，并将其坦克称为"陆地巡洋舰"。英国成为世界上第一个在战场上使用坦克的国家，此后各国陆续兴起对坦克的研究，使其成为陆地作战的主要武器。

19 世纪末 20 世纪初，世界海军舰艇也有了进一步发展。1906 年，英国建造了一艘巨型军舰——无畏舰，成为现代战列舰的始祖。无畏舰的排水量达 18000 吨至 27500 吨，航速 21 节，装备了一系列重型火炮。无畏舰的甲板装甲厚度为 26—100 毫米，在一些重要部位的装甲更厚。这一时期，德国以无畏舰作为标准，建造了同类型的战舰。除了军舰之外，德国等一些国家制造了不少可以潜入水下活动和作战的舰艇——潜艇。潜艇可以携带鱼雷和布设水雷，既可以在海面上游弋，也可以在海面下航行，伺机攻击海上的目标，破坏

马克沁和他的机枪

马克沁在 1884 年开始研制和试验机枪，使用的是一根 0.45 英寸加特林枪管，试验时在进弹口放置了 6 发枪弹，在半秒钟内可全部射击完毕。

二战中的苏联功勋坦克 T-34

T-34 坦克是苏联哈尔科夫共产国际工厂设计师科什金领导设计的中型坦克，为纪念苏联 1934 年发布的大规模发展装甲部队的法令，命名为"T-34"。

敌方军舰和海上交通线等。与此同时，飞艇和飞机被广泛应用到军事领域当中，开辟了空中战场。此后，随着航空业的不断发展，各国开始重视飞机在战争中的作用，大力发展军用飞机。此外，各国的军事部门开始致力于发展化学武器。

垄断组织的形成和发展

19 世纪末 20 世纪初，在第二次工业革命的推动下，资本主义在世界迅速扩展，资本主义经济体系趋于形成。在这一时期，资本主义国家的重工业开始兴起，企业的规模不断扩大。由于企业的规模不断扩大，企业需要的资本就更多，于是以股份公司进行集资的经营方式得到了广泛应用，生产和资本不断集中。此外，资本家之间的激烈竞争也加速了资本的集中。

20 世纪初，世界主要资本主义国家的生产和资本的集中达到了很高的程度。1904 年，美国产值在 100 万元以上的大企业大约有 1900 个，仅占企业总数的 0.9%，而它们雇佣的工人数量占工人总数的 25.6%，产值占总产值的 38%。1907 年，德国占企业总数 0.9% 的大企业雇佣的工人数量占工人总数的 39.4%。英国和法国的经济增长速度在 19 世纪 70 年代以后开始放缓，两国在生产集中的速度和程度相对落后，但其工业生产集中的趋势也在不断增强。19 世纪后期，俄国的资本主义工业发展还比较落后，然而在实行工业革命后，俄国企业大量引进国外先进技术和管理方式，生产集中程度不断增强。到 19 世纪末，俄国大企业雇佣的工人数量占工人总数的 45.2%。随着资本主义工业生产和资本的高度集中，垄断组织也就应运而生。

早在 19 世纪六七十年代，欧美主要资本主义国家就已经出现了个别的垄断组织。1873 年至 1907 年，世界频繁出现经济危机，导致许多中小企业破产，加速了企业的兼并，进一步推动了资本的集中，垄断组织逐渐发展起来。然而这时的垄断组织还不稳固，在国家经济中处于次要地位。

所谓垄断组织，一般指资本主义企业为了实现独占生产和市场的目标，以攫取高额利润而联合起来组成垄断经济同盟。垄断组织有着多种形式，主要有辛迪加、卡特尔、托拉斯和康采恩等。辛迪加是指属于同一生产部门的大企业通过签订统一采购原料和销售商品协定成立的垄断组织；卡特尔是指生产同一类商品的大企业通过签订关于商品价格、销售市场、生产规模等协定成立的垄断组织；托拉斯是指由一些生产同一类商品的大企业或是与商品有联系的大企业合并建立的垄断组织；康采恩是指依靠某个金融资本集团的大企业、大公司和银行联合成立的垄断组织。不管哪种形式的垄断组织，它们都是在生产集中、企业规模日益壮大的前提下形成的。

　　由于各国的历史和经济条件有很大的差异，各国垄断组织的发展程度和形式也有很大的差异。美国主要采取的是托拉斯形式，这与美国工业生产高度集中有着很大关系。1900 年美国有 185 家托拉斯，到 1907 年增加到了 250 家，遍布美国的主要经济部门。德国垄断组织形式是卡特尔，垄断组织的发展程度仅次于美国。1900 年，德国几乎所有的工业部门都出现了卡特尔。1905 年至 1911 年，德国的卡特尔从 385 家增长到了 1600 家。英国和法国是老牌的资本主义国家，由于技术装备陈旧和资本的大量输出，垄断组织发展相对而言较美国、德国缓慢。但是英法在重工业，特别是新兴工业领域，生产集中现象也显著增强。俄国与日本的资本主义经济起步较晚，然而在本国政府的保护和外国资本的扶植下，垄断组织也迅速发展起来。总体而言，20 世纪初，世界主要资本主义国家都已经进入垄断阶段，垄断组织在资本主义经济占有重要地位。

　　垄断组织出现后，全国的工业部门就被垄断了。据统计，1904 年，美国国内石油市场 85% 的份额被新泽西美孚石油公司所垄断，其中出口贸易占到了 90%；1901 年，美国摩根的钢铁公司垄断了全国一半以上的钢铁生产。1910 年，在美国国民经济各部门中垄断组织所占的比重大都在半数以上，其中金属工业 77%、化学工业 81%、纺织业 50%、棉布印染业 60%、玻璃制造业 54%、食品加工业 60%、酿酒业 72%，美国托斯拉控制了这些工业部门。在德国，大部分工业部门也处在垄断组织的控制之下。1903 年，莱茵－威斯特伐利亚煤炭辛迪加垄断了德国 50% 的煤炭生产；1910 年，由各钢铁卡特尔组成的"钢铁联盟"控制了德国 98% 的钢铁生产；电气总公司和西门子公司则基本控制了德国的电气工业。1910 年，德国 80% 的工业生产处在垄断组织的控制下。

　　在工业生产和资本高度集中并形成垄断的同时，银行资本的集中和垄断也达到了很高的程度。法国和英国在银行业上的垄断程度远远高于工业。1914 年，法国的银行资产总额为 110 亿法郎，其中 5 人银行的资产就占了 73%。1913 年，英国最大的 5 家银行——密德兰银行、威斯敏斯特银行、劳埃德银行、巴克莱银行和国民地方银行拥有的存款占全国银行存款总额的 40%。1910 年，德国 6 大银行的资本达 11.2 亿马克，占国内存款的半数。美国的银行资本主要集中在花旗银行和国民商业银行两大财团手中。各国主要银行在取得垄断地位后，形成了对资本的集中和垄断，通过信贷抵押、独占公债和股票等途径和手段与工业资本相融合，从而形成金融资本，并在此基础上产生金融寡头。

各国垄断组织为了攫取高额利润，不断将大量"过剩资本"输出国外，主要输出的国家为一些后起的资本主义国家和落后国家。英国早在 19 世纪中叶，就已经出现了资本输出，到 19 世纪末时有了进一步的发展。19 世纪末，最主要的资本输出国是英国和法国。1862 年，英国的资本输出为 36 亿法郎，到 1902 年增加到了 620 亿法郎。法国对外资本输出落后于英国，1902 年达到 300 多亿法郎。两国在资本输出方式和地区上有所差别，英国资本主要输往殖民地、半殖民地，大部分采取直接投资的方式。法国的资本主要输往欧洲，主要为俄国，采取借贷资本的形式。德国的资本输出比英法两国要晚一些，1902 年其输出的资本约为 125 亿法郎，主要输往欧洲各国，还包括亚洲、拉美等殖民地半殖民地国家。直到第一次世界大战爆发前，美国仍旧是资本输入大于输出的国家。在这一时期，俄国和日本基本上仍属于资本输入国，但已经有少量的资本输出。

随着资本输出和垄断组织的发展壮大，金融资本在国际上的联系不断加强，加剧了各国垄断组织之间的斗争。各国垄断集团为了减少竞争带来的损失，往往签订国际协定，形成瓜分世界的国际垄断组织。美国和德国在电气工业方面处于领先地位，德国电气总公司和美国通用电气公司为争夺世界电气市场进行了激烈竞争。1907 年，两家公司为了防止竞争造成损失，暂时达成妥协，签订了瓜分市场的协定，形成了国际垄断同盟。在航运方面，汉堡 – 美利坚公司、北德航运公司和摩根英美航运托拉斯于 1903 年签订了划分航运范围的协定。20 世纪初，国际垄断组织如雨后春笋般出现，到 1910 年就已达 100 个。这些国际垄断组织主要以卡特尔的形式出现，彼此间的联系较为松散。国际垄断组织的出现表明垄断已经超出了国家民族的范畴，发展到了新的阶段，对经济的全球化有着深远的影响。

垄断组织的出现，在一定程度上会导致资本主义发展陷入停滞状态，这是垄断生产与市场所引起的后果。但总体而言，这一后果并不能够表明资本主义不能获得更大发展。资本主义生产的本性是竞争，而垄断无法消除竞争，相反地会使竞争达到更高的程度。垄断促进了生产的社会化，使生产技术走向社会化。垄断集团有着雄厚的资本，有实力进行科学研究，创新生产技术，继而服务于工业生产。此外，垄断组织还可以按计划组织生产，从而避免出现生产和销售的盲目性，掌握市场状况。从企业方面而言，垄断组织采取先进的管理方式，在生产环节加强分工和专业化，以降低生产成本，从而提高劳动生产率。

世界各主要资本主义国家对垄断行为并不是放任自流，而是进行一定的调控。德国于 1857 年通过了《反控制竞争法》。1890 年，美国国会通过了《谢尔曼反托拉斯法》，使之成为美国反托拉斯的奠基石。总而言之，垄断组织的出现是资本主义内部生产关系调整的结果，它使生产关系对生产力的容量进一步扩大，促进了生产力发展。在它的影响下，资本主义经济在 19 世纪末 20 世纪初迅速发展起来。

帝国主义的特点

从 19 世纪末到 20 世纪初，英国、美国、法国、德国、日本等主要资本主义大国先后从资本主义过渡到帝国主义阶段。帝国主义又称垄断资本主义，是资本主义发展的高级阶段。资本主义国家从资本主义过渡到帝国主义阶段，首先靠的是对本国劳动人民及其统治下的殖民地、半殖民地人民的残酷掠夺，同时，资本主义国家采用的最新科学技术成就加速了工业的发展。列宁对帝国主义进行了论述，总结出 5 个基本特征，即生产、资本高度集中，形成在经济生活中起决定作用的垄断组织；银行资本和工业资本结合，形成金融资本、金融寡头；资本输出取代商品输出的主要地位；形成瓜分世界的资本家国际垄断同盟；主要资本主义国家将世界瓜分完毕。

垄断是帝国主义的基本特征，垄断组织在资本主义国家中处于支配的地位，少数几个垄断大企业掌控着一个国家大部分的经济命脉，如 1907 年的德国，不到总数 1％ 的垄断企业掌握了这个国家 75％ 以上的蒸汽力和电力。工业资本和银行资本利用购买股票、开办银行等方式结合，形成金融资本。

控制金融资本的金融寡头们为了获得更高的利润，除了加紧剥削本国劳动人民以外，还将大量剩余资本输出到殖民地、半殖民地以及另外一些国家，利用当地人工费用低、原料价格低廉等优势，获得暴利。因此，资本输出取代了商品输出的主要地位。

垄断资本家为了分割世界市场，还结成了国际垄断同盟——国际卡特尔。美国通用电气公司和德国电气总公司这两家世界最大的电气企业的联盟就是例子。

英、俄、法、德、日等几个主要的资本主义国家在 19 世纪的最后几十年和 20 世纪初的几年极力扩张领土，最终，它们将整个世界瓜分完毕。不过因为种种原因，有些资本主义国家较早地展开了抢占殖民地这项活动，比如英国、法国，以及更早一些的西班牙、葡萄牙，而德国、美国、日本等国家则比较晚，但是这些较晚进行殖民扩张的国家不甘心一无所获，迫切要求重新划分势力范围，就像德国首相毕洛夫所说的那样："让其他民族瓜分大陆和海洋而我们德国人只满足于欣赏蔚蓝色的天空的时代已经过去。我们要求自己也取得阳光下的一席地盘。"因此，主要的帝国主义国家之间的矛盾也日益激化，三次早期帝国主义战争——美西战争、英布战争、日俄战争就是这种矛盾激化的结果。战争的最终目标就是将那些实力较弱的国家从大国争霸的舞台上挤下去，正像英国殖民大臣约瑟夫·张伯伦在1897年所说的那样："在我看来，现在就要那些更大的帝国掌握所有的权力，那些小的王国——不太进步的王国——看来要沦为次要和从属的地步了……"最终，世界上形成了英、法、德、俄、美、日六大国争霸的局面。

英　国

19世纪70年代后，英国由于大量输出资本，阻碍了本国工业的发展，丧失了它在世界工业中的垄断地位。虽然英国丧失了工业垄断地位，但在19世纪末20世纪初也进入了帝国主义阶段，开始疯狂抢夺殖民地，成为了殖民帝国主义国家。

工业霸主地位的衰落

19世纪70年代，随着生产和资本的大量集中，英国出现了垄断组织。从19世纪90年代开始，垄断组织快速发展。到1902年末，英国共有57家托拉斯和其他形式的垄断组织。这些垄断组织涵盖了冶金、煤矿、水泥以及化学工业等领域。垄断组织控制了英国的整个经济。

　　1871 年至 1900 年，英国整个工业的发展有所增长，比如煤炭的开采量增长了 1 倍以上，生铁和棉花的消耗量都增长了 50% 以上。化学工业、电气工业等许多新兴的工业部门发展迅速。然而与其他主要资本主义国家相比，英国在世界工业总产值中的比重不断下降。1870 年，英国在世界工业总产值中的比重为 32%，到 1913 年下降为 12%。19 世纪 80 年代，英国工业产值就已经被美国超过，在 20 世纪初又被德国超过，退到了世界第 3 位。

　　1880 年，英国的煤炭产量超过了美国和德国产量的总和，到 1913 年产量却只有美国的一半左右。英国的生铁产量于 1890 年被美国超过，到 1913 年仅为美国的 33%，德国的 50%。1913 年，英国的钢产量为 770 万吨，仅是美国的 25%，不及德国的 50%。随着工业生产的滞缓，英国对外贸易在国际贸易中所占的比例也不断下降，从 1880 年的 25% 下降到 1913 年的 16%。这种情况表明，英国已经丧失其在工业上的优势，对世界工业近百年的垄断已不复存在。

19 世纪的英国食品加工厂
1813 年，英国第一家食品罐头公司成立，凭借先进的工业技术和生产线，从肉、鱼到蔬菜汤、糖渍水果，都能制作成罐头。到了 19 世纪末，由于技术的发展以及量产带来的廉价，普通工人阶级也能购买罐头食品。

　　英国丧失世界工业垄断地位，与各主要资本主义国家工业快速发展有着重要关系。从 19 世纪 70 年代开始，以美国、德国为代表的新兴资本主义国家大量采用新的科学技术和设备。这些国家的许多工业部门的生产建立在电气的基础上，使其工业出现了跨越式的发展。英国作为工业革命最早的发起国，其境内的许多工厂已经延续了近百年，这些工厂的机器设备已经陈旧落后。然而英国资本家不愿放弃这些旧设备，仍然继续使用。因为在他们看来，拆掉旧设备换成新设备，采用新的技术设施，需要耗费一大笔资金，这是不划算的。结果导致英国工厂设备陈旧，技术落后。此外，英国资本家在国外投资获得的利润远远超过了国内投资利润，英国资本家更愿意将资本大量输往国外，导致资金大量外流。

19 世纪末 20 世纪初，英国的对外资本输出占世界首位，超过了法国和德国。到 1910 年，英国资本家在国外的投资达 30 多亿英镑，而法国仅为 18 亿英镑。英国每年在殖民地和国外的投资额与在国内的投资额的比例是 6∶5。资本输出给英国带来了惊人的利润，仅 1912 年就达 17600 万英镑。因此，英国资本家宁愿将资本输往国外，榨取巨额利润。

设备陈旧和技术落后使得英国商品质量差且价格昂贵，无法在世界市场上与美国、德国价廉物美的商品进行竞争，这直接影响了英国的工业发展速度。而且，各资本主义国家为了保护本国的工业，纷纷采用保护关税政策，这显然不利于英国商品的出口，从而影响了英国的工业生产。因为英国主要依赖从外国进口粮食和工业原料，因此无法在本国实行同样的关税政策，结果导致英国对外贸易逆差不断扩大。1870 年至 1900 年，英国的出口只增长了 42%，而进口却增长了 72%，造成了对外贸易的入超，再加上 19 世纪 70 年代爆发经济危机，英国商品市场处于萧条状态。所有这些直接或间接影响到了英国工业的发展，使其丧失了工业垄断地位。

20 世纪初，英国在工业发展方面虽然落后于美国和德国，但在造船业、纺织业等个别工业部门仍然处于领先地位。1913 年，英国造船厂所建造的船只总排水量达到了 190 多万吨，是美国的 7 倍。在第一次世界大战爆发前，英国在大西洋航行的船只占到了世界船舶总吨位的一半，发达的航运业给英国带来巨额的收入。

资产阶级政党的斗争

从 19 世纪 60 年代开始，英国由两大资产阶级政党保守党和自由党交替执政。这两大党分别代表资产阶级内部不同集团的利益。保守党主要代表了资产阶级化的大地主的利益，同时也部分代表金融资产阶级的利益。自由党则主要代表工业资产阶级以及金融寡头的利益，同时反映了部分资产阶级化地主的要求。因此，保守党和自由党都属于资产阶级政党。

19 世纪末，在英国向帝国主义过渡的时期，随着两党在经济地位上的变化，双方在政策上逐渐达成共识。保守党和自由党争论的焦点，主要集中在英国在进入帝国主义时代后，如何维持英国在世界的霸权，以及如何对待工人运动等问题。

1868 年至 1874 年，自由党的格莱斯顿出任首相。格莱斯顿从保持英国世界霸权的目标出发，在国际政治中继续实行"光荣孤立"政策，主张自由贸易，谨慎进行殖民扩张，不与其他国家结成同盟。

对于工人运动问题，格莱斯顿领导的英国政府在表面上做出了一点让步，采取了容许工会合法存在的态度。1871 年，英国颁布的新《工会法》承认了工会的合法地位，成为世界上第一个保护工会权益的法律。该法同时又规定禁止工人在罢工时建立纠察队等。然而当时的英国失去了工业垄断地位，工业资产阶级对格莱斯顿政府继续采取自由贸易政策表示了反对和不满。工人阶级对新《工会法》中禁止建立工人纠察队的规定表示反对。格莱斯顿政府面临重重危机，自由党在国内的声望下降到最低点。在这种形势下，保守党于 1874 年在大选中击败自由党上台执政，组建保守党政府。

1874 年至 1880 年，迪斯雷利组织保守党内阁，执掌政权。迪斯雷利明白政局的稳定与工人问题有着重要的关联，为了笼络工人阶级，迪斯雷利通过各种迷惑性的宣传获得工人的支持。例如，废除禁止成立工人纠察队的法令，承认生产合作社与消费合作社的地位，颁布法令禁止雇用不满 10 岁的童工，以及对城市卫生设施进行改进等。在对外问题上，迪斯雷利作为扩张主义势力的代表，主张进行掠夺性的殖民扩张。

1875 年，在未取得国会同意的情况下，迪斯雷利以 400 万英镑的价格从埃及手中购买了苏伊士运河 44% 的股票。此后，英国逐渐控制了有着重要战略地位的苏伊士运河。1876 年，英国维多利亚女王成为印度女皇，表明了英国对占有印度的野心。1878 年，英国趁俄国与奥斯曼帝国交战之际，从奥斯曼帝国手中攫取了东地中海的塞浦路斯岛。然而迪斯雷利政府在入侵阿富汗和南非的战争中失败，导致政府财政赤字剧增，引发民众强烈不满。在 1880 年的议会选举中，自由党乘机提出"和平与财政紧缩"的口号，获得了广大民众的支持，在选举中击败保守党而获胜，重新执掌政权。

1880 年，自由党组成第二届格莱斯顿内阁。格莱斯顿就职后，继续执行保守党的对外扩张政策，对阿富汗、埃及、南非和苏丹实行武装入侵。在国内，自由党为了争取农村地区的选票，缓和广大劳动人民要求政治权利的斗争，于 1884 年进行了第三次议会改革。议会通过了新的改革法案，宣布 1867 年城市人民选举条例同样适用于农村地区。这次议会改革，使英国的选民人数

约瑟夫·张伯伦
英国著名企业家、政治家、演说家，曾担任伯明翰市市长、内阁殖民大臣，以及英国第一所"红砖大学"——伯明翰大学校长。

从 1883 年的 315 万人增加到 1886 年的 570 万人。这次选举改革扩大了选民范围，但选民资格仍然受到了财产多少的限制，大部分劳动人民尤其是妇女仍然没有选举权。

从 19 世纪 80 年代中期开始，英国开始丧失工业垄断地位，在国际市场上遭到美国、德国的巨大挑战。自由党内的一些人开始抛弃传统的自由主义原则，转而支持保护关税政策，呼吁政府加强对社会经济的干预。此后，自由党的势力日渐衰微。1886 年，自由党内部发生分裂，出现了以约瑟夫·张伯伦为首的"自由党联合派"。约瑟夫·张伯伦从维护地主阶级的利益出发，主张维护大英帝国的完整性，坚决反对爱尔兰自治；对内加强对工人运动的镇压，对外实行帝国主义政策。他致力于建立一个大英帝国的经济体系，通过高关税保护英国市场，减少外国竞争带来的影响，维护英国的工业垄断地位。自由党联合派宣布与自由党分道扬镳，转而倒向保守党一边。这直接导致格莱斯顿第三届内阁仅维持了几个月就倒台了。1895 年，以约瑟夫·张伯伦为首的自由党联合派正式与保守党合作，参加了保守党政府，自由党从此一蹶不振。

1886 年至 1905 年，除 1886 年短暂的几个月及 1892 年至 1895 年的三年之外，保守党内阁都掌握了英国政权。

这一时期，英国的军事官僚制度得到进一步加强，政府的职能不断扩大，议会的职能缩小，警察与军队的规模不断壮大。

从 19 世纪末到 20 世纪初，德国的实力迅速增长，成为英国的主要竞争对手，两国矛盾日益尖锐化。在此情况下，不论是保守党抑或是自由党都积极推行殖民扩张政策。保守党内阁不得不放弃"光荣孤立"政策，开始与各国结盟。

为了巩固在亚洲东部地区的地位，英国于 1902 年与日本结成同盟。1904 年，为了协调与法国之间的关系，英国与法国缔结协约。自 1905 年开始，自由党内阁与俄国调解因为殖民地而产生的矛盾，于 1907 年与俄国签订了协约。此后，英国政府大力推行扩军备战的政策，为侵略扩张做准备。

殖民帝国的扩张

从 19 世纪 60 年代开始，随着资本主义的不断发展，英国对外扩张的规模日益扩大，开辟出了新的殖民地和市场。到 20 世纪初，英国成为资本主义列强当中占有殖民地最多的国家。到第一次世界大战前夕，英国拥有的殖民地达 3350 万平方千米，占全球面积的 1/4，占各帝国主义国家殖民地总和的 1/2，为英国本土面积的 100 多倍；拥有的殖民地人口达 39350 万人，为英国本土人口的 9 倍。

殖民地是英国资产阶级的生命线，它既是倾销商品的市场，也是廉价劳动力和原料的来源地，以及资本输出的重要场所。英国在大肆掠夺殖民地的同时，也进行了大量资本输出。1900 年，英国的对外投资达到 20 亿英镑，为世界首位，每年在国外投资获得的利润高达 1 亿英镑。到 1913 年，英国的对外投资已经达到 40 亿英镑，相当于英国国民财富的 1/4，占各帝国主义国家对外投资金额的一半。英国的资本输出有一半以上输往殖民地和半殖民地国家。

英国有着发达的造船工业，其商船的总吨数占世界第一位，海上运输量占到了世界总运输量的一半以上。作为世界上强大的资本主义国家，英国拥有世界上最为强大的海军，控制着英国通往东方航线上的许多重要战略据点，主要有直布罗陀海峡、苏伊士运河、亚丁、锡兰、马来亚、好望角等。此外，欧洲通往美洲航线的一些岛屿也处在英国的控制之下，比如牙买加、巴哈马和百慕大等。

英国对殖民地的统治对其保持在国际上的地位有着十分重要的作用。19 世纪末 20 世纪初，英国尽管已经失去了工业垄断地位，然而因为占有大量的殖民地，仍旧是世界资本主义工业强国。英国在国际贸易上仍然占据首位，在海运业上占据优势，同时也保持着对金融业的垄断。英镑不仅是英国的货币，也是世界结算货币。

英国通过资本输出对殖民地进行剥削和掠夺，从一个工业国家转变为食利国，加深了英国帝国主义的寄生性和腐朽性。英国逐渐从工业国转变成债权国。虽然工业生产和对外贸易有了很大发展，但是利息、股息等方面的收入在整个国民经济中占有更重要的地位。英国的食利者通过海外掠夺，获得高额利润和利息收入。到20世纪初，英国食利者阶层有近百万人之多。在这一时期，英国资本家对外投资取得的收入，远远超过了从对外贸易中取得的收入。1899年，英国对外投资收入达到了9000万至1亿英镑，而对外贸易收入仅有1800万英镑，两者相差约5倍。由此可见，在帝国主义垄断阶段，资本输出成为帝国主义进行剥削的主要形式。

社会主义运动的兴起和独立工党的诞生

19世纪50年代初宪章运动失败后，英国的工人运动进入低潮，社会主义运动也在工人中间销声匿迹。这种情况一直持续到19世纪70年代末。之所以会出现这种情况，主要是因为英国资产阶级利用从工业垄断经营中取得的巨额利润收买上层工人，在工人阶级中散播工联主义，阻碍了工人运动的发展。19世纪50年代出现的新模范工会成为这一时期最能体现工联主义的工人组织。参加该组织的工人主要是那些可以缴纳高额会费的熟练工人，其宗旨是维护各行业中熟练工人的利益。在日常活动中，新模范工会主要引导工人参与争取福利待遇的活动，阻止工人通过激烈的手段维护自己的利益，更不允许工人参加罢工斗争。在工联主义的影响下，英国工人停止使用罢工等手段争取利益，阻碍了马克思主义思想的传播以及工人阶级政党的建立。

从19世纪80年代开始，随着英国工业丧失垄断地位，英国经济陷入危机，国内物价飞涨，大量工人失去工作，工人生活条件急剧恶化。面对这种情况，工联主义无力组织工人起来进行斗争，影响日益衰微。从19世纪90年代开始，在欧洲大陆社会主义运动以及工人政党组织的影响下，英国工人运动重新活跃起来，社会主义运动和社会主义团体开始出现。

1881年，亨利·海德曼（1842—1921年）等人成立了有工人阶级和资产阶级激进派参加的"民主同盟"，并于1884年改名为"社会民主同盟"。参加社会民主同盟的大部分人为工人阶级。同盟在建立之初深受马克思主义的影响，颁布社会主义纲领，要求将土地、铁路等一切生产资料归为社会所有。海德曼作为英国马克思主义的先驱，著有《大家的英国》一书，阐述了马克思主义思想，影响了广大工人和知识分子。然而海德曼并不是一名真正的马克思主义者。他虽然拥护社会主义，但是错误地认为资本主义将在经济危机中自行崩溃瓦解，到那时工人就可以毫不费事地掌握生产资料，因而反对工人阶级进行经济和政治斗争。此外，海德曼推行宗派主义的政策，鄙视工联主义，不愿意到工人群众中进行组织工作，也没有支持工人争取 8 小时工作日及提高工资的斗争。因此，海德曼领导的社会民主同盟并没有成为一个革命的工人政党。

1884 年，因为不满海德曼的领导，卡尔·马克思的女儿艾琳娜·马克思（1855—1898 年）和她的丈夫爱德华·艾威林（1851—1898 年）以及威廉·莫里斯（1834—1896 年）等人退出社会民主同盟，并建立了"社会主义同盟"。社会主义同盟通过发行刊物揭露政府的腐朽，宣传马克思主义，组织工人参加经济、政治斗争。然而不久后，以威廉·莫里斯为代表的无政府工团主义者在同盟中占据上风，艾威林夫妇等人退出同盟。社会主义同盟于 1889 年宣告解散。

在社会主义同盟建立的同时，爱尔兰著名作家萧伯纳（1856—1950 年）和西德尼·韦伯（1859—1947 年）、比阿特丽丝·韦伯（1858—1943 年）夫妇等人成立了费边社。费边社的名称来源于古罗马共和国时期的罗马大将费边·马克西姆，因费边在与汉尼拔的战争中采取了回避决战、缓进待机的战术而借用其意。费边社是一个由英国资产阶级知识分子组成的社会主义团体。该组织有着鲜明的改良主义色彩，反对马克思主义的阶级斗争学说，主张与资产阶级进行合作，通过和平的方式对英国社会进行改良，实现企业国有化，从而

爱尔兰剧作家萧伯纳
萧伯纳的作品因为具有理想主义和人道主义而获得 1925 年诺贝尔文学奖。他还是积极的社会活动家和费边社会主义的宣传者。

使国家逐步从资本主义过渡到社会主义。在具体策略方面，费边社没有依靠广大工人群众，主张依靠少数有社会理想的知识分子进行这项事业。到 19 世纪末 20 世纪初，费边主义的影响力超过了工联主义，影响了英国工人运动的发展。

在英国社会主义运动兴起的同时，工人运动也逐渐兴起。19 世纪 80 年代末，随着英国丧失工业垄断地位，资本家的利润急剧减少。为了减少损失，资本家便降低工人的待遇，导致工人生活水平日益恶化。在此情况下，英国工人为争取利益，举行了大规模的罢工活动。1886 年，伦敦失业工人举行示威游行，揭开了英国工人罢工的序幕。1888 年，伦敦火柴厂的 700 多名女工起来罢工，要求增加工资和改善劳动条件。1889 年，煤气工人举行大规模的罢工斗争，要求资本家减少工作时间和增加工资。在工人罢工斗争的压力下，资本家被迫把每日工作日时间从 12 小时缩短为 8 小时，每班工资增加 6 便士。此外，煤气工人在斗争过程中成立了煤气工人联合会，成为英国首个非熟练工人的工会。同年，伦敦码头工人在汤姆·曼（1856—1941 年）和艾琳娜·马克思等人领导进行罢工活动。罢工斗争持续了 1 个多月，迫使资本家接受工人提出的条件：每小时的最低工资增加至 6 便士和每天最低雇佣时间不得少于 4 小时。与此同时，码头工人也成立了工人联合会。

随着工人斗争的不断兴起，一些新工联不断涌现出来。新工联与旧工联有着很大的不同，他们接受那些非熟练工人和贫穷的工人参加，富于战斗精神，反对与资本家达成妥协，主张通过罢工斗争改善生活条件和劳动条件。1900 年至 1913 年，新工联的成员数量快速增长，从 190 多万人增加到了近 400 万人。

社会主义运动的兴起和工会运动的发展，为工人阶级建立自己的政党创造了条件。1893 年 1 月，在英国北部的布来福德成立了工人阶级的政党——独立工党。独立工党主要由社会民主同盟的部分成员和费边社的成员创立，主要领导人是矿工凯尔·哈第（1856—1915 年）。在哈第的领导下，独立工党起草的党纲规定，当前的斗争任务是争取 8 小时工作制，而实现生产资料集体所有制则作为长远斗争的目标。独立工党的成立，是英国工人阶级斗争的重要进步，但哈第是一个费边主义者，认为马克思主义不适合英国国情，因此反对进行阶级斗争。不久后，费边主义者控制了独立工党的领导权，在独立工党中兴起改良主义，独立工党实际上成为改良主义工人党。独立工党在发展过程中与工联代表大会建立了紧密的联系。1893 年，工联代表大会向独立工党捐助竞选资金，并让独立工党领导罢工斗争。在此情况下，独立工党成立仅几年时间，队伍就发展到了2万人。

英国在进入帝国主义阶段后，广大工人深受资本家的压迫和剥削，生活及其贫苦，于是不断举行罢工斗争。1900年，南威尔士铁路工人为争取利益举行罢工，持续了几个月。铁路公司为此向法院提出控告，结果法院要求铁路工会赔偿资本家损失。法院的这个判决剥夺了工人的罢工权利，引起了工人的强烈反对和不满。在此情况下，工人为了维护自己的权益，迫切需要成立属于工人阶级自己的政党。1900年2月，英国工人联合会领导举行了有工联、独立工党、社会民主同盟以及费边社参加的代表大会，并在会上成立了"工人代表委员会"。该委员会的主要任务是在国会选举时推选出自己的候选人。

1906年，工人代表委员会改称为"工党"。工党主张通过议会选举手段维护工人的利益，强调改良主义，反对进行革命斗争，将主要精力放在了议会选举活动上，最终走上了机会主义道路。

法　国

19世纪70年代，法国成立第三共和国，建立共和制度。19世纪末期，与其他欧美主要资本主义国家一样，法国开始向帝国主义过渡。然而法国的工业发展较为迟缓，远远落后于美德两国。尽管如此，在19世纪末20世纪初，法国也出现了垄断组织，加紧了对外殖民扩张的步伐。

法兰西第三共和国的建立

1870年爆发的普法战争，结束了法兰西第二帝国的统治。1870年9月2

日，法军在色当会战中战败，拿破仑三世被俘，法兰西第二帝国垮台。9 月 4 日，法国国内爆发革命，法兰西第二帝国被人民群众推翻，法兰西第三共和国成立。

　　1871 年巴黎公社失败以后，法国政局仍处在动荡之中，法国各派政治势力之间的斗争日趋激烈，其中主要是共和派与保皇派之间的斗争。当时法国复辟势力的活动仍然十分猖獗。1871 年 2 月选举出来的国民议会中，有 2/3 的席位被保皇派分子占有。保皇派分子主要分成正统派、奥尔良派、波拿巴派三派。其中正统派在议会有 200 个议席，拥护波旁王朝，拥护尚博伯爵登上法国王位；奥尔良派在议会中也占有 200 个议席，他们支持巴黎伯爵为王；波拿巴派占有的议席较少，仅有 30 个。保皇派之间钩心斗角，企图推翻共和国，准备恢复帝制。他们与教权派狼狈为奸，勾结在一起，在农村地区进行复辟宣传，共和政体处于动荡不安之中，随时都有可能被推翻。

　　1871 年 8 月 31 日，奥尔良派的梯也尔（1797—1877 年）被国民议会推举担任共和国总统。梯也尔在任期间，慑于法国人民反对帝制的压力，没有公开

巴黎公社起义
1871 年 3 月 18 日，巴黎的无产阶级和人民群众举行武装起义，于 3 月 28 日，建立了世界上第一个无产阶级政权——巴黎公社。此图为巴黎公社成员推倒象征军国主义的凯旋柱。

梯也尔
法兰西第三共和国总统，也是残酷
镇压巴黎公社的罪魁祸首。

宣布复辟帝制，而是计划建立一个"保守的共和国"或者称"没有共和派的共
和国"，大量起用保皇派分子，实行保守主义的政策。梯也尔的反动统治引起
了广大人民的不满，共和派在民众中的影响力不断加强。为此，一部分极端保
皇分子对梯也尔也感到不满。为了挽回颓势，国民议会的保皇派在1873年5
月迫使梯也尔辞职，然后推举在色当会战中战败的元帅麦克马洪（1808—1893
年）为总统。麦克马洪上任后，不断开展活动，谋划恢复帝制。然而保皇派内
部同床异梦，彼此之间矛盾重重。他们在恢复帝制后拥立哪一派的代表为国王、
使用什么国旗等方面没能达成一致。此外，保皇派人对于能够成功恢复帝制也
缺乏信心。法国人民拥护共和，军队也不支持恢复帝制，这些因素导致保皇派
人不敢轻易采取行动。

　　这一时期，资产阶级共和派在人民的支持下势力逐渐增强。1875年1月，
国民议会以一票的优势，通过了《法兰西第三共和国宪法》，即1875年宪法，
基本确立了共和政体。该宪法虽没有条文明确规定国家的政体，但规定总统的
任期为7年，由参议院和众议院联席会议选出，可以连任。总统拥有统帅军队、
签订条约、任免高级官员等权力。此外，经众议院同意，总统还有权任命内阁；
经参议院允许，有权解散众议院。议会实行两院制，由参议院和众议院组成。
众议院共有议员600人，4年进行一次改选，议员通过普选产生。参议院有议
员300人，先由各地方选举出参议员选举团，然后再通过选举团代表选出参议
员。参议员任期为9年，其中一部分为终身委员。参议院具有复议和批准众议

院通过的法律的权力，可以授权总统解散众议院，因此有着很大的权力。虽然宪法基本确立了共和政体，然而这并没有使共和派和保皇派之间的斗争马上平息下来。在1876年初的新议会选举中，共和派在众议院中占有多数，但保皇分子在参议院中仍占多数，基本控制了参议院。法国的共和政体仍然处于不稳定的状态下。

1875年宪法虽然为共和体制提供了法律依据，但是保皇派不甘心失败，伺机向共和派发难。1877年初，共和派和保皇派之间的斗争依然十分激烈。5月16日，麦克马洪不顾众议院大多数议员的反对，解散共和派内阁，然后改组保皇派内阁，遭到了众议院的抵制。6月25日，麦克马洪悍然解散了众议院，企图发动政变，推翻共和制度。面对保皇派咄咄逼人的气势，共和派坚决进行斗争。在10月进行的选举中，由于广大劳动人民的支持，共和派再次获胜，粉碎了保皇派的阴谋。1879年初，在参议院补缺选举中共和派又获得了胜利。至此，共和派占据了参众两院的大多数席位。在这种情况下，麦克马洪被迫于1879年1月辞职，参众两院共同推选温和派共和党人儒勒·格雷维（1807—1891年）担任总统。这时，法兰西第三共和国才真正建立了共和派政府。此后，共和派控制了议会、内阁与总统等各种政治权力，共和制度得到了巩固和发展。

经济的发展与高利贷帝国主义

19世纪后半期，法国与其他主要欧美资本主义国家一样，开始向帝国主义过渡。这一时期法国的工业生产有了较大增长。1871年至1891年，法国的钢、生铁和煤的产量，分别从8万吨、86万吨和1325.9万吨，增加到了74万吨、189.7万吨和2602.5万吨。（法国的重工业发展远远落后于轻工业。在轻工业中，以纺织业和奢侈品制造业的发展最为迅速。）然而法国工业发展速度仍落后于美国、德国和英国。19世纪60年代末，法国在世界工业总产量中的比重仅次于英国，位列世界第二。进入19世纪90年代后，法国先后被美国、德国超越，降到了第四位。

法国资本主义工业发展的缓慢有多方面原因。首先，普法战争的失利严重影响了法国资本主义经济发展。在普法战争中，法国耗费了100亿法郎的军费，战争结束后，法国又向德国付出了50亿法郎的战争赔款。其次，德国割占了

19 世纪的法国街道

有着丰富矿产的阿尔萨斯和洛林两州。战争巨额赔款以及割让矿区，使法国失去大量工业资金和原料产地，严重阻碍了法国经济的发展。

其次，法国工业中存在着大量小企业，农村中小农经济在国民经济中占据主导地位，这样的经济结构限制了资本主义工业的发展。到 19 世纪末，法国 1—10 人的小型企业占到了全国工业企业总数的 94%，而拥有百人以上的大型企业仅占工业企业的 0.8%。由于小企业比重过大而且规模较小，没有充足的资金引进国外先进技术，阻碍了新装备和新技术的采用，大大减慢了法国经济的发展速度。这一时期，法国 60% 以上的人口仍是农业人口，其中，仅拥有 1 公顷以下耕地的小农户大约占 40%。19 世纪末，法国小农户的抵押债务增加到了 250 亿法郎，在经济危机的打击下处境愈发困难。广大农民的贫困以及购买力的不足，不仅阻碍了农业技术的推广，也影响了国内市场的发展，这也限制了工业的发展，导致经济发展的缓慢。

尽管法国工业的发展相当缓慢，但在 19 世纪末 20 世纪初，法国也出现了垄断组织。法国 13 家最大的钢铁企业联合起来组成了辛迪加；铁矿、煤矿、冶金以及机械等工业部门被万德尔、什尼德尔、马林、奥姆古尔等公司所控制；化学工业则被库尔曼、圣戈班等垄断组织控制；10 家煤炭公司的煤产量占全国煤产量的一半以上；麻织 90% 的产量被麻织辛迪加垄断。这些垄断组织的出现，标志着法国已经进入帝国主义阶段。

20 世纪初，法国的银行资本发展迅速。法国当时共有 266 家银行，其中法兰西银行、国家贴现银行、信贷总公司、里昂信贷银行等 4 家银行，控制了全国 70% 的存款。在 4 家银行当中，规模最大的是法兰西银行，它具有发行纸币、控制商业债务的垄断权力。

随着银行资本的快速发展，法国工业资本与银行资本不断融合，转变为金融资本。在帝国主义时期，法国金融资本家将大量资本输出国外，超过了对国内工业的投资。在欧美主要资本主义国家中，法国的资本输出仅次于英国，位列世界第二位。法国的资本输出与英国有着很大的不同，英国主要将资本投入到殖民地的工业中，而法国的资本输出主要通过借贷的形式借给那些经济落后的国家和殖民地，具有非生产性的高利贷性质。法国的资本主要输往俄国、拉丁美洲各国、奥斯曼帝国和巴尔干半岛等国家和地区。1880 年法国对外资本输出额为 150 亿法郎，1890 年时达到 200 亿法郎，到 1914 年第一次世界大战爆发前，增加到 600 亿法郎，其中投入俄国的资本大概在 120 亿至 130 亿法郎之间。法国资本家通过输出贷款获得巨额利息。据统计，1909 年至 1913 年法国每年的高利贷利息收入达到 17.05 亿法郎至 18.05 亿法郎。这种借贷形式的资本输出，导致法国工商业发展缓慢，使法国出现了以借贷为主的食利者阶层。第一次世界大战前夕，食利者阶层多达 200 万人，因此法国被列宁称为"高利贷帝国主义"。

工人运动的发展

巴黎公社的失败，沉重打击了法国工人运动。然而工人阶级很快就恢复了力量，到 19 世纪 70 年代末，法国纷纷成立了工会组织和工人文化团体，罢工斗争在巴黎和其他城市不断开展起来。这一时期工人阶级的领导者是茹尔·盖德（1845—1922 年）和保尔 拉法格（1842—1911 年）。

盖德出生于一个教师家庭，青少年时期就参加了进步青年的集会，深受共和主义思想的影响。在法兰西第二帝国时期，他对波拿巴帝制进行了揭露和抨击，向住争取自由、正义的斗争，主张建立共和政体。1870 年普法战争爆发，盖德写了不少文章，指出战争的性质是王朝战争，主张推翻当局的反动统治，结果他被反动当局判处 6 个月的徒刑。1871 年 3 月 18 日巴黎公社起义爆发，他坚决拥护公社，痛斥镇压公社的刽子手。公社失败后，盖德因为支持公社而被判处 5 年徒刑，被迫流亡瑞士和意大利。从 70 年代起，盖德受无政府主义思想影响，由一名资产阶级共和主义者转变为无政府主义者。1876 年 9 月盖德返回法国，开始研究《资本论》和马克思的其他著作，抛弃无政府主义，转而拥抱科学社会主义，最终成为一名马克思主义者。1877 年 11 月，盖德创办了周刊《平等报》，并担任主编，主要宣传马克思的学说，宣传社会主义思想，使科学社会主义思想在工人阶级中得到了广泛传播。

保尔·拉法格出生于古巴圣地亚哥，于 1851 年迁居法国。1864 年，拉法格进入巴黎大学学习。在这期间，他多次发表文章抨击法兰西第二帝国政府。1865 年 10 月，他曾因反对拿破仑三世政权，主张建立民主共和国，而被巴黎大学开除，被迫流亡英国。在英国期间，拉法格参加了第一国际委员会，并成为会员。1868 年，拉法格返回法国，积极宣传马克思主义，并与蒲鲁东主义进行了不懈的斗争。他是巴黎公社的坚定支持者和捍卫者。巴黎公社起义爆发后，他多次撰文表示支持。公社失败后，他被迫流亡西班牙。在西班牙期间，他创办了《解放报》，揭露巴枯宁派企图分裂第一国际的阴谋，最终将巴枯宁等人开除出第一国际。1870 年，拉法格返回巴黎，宣传和传播马克思主义。

盖德和拉法格在积极宣传马克思主义的同时，也开展了建党活动。1876年至 1878 年，巴黎和里昂先后两次召开了由法国工人团体参加的代表大会。1879 年 10 月，第三次工人代表大会在马赛召开。在盖德和拉法格的领导下，大会通过了拥护社会主义，拥护生产手段社会化，开展无产阶级政治斗争的决议，并决定成立"工人党"。1880 年 11 月，工人党在勒阿弗尔召开第一次代表大会，通过了党的纲领，并推举盖德、拉法格为领导者。《勒阿弗尔纲领》是盖德和拉法格在马克思、恩格斯的领导下完成的，其中纲领的总纲部分是由马克思亲自口授的。然而在纲领的实践部分盖德和法拉格没有接受马克思提出的观点，如让工人阶级掌握资产阶级国家中的所谓"国有企业"。这是一种不切实际的观点，削弱了工人阶级与资本主义制度斗争的力量。尽管如此，在当时的历史条件下，《勒阿弗尔纲领》基本上属于马克思主义的纲领。工人党的成立标志着法国工人运动在马克思主义的影响下开始走上正轨，法国工人运动进入新的发展阶段。

法国工人党成立后，参加的成员良莠不齐，一些小资产阶级的活动家也加入工人党，这使工人党内部出现各种派别，彼此之间出现斗争。以小资产阶级社会主义者布鲁斯和马隆等人为首的"可能派"，反对进行无产阶级革命和无产阶级专政，主张工人阶级的活动应当局限在资本主义制度可以实现的范围之内。他们幻想着和平过渡，认为工人阶级只要在议会选举中获得多数席位，无须经过无产阶级革命和无产阶级专政，就可以在法国实现无产阶级革命。当时坚决执行无产阶级路线的盖德派与可能派展开了斗争。1882年，工人党召开圣亚田代表大会，会上两派最终分裂。盖德、拉法格领导的少数派决定退出大会，然后在卢昂召开代表大会，保留了工人党的名称。可能派则在圣亚田成立了新党——"社会主义者革命工人党"，取消了工人党纲领中的革命要求，并拟定了一个带有机会主义性质的纲领。

19世纪八九十年代，法国工人在工人党的领导下举行了几次较大规模的罢工和示威游行活动。1886年，德卡斯维尔矿区工人举行大罢工，工人抵挡住了政府军警的镇压，斗争持续了半年。1891年，法国工人计划通过举行罢工示威活动来庆祝五一劳动节。拉法格受工人党的指派前往毛纺织业中心富尔米城进行革命宣传和组织工作。在拉法格的领导下，富尔米城举行了五一节游行示威活动，结果遭到警察的镇压。在镇压过程中，有9名富尔米城工人遭警察枪击丧生，数十人受伤，拉法格也遭到逮捕，并被判处一年监禁。然而在补选当中，他却以压倒性的票数优势当选为众议员。1892年8月至11月，卡尔莫矿区爆发了长达3个月的大罢工，政府派遣军队前去镇压罢工活动。让·饶勒斯（1859—1914年）支持卡尔莫矿工的罢工斗争，多次发表文章揭露资本家镇压罢工活动的阴谋。卡尔莫矿区工人的罢工活动取得了胜利。

工人运动的蓬勃发展，提高了工人阶级的觉悟，使盖德派在议会选举中获得胜利。1893年，工人党有12人当选众议院议员，盖德也在其中。而可能派和布朗基派（强调由少数革命者通过征义推翻剥削制度，主张少数革命家专政）在众议院中总共只有12个席位。工人党的一些领导人被选举的胜利冲昏了头脑，觉得通过议会选举，无须进行暴力革命，就可以夺得政权。盖德等工人党领袖为了争取议会席位，不惜对机会主义做出让步和妥协，同亚历山大·米勒兰（1859—1943年）领导的"独立社会主义同盟"组成议会党团。此外，工人党为了获得农民的支持，在1894年召开的工人党南特代表大会上，制定了迎合小农私有观念的土地纲领，违背了马克思主义的根本原则。

19世纪90年代以后，法国工人运动受到伯恩斯坦的修正主义思潮的影响，机会主义倾向日益严重。在这一时期，米勒兰领导的"独立社会主义同盟"公开宣称自己是改良主义者，反对进行暴力革命，主张进行社会改革等。1899年，在资产阶级温和派共和党人的邀请下，米勒兰参加了内阁。盖德派和布朗基派对米勒兰入阁事件进行了批判，饶勒斯派（主张通过和平方式消灭资本主义）和可能派则支持米勒兰入阁，结果导致法国社会主义者出现分裂，分别组成了两个对立的社会党。1901 年，盖德派和布朗基派联合起来成立了法兰西社会党。1902 年，饶勒斯派也联合可能派成立了法国社会党。同年，第二国际在阿姆斯特丹召开会议，并通过决议，要求各国建立统一的社会党。于是法国社会党和法兰西社会党在 1905 年合并成为"统一社会党"。饶勒斯控制了社会党的领导权。他迷恋上了议会斗争，反对无产阶级革命，使统一社会党走向了机会主义路线，引起了广大工人的强烈不满。

在这种情况下，无政府工团主义者乘机夺取了工会的领导权。1906 年，法国总工团在亚眠举行代表大会，并通过了《亚眠宪章》。该宪章反映了无政府工团的策略路线，宣扬工团是工人的唯一组织，不与任何政党发生关系，宣称总工团在将来会成为生产和分配的团体，替代任何形式的国家。

工团主义者反对政党对工会的领导，抨击无产阶级专政，不主张工人阶级进行无产阶级斗争，认为无产阶级反对资产阶级的斗争方式应当是工会或工人阶级组织的直接行动，即所谓的经济总罢工。工团主义者的策略给法国的工人运动造成了不可挽回的损失。

第一次世界大战前夕，法国广大劳动人民的革命情绪不断高涨。1906 年，法国一共出现了 1300 多次罢工。1907 年，南方地区的农民举行大规模的示威游行，要求政府改善农民的生活条件。1908 年，德拉维尔城工人举行罢工活动，并与前来镇压罢工的军警进行了抗争。1909 年，巴黎邮电工人先后两次举行大罢工。1910 年，4 万名铁路工人举行罢工，要求缩短工时和增加工资。但是这些工人罢工活动由于没有马克思主义政党的领导，最终都失败了。

动荡的政治局面

共和党人在 1879 年执掌政权后，分裂为温和派和激进派。温和派代表大资产阶级利益，主要领导者为甘必大和茹尔·费里。在格雷维被推选为总统之前，甘必大领导温和派曾对人民许下改革的诺言，比如取消参议院、政教分离以及实行累进税等。然而温和派执政后，甘必大的诺言多变成空言。激进派主要代表中小资产阶级利益，领导者是克里孟梭。1881 年，激进派首次以独立身份参加选举，获得了 46 个议席。后来，激进派不断巩固自己的阵营，组成了社会激进党。到 20 世纪初，社会激进党成为法国主要的资产阶级政党。

法国第三共和国初期政治家甘必大

1881 年 11 月，甘必大受命组阁，由于共和派右翼总把甘必大看成"红色分子"，而左翼又对他逐步倒向温和派感到不满，所以知名人士竟无人愿意参加。

1879 年至 1902 年，共和党温和派执掌法国政权。这一时期，温和派只是进行了一些小改革，比如恢复了巴黎市区政治中心的地位，确立 7 月 14 日为国庆日，《马赛曲》为法国国歌，关闭教士创办的学校，在全国范围内普及小学教育等。1884 年，温和派取消了《列沙白里哀法》，允许工人根据行业成立联合会；废除了参议员终身制，规定参议员的任期为 9 年等。然而执政的温和派为了迎合大资产阶级和大地主的利益，提高外国的粮食和工业品进口税，导致生活费用高涨。广大劳动人民生活贫困，不断起来进行罢工斗争，但都遭到了镇压。

共和党温和派的政策激起了广大劳动人民的反对和不满，保皇派、教权派企图借机发动政变，推翻共和国。于是在 1887 年至 1889 年发生了布朗热政变。布朗热是一个政治阴谋家，曾经参与镇压巴黎公社，1886 年至 1887 年任陆军部长。他与保皇派、教权派勾结在一起，鼓噪修改宪法，煽动对德国发动进攻，收复洛林和阿尔萨斯。随着劳动人民对温和派共和党的不满情绪日益高涨，布朗热企图利用这个机会阴谋发动政变，建立军事独裁统治。

在 1889 年巴黎补选中，布朗热哗众取宠，骗取群众的信赖和支持，以 25 万张选票当选。当时盛传布朗热要阴谋发动政变，复辟帝制。然而共和党人在布朗热发动政变之前揭露了他与保皇派人的关系，暴露他接受保皇派人金钱的行径，使他迅速陷入孤立境地。不久后，法国政府以破坏共和国安全的罪名逮捕布朗热，布朗热于是仓皇逃往比利时。法国政府对布朗热进行了缺席审判，判处他无期徒刑。此后，布朗热失去了追随者的信任，日暮途穷。1891 年 9 月，布朗热在布鲁塞尔自杀身亡。

随着法国资产阶级统治的日益腐败，1892 年末至 1893 年初，法国再次发生了一起震惊全国的丑闻，即"巴拿马丑闻"。1879 年，巴拿马公司在法国巴黎成立，准备开凿巴拿马运河，项目由曾主持开凿苏伊士运河的工程师斐迪南·德·雷塞布负责。在雷赛布的努力下，巴拿马公司很快筹集了 15 亿法郎的资金。然而巴拿马运河还没有完成开凿，公司就于 1889 年宣告破产。在清理破产的巴拿马公司财产的过程中，查出了公司曾对政党领袖、达官贵人行贿的证据，其中包括资产阶级激进派领袖克里孟梭。然而在法院的包庇下，虽然受贿者罪证如山，但几乎没有人受到惩罚，受贿者仍然逍遥法外。这个贿赂丑闻被曝光后，共和党政府的威信一落千丈，工人群众纷纷与激进派脱离关系，转而支持社会主义。

保皇派人利用人民对共和政府的不满情绪，于 1894 年挑起德雷福斯案件。德雷福斯是一名犹太人，担任陆军参谋部上尉军官。1894 年，保皇派人诬告德雷福斯将法国的军事秘密卖给德国驻巴黎使馆的武官。不久，共和政府便毫无根据地逮捕了德雷福斯，以莫须有的罪名判处他无期徒刑。1897 年，军官埃斯特哈齐被证实是真正的罪犯，但是政府不肯承认错误，拒绝重审案件，为德雷福斯平反。这激起了广大劳动人民的愤怒，人们纷纷抗议政府迫害无辜。围绕这一案件法国出现了两派，一派为德雷福斯派，另一派为反德雷福斯派。德雷福斯派大部分为工人和知识分子。他们认为德雷福斯是无辜者，要求政府公布真相，并立即释放德雷福斯。反德雷福斯派主要是保皇派、教权派等人。他们认为德雷福斯有罪，并反对为他进行辩护，不断煽动反犹太人运动，妄图借机推翻共和国，恢复帝制。1899 年，在广大劳动人民的压力下，政府对德雷福斯案重新审理，最后，经过长时间的斗争，最高法院推翻了原有判决，宣判德雷福斯无罪。

这些事件的爆发使温和派共和政府在民众中声誉扫地。资产阶级为了维持统治，便将政权转移到激进派手中。1902 年，激进共和党人埃米尔·孔布开始组织新内阁。1906 年，克里孟梭上台组阁。从此，共和党激进派确立了在法国的统治地位。

德　国

1871 年德国完成最后的统一，促进了统一市场的形成，资本主义迅速发展起来，并产生了垄断组织卡特尔。19 世纪 70 年代以后，国际工人运动中心从法国转移到德国，工人阶级成立了政党，开始了有组织的斗争。

经济发展和垄断组织的产生

德国资本主义在 1871 年完成统一后迅速发展。19 世纪 70 年代初，德国基本上属于一个农业国，经过 20 年的发展，德国的工业生产有了惊人的增长。1871 年，德国的生铁产量为 156.4 万吨，钢为 25.1 万吨，煤为 3790 万吨；到 1891 年，生铁、钢和煤的产量分别增长到 464.1 万吨、245.2 万吨和 9420 万吨。自 19 世纪 90 年代开始，德国工业水平超过法国、英国跃居世界第二位，仅次于美国，成为重要的资本主义工业国家。在德国工业中，重工业尤其是军事工业占有十分重要的地位，此外，现代化的化学工业、电气工业和光学工业也迅速发展起来。随着德国工业的迅猛发展，德国的对外贸易也取得了快速的增长。

在工业迅速发展的同时，德国资本主义农业也有了很大的发展。1850 年普鲁士进行农业改革后，容克地主从农奴手中获得了大量土地和赎金，开始以资本主义方式经营农场，采用先进的农业生产工具和化学肥料进行生产活动，同时还发展农产品加工业等。德国的大部分土地落入了容克地主和富农手中，东普鲁士随处可见容克地主经营的农场。德国 54% 的耕地被大农场所控制。容克地主控制了这些农场，并保留了不少封建残余。雇农为了从容克地主手中获得一小块份地，需要到容克地主的农场里进行劳动。在易北河以西地区，大多数农户为中小农户。1882 年，全德共有 300 万小农户，占农户总数的 3/5，但他们占有的耕地只占总耕地的 1/20。小农户的地位十分不稳定，19 世纪七八十年代，不少农户在农业危机的打击下纷纷破产，被迫流入城市，加入工人阶级的队伍。

19 世纪后期，德国工业的迅速发展受到了各种因素的影响。首先，德国的统一为资本主义经济发展扫清了各种障碍，也为资本主义经济的发展创造了稳定的社会秩序和统一的市场。其次，德国从法国获得了 50 亿的战争赔款以及阿尔萨斯、洛林两个重要的矿区，为工业的发展提供了资金支持和丰富矿产资源。第三，德国的工业起步较晚，可以充分利用最新的科学技术成就，建立新兴工业部门。此外，大量破产农民流入城市为工业生产提供了大量劳动力。在这些因素的影响下，德国资本主义迅速发展起来。

19 世纪末 20 世纪初，随着资本主义工业的迅速发展，德国进入帝国主义阶段。生产和资本的高度集中产生了垄断，而垄断组织的出现则是生产力发展的必然结果。在欧洲各主要资本主义国家当中，德国最早建立垄断组织，其发

19 世纪中后期的德国化工厂
自 19 世纪 80 年代以来德国的化学工业就一直保持着世界领先地位。

展速度也最快。早在 19 世纪 70 年代，德国就出现了垄断组织，到 90 年代垄断组织在德国国民经济中取得统治地位。德国垄断组织的主要形式是卡特尔。1875 年时德国只有 8 个卡特尔，1879 年已有 14 个，19 世纪 80 年代以后，卡特尔迅速增加，1890 年猛增到 137 个。在 1900 年至 1903 年的经济危机期间，垄断组织又有了进一步发展。1905 年德国的卡特尔已经发到 385 个，垄断组织遍及煤矿、冶金、电气、化学等工业部门。

在工业资本发展的同时，银行资本也迅速集中。1909 年柏林 9 家银行集

中了全德银行资本的 83%。德意志银行拥有 30 亿马克的资本，控制着 200 家企业。柏林 6 家大银行的经理同时兼任 300 多个工业企业的董事。企业被大银行控制，工业资本与银行资本紧密结合在一起，形成了金融寡头。这一时期比较著名的金融寡头有基尔道夫、克虏伯、施梯纳、蒂森、汉泽曼和西门子等。金融寡头控制着德国的国民经济，影响着德国政府内外政策的实施。

在德国实现统一后，普鲁士的容克集团掌握了帝国的实权，资产阶级依附在容克集团周围。在德国垄断组织发展过程中，资产阶级与容克集团相互渗透，紧密联合在一起。一些容克对工业和银行进行投资，成为企业家或金融家；一些资本家则通过购买土地或取得爵位，成为容克地主。这样一来，容克贵族与垄断资本家之间的联合进一步加强。在这一时期，普鲁士的军国主义与容克集团紧密联系在一起，军国主义传统和侵略思想进一步加强。容克军人在相继战胜丹麦、奥地利和法国后势力更加强大，崇尚暴力、颂扬战争的军国主义势力逐渐影响政治领域，与希望扩大对外掠夺和扩张的德国垄断资产阶级联合起来。总之，容克地主阶级和垄断资产阶级的结合，使德国帝国主义富于对外侵略性，带有明显的军事色彩。

德国工人政党的发展和俾斯麦的下台

1871 年巴黎公社遭遇失败，德国逐渐成为国际工人运动的中心。德意志的统一促进了德国工人运动的发展，使工人阶级更加团结。19 世纪 70 年代之前，在德意志以何种道路实现统一的问题上，工人阶级分成两个对立的派别，分别是爱森纳赫派和拉萨尔派。在德意志实现统一后，继续争论统一道路的问题已经没有现实意义，于是两派逐渐和解、团结起来。在 1875 年 5 月 22 日至 27 日的哥达代表大会上，两派实行合并，成立德国社会主义工人党。这样，德国工人阶级队伍的分裂宣告结束。然而在起草党纲的时候，爱森纳赫派的领导者倍倍尔和李卜克内西在原则问题上对拉萨尔派做了重大让步，同意了拉萨尔主义的观点。马克思对建立德国社会主义工人党这件事表示了赞许，但是反对爱森纳赫派同拉萨尔派妥协，为此他写了《哥达纲领批判》一书，尖锐地批判了纲领草案的错误观点。

德国工人阶级政党利用联合后的有利条件，积极发展工人运动，影响不断扩大。在 1877 年的国会选举中，社会主义工人党共获得 50 万张选票，获得

纪念《哥达纲领批判》一书的邮票
《哥达纲领批判》是马克思论述未来社会的主要著作。1975年德意志民主共和国发行纪念《哥达纲领批判》一书的邮票：图左为李卜克内西和倍倍尔，图中为哥达代表大会的会址，是《哥达纲领批判》封面，图右为马克思和恩格斯。

12个议席，成为德国重要的政党。德国社会主义工人党反对俾斯麦政府的专横统治，要争取民主和自由，在德国建立一个民主共和国。同时，工人政党对俾斯麦的内外政策表示了不满，反对俾斯麦政府提出的扩军计划和军队预算。面对日益兴起的工人运动，容克资产阶级政府恐惧万分。俾斯麦当局为了强化自己的统治，不失时机地镇压德国工人运动。1878年10月，俾斯麦操纵帝国国会颁布了《反社会党人非常法》，简称"非常法"。该法令共有30条，最初的有效期是两年半，后来数次延长，直至1890年春才宣布停止。在实施"非常法"期间，俾斯麦政府利用这个法令对工人阶级进行残酷镇压，查禁报刊、解散集会，逮捕、驱逐工人阶级活动家等。到1879年中叶，不到一年的时间，俾斯麦政府就颁布了600多项禁令。在施行"非常法"的12年里，有900名工人阶级活动家遭到驱逐，1500名工人党成员被判处不同期限的监禁和徒刑，有1300种社会主义工人党的报刊被查禁、320个工人组织被取缔。整个德国处于白色恐怖的氛围之中。

面对俾斯麦反动政府残酷的镇压和迫害，大多数德国社会主义工人党领导人茫然失措。在俾斯麦政府颁布"非常法"后，工人党的执行委员会和议会党团宣布党组织自行解散，并要求各地方党组织也自行解散。工人党和工人阶级在失去领导机构后，出现了思想混乱的情况。在这一时期，工人党内部出现了"右"和"左"两种错误倾向。"右"派的主要代表为流亡瑞士的赫希伯格、施拉姆和伯恩斯坦三人，即所谓的"苏黎世三人团"。他们被俾斯麦政府的反动统治吓破了胆，在 1879 年发表了一篇名为《德国社会主义运动的回顾》的文章。他们将"非常法"的实施归结为工人党的"过火行为"，公开宣布拥护"非常法"，反对工人党进行阶级斗争，反对无产阶级革命和无产阶级专政。"左"派的主要代表为莫斯特等人，他们反对进行合法斗争，颂扬恐怖活动，主张立即进行暴动。

政府的反动镇压和工人党领导的混乱，使德国社会主义工人党处于生死存亡的紧要关头。1879 年 9 月，马克思和恩格斯向德国工人党的领导人倍倍尔、李卜克内西写了一封《通告信》，对"苏黎世三人团"的投降主义路线进行了严厉谴责，同时还批判了莫斯特等人的"左"倾盲动。此外，马克思和恩格斯还批判了工人党领袖采取的容忍机会主义分子的调和主义政策，为德国工人阶级制定了反抗"非常法"的斗争策略，将合法斗争与秘密斗争联系起来。

在马克思、恩格斯的帮助下，工人党领袖倍倍尔、李卜克内西等人认识到自己的错误，于是放弃了被动的策略，顶住反动政府的压迫，着手恢复党组织，使工人党力量得到保存和发展。此后，工人党利用一切场合与俾斯麦政府的反动统治展开斗争，工人罢工斗争持续不断地开展，到 1889 年时罢工斗争达到高潮。1889 年，德国各地发生 100 多起罢工活动，有 30 多万名工人参加了罢工活动。在 5 月至 6 月，鲁尔、亚琛、萨尔等矿区接连爆发了矿工大罢工，钢铁、纺织、建筑等工业部门的工人也纷纷起来响应，沉重打击了"非常法"。

工人运动的不断高涨使俾斯麦政府认识到仅靠"非常法"根本无法消灭德国社会主义工人党。1890 年 1 月，帝国国会以多数票否决了延长"非常法"

印有李卜克内西头像的纪念邮票

德意志民主共和国在 1951 年发行共和国 2 周年、李卜克内西诞生 80 周年纪念邮票。

的提案。在 2 月举行的国会选举中，工人党获得了 140 万张的选票、35 个议席，成为获得选票最多的政党。德国社会主义工人运动经受住了"非常法"的考验，在国际上赢得了声望，成为国际工人运动的先锋。

1888 年威廉二世即皇帝位后，想亲自掌握实权，摆脱首相的控制，最主要的原因是，威廉二世在一系列政策问题上与俾斯麦产生了严重的分歧。在国内，俾斯麦坚持通过高压政策镇压工人运动，然而威廉二世却认为压迫愈重，工人运动的反抗就越激烈，如果继续推行高压政策或造成严重的后果。威廉二世主张通过用小恩惠来消除工人阶级的反抗意志，并为此颁布两项敕令，一是同意对劳工立法进行修改，限制工人的劳动时间；二是同意召开一次国际会议，商讨劳工保护的问题。在对外方面，俾斯麦一贯执行所谓"大陆政策"，即在欧洲进行扩张活动，夺取欧洲霸权。威廉二世主张实行所谓"世界政策"，即将扩张的范围扩大到全世界，争夺世界霸权。两人在政策上之所以会出现这样的分歧，是因为俾斯麦代表的是德国统一后的容克资产阶级的利益，而威廉二世更多的时候代表着德国工业垄断资本家的利益。

威廉二世
威廉二世与俾斯麦发生冲突，其根源是德国正由封建社会直接进入帝国主义社会，以俾斯麦为代表的旧官僚阶层已无法适应生产关系的变革。

由于俾斯麦镇压工人运动的政策最终失败，同时在与欧洲列强争夺殖民地的斗争中落于下风，因此他逐渐失去了容克资产阶级的信任。威廉二世决定罢免俾斯麦。1890 年，俾斯麦在帝国议会上要求延长"非常法"的有效期限，结果遭到多数票的否决。在新的帝国议会选举中，俾斯麦控制的政党集团又遭遇惨败。1890 年 3 月，俾斯麦被迫辞职。

第一次世界大战前的德国

19 世纪 90 年代，在停止"非常法"以后，威廉二世对工人阶级做出了一些让步。1890 年 2 月，帝国政府颁布"二月法令"，答应进行社会改革，例如规定工人的工作日，给工人发放补助金，限制工厂使用童工、女工等。威廉二世改革的目的主要是缓解工人的反抗情绪，争取工人阶级的支持，使社会民主党处于孤立状态。然而工人阶级并没有理会政府的这些让步，继续坚持罢工斗争，维护自己的权益。1894 年，政府抛弃了这种"自由主义"的政策，转而颁布了禁止推翻现行制度的法令，迫害工人阶级和其他政党。紧接着，威廉二世又背弃之前的诺言，废除了保护工人的法令，垄断资本家可以随意延长工人工作时间，对工人实行残酷剥削。垄断资本的压迫以及粮食等商品价格的暴涨，使广大劳动人民的生活陷入更悲惨的局面。

19 世纪末 20 世纪初，德国帝国主义加快了对外扩张的步伐，将矛头对准了亚非地区，疯狂掠夺殖民地。1897 年德国率先强占了中国的胶州湾，次年又攫取了在山东建筑胶济铁路以及开采矿藏的权利，引起了列强瓜分中国的热潮。1899 年，德国利用美西战争和英布战争的时机，占领了太平洋上的马里亚纳群岛、加罗林群岛以及萨摩亚群岛。1900 年，德国出兵参加八国联军侵略中国，并由德军元帅瓦德西担任联军总司令。此外，德国还出兵镇压了义和团运动。

然而，当时的德国仍然对自己占有的殖民地感到不满。此时的德国经济水平已经赶超英法两国，可是德国占有殖民地的数量远远低于英法两国，而列强已经基本瓜分完世界。因此，德国帝国主义试图对世界重新划分，并与英、法、俄等帝国主义展开了重新瓜分世界的斗争。德国的对外扩张策略，不仅加剧与英国的尖锐矛盾，也影响到法、俄的利益，双方的关系顿时变得紧张起来。1903 年，德国与奥斯曼帝国签订条约，由德国出资修建一条横贯欧亚的铁路干线。该铁路起自伊斯坦布尔，经小亚细亚、巴格达直抵伊朗波斯湾，这可将柏林、伊斯坦布尔（拜占廷）、巴格达用铁路连起来。因为三个地区的英文名字开头字母都是以 B 开头，因此得名"三 B 计划"。通过该计划，德国帝国主义不仅可以控制小亚细亚地区，而且可以威胁到英国在印度和北非的殖民利益，成为德国向东方推进的有力工具。

　　为了保障德国的海外殖民地，增强其参与列强瓜分世界的实力，挑战英国的海上霸权，实现最终称霸世界的目的，扩充海军成为威廉二世"世界政策"的重要内容。威廉二世深受美国战略理论家马汉"海上实力论"的影响，极力主张扩充海军力量。他宣称"德国的未来在海上"，要让"海神的三叉戟"——海上霸权掌握在德国的手中。1898 年 3 月，德国国会通过第一个海军预算法案，以后国会又数次通过了扩大海军预算的法案，追加建造军舰的数量。经过数年的努力，德国军舰数量得到大幅增加，不断缩小与英国在军舰数量上的差距。到第一次世界大战前夕，德国拥有 319 艘军舰，海军力量在世界上仅次于英国，位列第二。1905 年，在德军总参谋长阿尔弗雷德·冯·施里芬的主持下，德国制定了东西两线对俄、法两国作战的"施里芬计划"。德国的疯狂扩军使其军事开支不断攀升，1914 年军费达 20 亿马克以上，占到了国家预算的一半。随着德国势力的不断扩张，它与英法等国的矛盾日益加剧，欧洲局势逐渐被推向战争的边缘。

阿尔弗雷德·冯·施里芬
施里芬是"施里芬计划"的创建者，著名的军事理论家，曾参加过普奥和普法战争。

美　国

19 世纪下半叶到 20 世纪初美国进入一个迅速发展、国力大为提升的阶段。美国在国内经济发展迅猛的同时，以拉美地区为主要扩张方向，通过美西战争跻身世界强国之列。

美国的经济发展状况

美国内战废除了黑人奴隶制，为资本主义的工农业发展奠定了基础。大量的移民为经济发展提供了丰富的劳动力。美国移民大部分来自欧洲，一般具有一定的技术和经验，这也为促进其经济发展提供了积极的作用。到 19 世纪下半叶，差不多有 2000 多万移民来到美国。

美国经济飞速发展的另一大助力是美国政府在基础设施上的投入，这其中以铁路建设为代表。到 1853 年，美国已经将西部边界推进到了太平洋沿岸，和现在的版图相差无几。随着美国对西部的大规模开发，美国交通运输上的缺陷日益显现。因此，从 1851 年到 1910 年的 60 年间，美国掀起铁路建设的高潮，平均每年修建 6000 多千米的铁路，其中 1887 年一年就修建了 20619 千米，创世界铁路建设史年修建里程之最。到 1916 年，美国的营运铁路里程已经达到 400745 千米，占世界的 39%。美国已经建成覆盖全国的四通八达的铁路网。

美国经济的发展促进垄断组织逐渐形成，早期比较典型的组织形式是托拉斯。19 世纪 70 年代石油部门出现了托拉斯组织，进入 80 年代以后，纺织、酿酒、制糖、制革、烟草等部门也纷纷出现托拉斯组织，煤炭、钢铁、天然气等行业在 19 世纪 90 年代也实现了托拉斯化。1899 年，托拉斯组织贡献了美国产品总值中的 2/3。垄断组织逐渐朝跨行业方向发展，比如银行资本结合工业资本，成为金融资本。1903 年，摩根财团和洛克菲勒财团已经不是单一的钢铁或石油财团，还控制着上百家的铁路公司、保险公司、银行等。到 1909 年，美国的 3000 家企业贡献了全国总产值的一半，而它们只占美国企业总数的 1%。处在最顶端的金融垄断巨头控制着美国政治、经济、文化的各个方面，甚至还可以左右对外政策，它们才是美国真正的统治者。

美国工业的飞速发展是残酷剥削工人的结果，广大工人并没有享受到太多经济发展带来的实惠，垄断资本家攫取了绝大部分的财富。1889 年就有人估计过，美国大部分的财富掌握在区区 25 万人手中，其中最上层的洛克菲勒、摩根等垄断家族，只占美国家庭总数的 1%，但是他们的收入却占全国总数的 15%。与此形成鲜明对比的是处在社会底层的工人们，1873 年的经济危机令大量人口失业，波及人口达总人口的 1/4。资本家还将危机转嫁到工人身上。从 1873 年到 1877 年，资本家将铁路工人的工资降低了 25%，1877 年夏天，资本家宣布还要降低 10%。这引发了铁路工人的大罢工。罢工波及全国，从东海岸到西海岸的大量铁路工人都参加了罢工。这也是美国历史上第一次全国性的大罢工。

到 19 世纪末，美国还没有关于劳动保障的立法，比如关于劳动时间、工伤、疾病、失业、养老等问题。美国工人为自己争取正当利益而经常举行罢工运动，在 80 年代，工人运动的主要内容是争取 8 小时工作日的斗争。1886 年 5 月 1 日在芝加哥爆发的罢工运动就是为了争取 8 小时工作日，参加的工人达 35 万之多。美国资产阶级政府强力镇压。3 日，芝加哥麦考密克农机制造厂及附近工人举行罢工，前来镇压的警察开枪打死 4 人，打伤多人。次日晚，又有大量工人在秣市广场附近集会，警察前来镇压时，警察雇的破坏分子投出一枚炸弹，一名警察被炸身亡，其余警察立刻开枪，当场打死打伤 200 多人，还有

芝加哥工人大罢工

1886 年 5 月 1 日，以美国芝加哥为中心，在美国境内约 35 万工人涌上街头举行大罢工游行，要求改善劳动条件，实行 8 小时工作制。

数百名工人被捕，史称秣市惨案。工人们的血没有白留，这次罢工运动之后，建筑业等许多行业确立了 8 小时工作制，算是取得了不小的胜利。1889 年，在第二国际成立的大会上通过决议，将芝加哥工人罢工运动爆发的 5 月 1 日定为国际劳动节。

进入 19 世纪 90 年代以后，垄断组织的不断发展导致贫富差距越拉越大、阶级矛盾日益尖锐，罢工运动又掀起了新高潮。进入 20 世纪以后，罢工运动的规模更加广泛，比如在 1913 年前后，有 200 万工人参加了罢工运动。不过因为自身组织不力、政府的镇压、垄断资本家的破坏、国外工人运动领导力量的失误等原因，罢工运动多以失败而告终。

美国的两党政治和对外扩张

内战结束后的 20 年间，也就是从 1865 年到 1885 年都是共和党人担任总统，他们是继任林肯的安德鲁·约翰逊、尤里塞斯·格兰特、拉瑟福德·海斯、詹姆斯·加菲尔德和切斯特·阿瑟。共和党虽然是以反对奴隶制扩散起家，在内战以后也以"拯救联邦""解放黑人"自诩，但是在执政时并没有将解放黑人的事业进行到底，同时逐渐清除了党内的小资产阶级民主分子。就这样，共和党成为代表大工业资本家、银行家利益的政党。民主党背后的基础没什么变化，依然是代表大种植场主、富农、南部的大资产阶级等利益的政党。随着美国帝国主义的发展，两党在政治上利益诉求的差别在逐渐弥合。1885 年，民主党人格罗弗·克利夫兰当选总统，结束了共和党人垄断总统职位 20 年的历史。此后到第一次世界大战前又形成两党轮流执政的局面。

不过，是民主党人还是共和党人当总统并不能说明美国的政治走向。随着垄断组织的发展，垄断金融资本家们逐渐掌控了国家的方方面面，他们才是美国真正的统治者。所谓的两党执政，不过是在他们操纵下的用来掩人耳目的程序而已，无论哪一党上台执政，都不会损害他们的利益。比如托拉斯这种垄断形式出现以后，曾在广大民众中引起了不小的反感和恐惧，他们要求对其进行限制。于是，在 1888 的大选当中，民主党和共和党都向选民宣传，上台后制定反托拉斯法。但是在大选以后，政府并没有急于推动国会进行立法。1890 年国会通过《谢尔曼反托拉斯法》以后，联邦政府也没有立刻推行有力的措施进行落实。据统计，1904 年美国有 445 家托拉斯，有近 9000 家公司被它们合并。

在这 445 家托拉斯中，有 366 家是在 1891 年以后组成的，也就是说，1904 年美国的托拉斯企业中的 82% 是在《谢尔曼反托拉斯法》通过以后组成的，可见联邦政府的"反托拉斯战"实际上没起多大的作用。

美国的垄断资产阶级并不满足剥削本国的劳动人民，还积极对外扩张。在全球范围内，因为建国晚等原因，美国是"下手"比较晚的。在 19 世纪末，美国不甘落后，奋起直追。

美国对外扩张的首要目标区域是美洲。1889 年，在美国的倡议下华盛顿召开第一次"美洲国家国际会议"，又称"泛美会议"。会议成立了"美洲共和国国际联盟"。不过，这次会议从会议召开到组织的正式成立都是由美国主导的。美国利用这些手段对美洲其他国家进行控制，打出了"泛美主义"的旗号，这是门罗主义在帝国主义阶段的发展结果。

进入 20 世纪以后，在西奥多·罗斯福（1858—1919 年）和威廉·塔夫脱（1857—1930 年）两任总统在任期间，先后提出"大棒政策"和"金元外交"，主要施用地区就是拉美地区。大棒外交是由总统罗斯福提出的，他在一次演讲中曾引用了这样一句非洲的谚语："手持大棒口如蜜，走遍天涯不着急。""大棒"即武力的象征，"大棒政策"即用武力威胁、战争讹诈的手段迫使目标国家屈服。1903 年美国为了更好地控制巴拿马运河，于是策动巴拿马从哥伦比亚独立，随后出动军舰，阻止哥伦比亚军队干预。1903 年 11 月 4 日巴拿马共和国

西奥多·罗斯福

正式成立，半个月以后就和美国签订了和巴拿马运河有关的不平等条约，美国彻底掌控了巴拿马运河这一咽喉要道。美国对待加勒比地区的小国多米尼加也是如此。1904 年美国借口多米尼加政府停止支付圣多明各开发公司的债务，出动军队强行接管了多米尼加的海关，将关税的 55% 用来支付多米尼加的外债和内债。这只是多米尼加被美国干涉的开端。美国的"大棒政策"不只限于拉美地区。1904 年，一名美国公民在非洲的摩洛哥被捕，美国出动军舰，以武力相威胁，迫使摩洛哥政府放人。

罗斯福的"大棒政策"遭到很多国家的强烈反抗，因此他的继任者塔夫脱采用了新的政策。塔夫脱说过，要"用金元代替枪弹"；他的国务卿诺克斯说"每个外交官都是推销员"。所谓的"金元外交"，就是鼓励对外投资，美国政府的外交政策也要对此倾斜。美国政府相信对外投资一样可以实现对外扩张的目标。不过，提倡"金元外交"也不是彻底不再用"大棒"，美国政府基本上是根据实际情况灵活运用，两者互相配合，一切都以美国利益为标准。

美西战争

美国的金元外交主要施用在拉美地区，还有中国。1908 年夏天，美国政府积极参加中国的"湖广铁路大借款"活动，这便是金元外交的一个实例。对中国的侵略，美国是晚来者，到 1899 年，英、法、俄、日等国已在中国攫取了大量的利益。9 月美国政府提出"门户开放"政策，承认列强在华既得利益，这是美国准备运用自己迅速增长的经济实力在中国分一杯羹。1900 年美国参加"八国联军侵华战争"，获得了在中国驻兵的权利。

不过，要说美国在 19 世纪下半叶到 20 世纪初，对外扩张中影响最大的举动，还是美西战争。随着美国国内垄断组织的发展，那些垄断巨头们迫切需要新的市场、原料产地以及投资地，因此需要美国对外扩张。但是因为美国建国晚等原因，到了 19 世纪末，整个世界已经被英、法、德等几个老牌大国瓜分完毕，没给美国留下空白。当时美国的力量还不足以和英、法等国抗衡，因此只能另寻目标。最早的殖民主义国家——西班牙成为美国的目标。西班牙虽然是早期开辟新航路、强占殖民地的国家，也曾拥有广大的殖民地，但是几个世纪以来持续衰弱，早已腐朽不堪。西班牙昔日的殖民地大部分都已经独立建国，只剩下美洲的古巴、波多黎各、亚洲的菲律宾等地。美国对这几处殖民地垂涎

美西战争

三尺，从经济的角度来说，美国在古巴有大笔的投资，在蔗糖、采矿等部门有重要的利益，当时美国和古巴的年贸易额达 1 亿美元，比西班牙和古巴的年贸易额还要多。另外，夺取古巴可以进一步共治中美洲和加勒比地区，夺取菲律宾可以以此为跳板，进一步向远东扩张。

当时两地的社会情况也对西班牙非常不利。菲律宾和古巴都爆发了人民起义，西班牙殖民势力焦头烂额。西班牙在古巴血腥镇压起义，美国民众予以谴责，一些主张扩张的人也趁机大造舆论，进行战争宣传。1898 年 2 月 15 日，美国派往古巴首都哈瓦那执行护侨任务的军舰"缅因"号爆炸沉没。美国国内哗然，有人在报纸上打出"记住'缅因'号"的口号，要求对西班牙发动战争，进行惩罚。尽管西班牙在 4 月上旬基本上接受了美国提出的在古巴停火等条件，但是美国的麦金利政府已经下定决心开战，于是在 4 月 25 日对西班牙宣战。

5 月 1 日，美国海军在菲律宾的马尼拉湾歼灭西班牙舰队，随后占领马尼拉。6 月，美军登陆古巴，并于 7 月 3 日在圣地亚哥港外歼灭一支西班牙海军。西班牙还被当地起义部队四处袭击。7 月 25 日，美军占领波多黎各。8 月 12 日，一心求和的西班牙和美国签订停火协议。12 月 10 日，双方签订《巴黎和约》，西班牙承认古巴独立（实际上古巴沦为美国的保护国），同时将关岛、菲律宾转让给美国，美国为菲律宾支付 2000 万美元。另外美国还在美西战争期间兼并了夏威夷群岛。

美国通过美西战争不仅获得了战前预期的几处殖民地，还大大地提升了自己的国际地位，踩着腐朽的西班牙迈进了世界新兴强国之列。

日　本

日本在明治维新以后，大力发展本国经济，同时因为明治维新这场资产阶级革命的特殊性，身背西方列强不平等条约的日本迫不及待走上了对外扩张的道路，先后对孱弱的邻国——朝鲜和中国发动了侵略战争，又和另一个殖民大国俄国发生了冲突，最终日本获胜，跻身世界列强。

日本经济、政治的发展

日本在明治维新以后，建立了以天皇为首的政权，这是一个封建地主阶级和资产阶级联盟的政权。此后明治政府推行一系列改革，由国家出面，兴办了一大批官办企业，包括军事、运输、纺织、缫丝、电信、矿山等行业，其中军工企业尤为发达。明治政府以德川幕府时代的军工企业为基础进行发展，到 1877 年已经发展为以东京和大阪两大陆军工厂、筑地和横须贺两大海军工厂为核心的军工体系。

日本政府还鼓励私人企业发展，给予补助金、贷款、免税等优惠政策。1880 年以后，日本政府将除了军工企业以外的大部分官营企业都低价转让给私人经营。这些企业也成为日本财阀的前身。在政府的鼓励下，日本的私人资本迅速发展，于 19 世纪 80 年代中期开始产业革命，此后一直到 20 世纪初，日本的轻工业部门和重工业部门先后完成了产业革命。

在这一阶段，日本的政治生活也发生了重大的转变。19 世纪 70 年代中期以后，日本出现了著名的自由民权运动，这项运动以反对专制政治、争取自由民主权利为主张。最终在群众的强大压力下，明治政府做出让步，政体开始

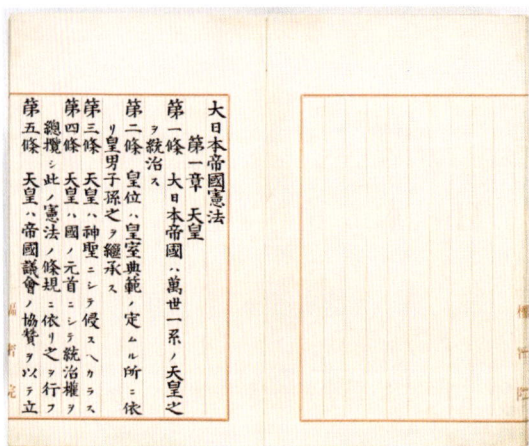

《明治宪法》

《明治宪法》于 1889 年 2 月 11 日颁布，并于 1890 年 11 月 29 日施行。该宪法标志着日本开始有限的宪政统治。

向君主立宪制转变。1885 年，日本废除太政官制，实行内阁制，由总理大臣以及各省大臣出任内阁成员。1889 年 2 月 11 日，日本天皇颁布《明治宪法》，这是亚洲历史上第一部宪法。《明治宪法》明确规定了天皇的至高无上的地位，还有他拥有的政治、军事、法律、外交等无限大权。《明治宪法》以法律的形势最终巩固了明治维新之后的各项改革成果，标志着日本最终确立了君主立宪制政体。

日本政府走上了军国主义道路，这是明治维新的不彻底性所带来的消极影响。明治维新，这一资产阶级改革运动不够彻底，在政治、经济、社会等方面都有较多的封建残余得以保留，比如在农村存留半封建的土地所有制，大部分农民生活困苦，没有任何购买力，因此对于资本家来说国内市场非常小，而当时他们又面临外国商品的竞争。外国商品依靠种种不平等条约而享有种种优惠政策，具有明显的竞争优势。不少封建贵族和武士依旧在明治政府中掌握着实权，控制着军工企业以及军队。他们继承了封建时代武士道的衣钵，但是又面临西方列强的入侵，于是采取了"失之西方，取之东方"的政策，即一边屈服于西方列强的种种不平等条约，一边侵略亚洲的邻国，来弥补自己被西方所掠夺的财富。国家扶植的工商业资产阶级也苦于市场狭小，便和军阀们勾结在一起，主张走军国化的路线，试图通过对邻国的侵略获取高额利润。

日本的对外扩张

1872 年，日本擅自削去琉球国号，改设"琉球藩"。在此之前的几百年里，琉球王国一直是中国的藩属国。1879 年 3 月底，日本又将琉球改设为冲绳县，琉球王国正式覆灭。

不过和弹丸之地的琉球王国相比，中国和朝鲜才是日本侵略的主要目标。1874 年，日本就曾出兵入侵中国台湾岛。1871 年 11 月 30 日，两艘琉球的进贡船前往中国，不幸遭遇风暴，其中一艘漂到了台湾岛西南海岸八瑶湾的牡丹社附近，登陆的 66 人中有 54 人被当地居民杀死，另外 12 人逃到凤山县被清政府保护起来。12 月 28 日又有一艘琉球船漂到了台湾岛，45 名船员被凤山县清政府保护起来。次年 2 月，清政府将前后两批共计 57 名琉球人辗转送回琉球。1874 年，吞并了琉球的日本以其宗主国自居，决定出兵台湾岛。5 月 10 日日军在射寮登陆，此后的两个月间日军虽然占领了一些村镇，但是因热病侵袭，减员严重，于是和清政府和谈，最终结果是清廷赔偿 50 万两白银，史称"牡丹社事件"。这也是日本第一次出兵海外。

随后日本又将侵略的矛头指向朝鲜半岛，1876 年制造"云扬"号事件，以武力对朝鲜进行威胁，迫使其签订《江华条约》，打开了朝鲜的大门。1894 年，日本趁入朝镇压东学党起义之际，对中国发动侵略战争，中国惨败，史称"中日甲午战争"。战后双方签订了《马关条约》，日本获得了辽东半岛、台湾岛、

李鸿章

澎湖列岛，不过俄国对日本在中国东北的扩张行为表示不满，联合德国、法国出面，要求日本放弃辽东半岛。日本被迫放弃，史称"三国干涉还辽"。甲午战争加速了日本向帝国主义发展的过程。

日本在中国的大肆扩张，导致其和另一个殖民扩张大国——俄国发生了冲突。俄国在联合德国、法国迫使日本放弃辽东半岛以后，以清政府"功臣"自居，强迫清政府将中东铁路的修建权交给它；1898 年，又强行租借了大连和旅顺。可以说，日本垂涎的辽东半岛落入了俄国之手。1900 年，俄国趁中国爆发义和团运动之机，参加八国联军侵华战争，加强了对中国东北的控制，并且对朝鲜虎视眈眈。日本被迫放弃辽东半岛，自是非常不甘，提出"卧薪尝胆"的口号，积极进行扩军备战，试图用武力解决和俄国的争端。俄国的大肆扩张也让英国、美国不安。1902 年 1 月，英国和日本签订了《英日同盟条约》，矛头指向俄国。美国也表示支持日本对抗俄国的大肆扩张。到 1903 年，日本的扩军备战基本完成，俄国也希望通过一场战争巩固自己在远东的既得利益，同时缓解国内日益严重的危机。1903 年 8 月，日俄就划分势力范围问题展开谈判，次年 2 月 6 日谈判宣告破裂。

1904 年 2 月 8 日，日本海军偷袭旅顺口的俄国海军太平洋第一分舰队，日俄战争拉开序幕。9 日和 10 日，俄日两国先后宣战。2 月 16 日日本陆军一部在仁川登陆，3 月 11 日主力部队登陆平壤西南镇南浦。5 月 1 日，日军击败俄军鸭绿江防线守军，渡过鸭绿江。5 月 13 日，日本陆军一部在辽东半岛貔子窝（今辽宁省大连市普兰店区皮口）登陆，连克南山要塞、金州、大连，围困旅顺口。8 月上旬俄国被困在旅顺口的海军试图突围至海参崴，10 日在旅顺口

在中国东北地区进行的日俄战争

日俄战争不仅践踏了中国的领土主权，而且让中国东北人民陷入战争的浩劫。

东南28海里的黄海海面上和日本海军展开激战，俄军大败。从此日本掌握了制海权。

在陆上战场，双方于8月在辽阳展开大战，日军获胜占领辽阳，双方隔着沙河对峙。1905年1月2日，日军占领旅顺口。3月，两国陆军在奉天（今沈阳）附近展开决战，日军取得胜利，俄军伤亡、被俘9万人。5月27日，俄国从欧洲赶来支援的海军——波罗的海舰队驶抵朝鲜和日本本土之间的对马海峡，遭遇日本海军优势兵力围攻，俄海军惨败。此战也彻底奠定了俄国的败局。在美国的调停下双方开始议和，1905年9月5日，日俄代表签订《朴次茅斯和约》，日本从俄国手中获得旅顺和大连的租借权，还获得了库页岛的南部，以及中东铁路长春至大连段的管辖权，俄国承认日本对朝鲜的控制。

日俄战争是一场帝国主义战争。两个帝国主义为了争夺利益而矛盾激化，最终动用武力，但是主战场却是在中国领土上进行，软弱无能的清政府竟然宣布"中立"，任由两个强盗在中国厮杀，中国百姓遭受严重苦难。日本通过这场战争在朝鲜和中国东北站稳了脚跟，此后又在1910年彻底吞并了朝鲜。可以说，这时的日本已经走上了和帝国主义列强争霸世界的道路。

日本争霸世界的另一个目的是摆脱列强强加在自己身上的种种不平等条约。到1868年日本开始明治维新时，日本共和11个国家签订了不平等条约，这些国家在日本享有片面最惠国待遇、领事裁判权和关税自主权等权利。日本在明治维新之后，就想卸下这些沉重的包袱，无奈当时国力不强，列强纷纷拒绝日本提出的修约要求。进入19世纪90年代以后，随着俄国在远东的大举扩张，英国和俄国的矛盾激化，英国需要在远东找一个帮手和自己共同对抗俄国。因此英国对日本的态度开始转化，1894年双方签订了《日英通商航海条约》，日本收回了领事裁判权和一部分关税自主权，日本当时称这个条约让日本"*一扫二十年之污辱，跃身于国际友谊伙伴之中*"。从此以后到1897年，日本陆续和美、德、奥等十几个国家签订了与《日英通商航海条约》性质类似的条约。

日本通过中日甲午战争和日俄战争大大提升了自己的国际地位，经济的发展也要求日本彻底摆脱不平等条约强加的限制。1910年，日本向尚和日本有条约关系的11个国家提出修约要求。1911年，美国率先接受修约要求，其他国家纷纷认同。至此，日本彻底收回关税自主权，也彻底摆脱了外国不平等条约的束缚。不过，日本在逐步摆脱别的国家对自己的侵略过程中，也在向近邻的弱国进行侵略的道路上越陷越深。

03

19世纪中后期的亚非地区

　　19世纪下半叶的亚非地区一个普遍的特点是，遭受西方列强殖民侵略程度更加深入，一些之前只是丧失一部分主权的国家丧失了更多的权利，而撒哈拉以南非常落后、政权薄弱的地方，更是彻底沦为列强的殖民地。

中国：晚清时期

19世纪60年代以后，经历了内忧外患的清朝统治者为了维护自身统治，开始寻找新的出路，洋务运动、维新变法等相继兴起。与此同时，列强也加紧了对中国的侵略，使中国半殖民地化程度进一步加深。在民族存亡的紧要关头，中国社会各阶层开始以不同的方式寻找救亡图存之路。

辛酉政变与垂帘听政

19世纪后半期直至清王朝灭亡之前，中国的最高统治权几乎一直掌握在慈禧太后手中。

1861年，咸丰皇帝（1831—1861年）在热河病危。当时，皇子载淳（1856—1875年）不到6岁，因此咸丰帝在临终前命载垣、肃顺等八位亲信大臣辅佐幼帝处理朝政，是为赞襄政务八大臣，也称"顾命八大臣"。咸丰帝驾崩后，载淳即位，是为同治皇帝，咸丰帝的宠妃那拉氏和皇后钮祜禄氏分别被尊为西宫太后和东宫太后，后来她们的尊号分别为慈禧、慈安。

慈禧太后有着极强的政治野心，她刚刚坐上皇太后的宝座，就想独揽大权。她暗中指示手下人提出建议：由于皇帝年幼，不能处理政务，因此要由她和东宫太后慈安共同"垂帘听政"。慈禧太后此举等于公开与顾命八大臣夺权，因此，八大臣以"本朝未有皇太后垂帘"为由予以拒绝。由于当时朝中大权完全由八大臣掌控，慈禧太后只好暂时妥协。

不过，慈禧太后一直没有放弃夺权的努力。她得知慈安太后也对八大臣的做法颇为不满，于是与慈安串通起来，派自己的亲信回北京，与咸丰皇帝的弟

慈禧画像
荷兰画家胡博·华士绘。

弟恭亲王奕䜣密谋发动政变。

奕䜣机智、练达，颇有才干，并且对顾命八大臣心怀不满，因此，他在接到两宫太后的示意以后便决定协助她们除掉八大臣。

1861 年的 10 月，奕䜣以"奔丧"为名来到热河，借机与两宫太后会面。他们密谋许久，最后决定在北京发动政变。此后，奕䜣返回北京，联络在北京、天津一带驻扎的兵部侍郎胜保，做好发动政变的准备。

在护送咸丰帝灵柩回京的时候，慈禧以皇帝年幼为名，只随灵柩走了一天，就与载垣等七位顾命大臣经小路提前到达北京，肃顺则护送灵柩走大路。

11 月 1 日，慈禧刚到北京，就连忙与奕䜣见面。次日一早，奕䜣手捧盖有先帝印章的圣旨，宣布免去肃顺等人的职务，将先行抵京的七位顾命大臣革职查办，严加看管。8 日，慈禧太后发布上谕，否认先帝遗诏，下令将肃顺处死，命载垣和端华自尽，对其他五人也进行了严肃处理。

由于此次政变发生在农历辛酉年，故称"辛酉政变"。政变之后，慈禧和慈安垂帘听政，共掌国是。

1873 年，同治皇帝成年，两宫皇太后被迫归还朝中大权，由皇帝亲自主政。但是，同治帝体弱多病，亲政不到两年便因病去世。由于他没有子嗣，慈禧便得以玩弄权术，安排同治帝的叔伯弟弟载湉（1871—1908 年）继承皇位，是为光绪皇帝。而后，两宫皇太后又得以垂帘听政，重掌大权。

慈安太后对权力并不是很感兴趣，朝中事务多交给精明强干的慈禧处理，因此慈禧的一举一动都对清王朝的内政外交产生着决定性的影响。不过，由于慈安在名分上高于慈禧，因此慈禧也不得不对慈安表示谦恭，凡有重大决定必先向慈安请示，然后才能实施。

1881 年，慈安太后暴死，朝中大权就完全掌握在慈禧一人手中，她也由此成了清朝晚期实际上的统治者。

洋务运动

第二次鸦片战争结束以后，清政府陷入了内忧外患的重重包围之中。一些开明的高级官员主张学习西方列强先进的技术，以实现富国强兵的目标，从而使清政府摆脱困境，走向复兴。为此，他们开展了一场轰轰烈烈的洋务运动。

当时，在是否效法西方资本主义国家的问题上，统治集团内部形成了两个派别——洋务派和顽固派。洋务派在中央以奕䜣、文祥等满族官员为代表，在地方上以曾国藩、李鸿章、张之洞、左宗棠等汉族官员为代表，他们在镇压国内起义、对抗西方列强的过程中认识到了西方先进武器的优越性，因此主张引进西方先进的技术，创办近代企业。顽固派以慈禧太后、大学士倭仁为代表，他们对世界的发展趋势一无所知，愚昧地认为立国之道在于崇尚礼义而不在于提高科技水平。

由于见解不同，两派进行了相当激烈的争论。后来，慈禧太后意识到，在国内起义尚未平息、西方列强对中国虎视眈眈之际，只有依靠实力强大并且深受列强赏识的洋务派的支持，才有可能保住自己的统治地位。因此，她转而支持洋务派的活动，洋务运动由此蓬勃发展起来。

洋务运动内容庞杂，涉及内政、外交、军事、经济、教育等多个领域。

在外交方面，1861 年 3 月 11 日，清政府设立了中国第一个正式的外交机构——总理各国事务衙门，简称"总理衙门"，由奕䜣领导。除了处理外交事务以外，总理衙门还是洋务运动初期各种洋务活动在中央的领导机构。总理衙门下设相关职位以应付对外通商事务。

在军事方面，洋务派以"自强"为口号，一面从西方购进大批先进武器，改造自己的军队，一面在各地设立企业，发展自己的军事工业。1861 年，曾国藩在安庆设立了安庆内军械所，主要生产火药、子弹等。1864 年，清军攻克南京以后，该厂迁至南京，更名为金陵机械制造局。1865 年，李鸿章在上海创办了江南机器制造总局。除了制造枪炮弹药以外，该厂还修造机器和轮船。1866 年，左宗棠在福州马尾创办了福州船政局，它由铁厂、船厂和学堂三部分组成，是当时设备最齐全的新式造船厂。1892 年，时任湖广总督的张之洞在汉阳创建汉阳兵工厂，1894 年建成。该厂从德国购进当时最先进的设备，所生产的步枪、快炮均为当时较为先进的武器装备。

江南机器制造总局制造的后膛钢炮
1888 年江南机器制造总局仿制出阿姆斯特朗后膛钢炮。

为解决由于发展军工事业而造成的财力、原材料短缺的问题，洋务派又以"求富"为口号，发展了一大批民用工业。1872 年，李鸿章开始筹办中国最早的轮船航运企业——轮船招商局。1873 年，轮船招商局正式成立，总局设在上海，并在国内外多个港口城市设立分局。1878 年，身为北洋通商大臣的李鸿章在天津创办了开平煤矿，极大地解决了当时工业部门煤炭短缺的问题。1888 年，时任两广总督的张之洞在广州创办织布局，次年，他调任湖广总督，于是将该厂迁至武昌，并于 1892 年开工生产。该厂产品远销海外，获利颇丰。1890 年，张之洞筹办的汉阳铁厂动工兴建，于 1893 年完工，1894 年正式运营。这是当时中国首家、同时也是规模最大的钢铁联合企业。

在教育方面，洋务派在各地兴建了 30 余所新式学校，用来培养军事、科技、翻译人才。1862 年，著名的翻译机构京师同文馆正式成立，出版了大量西方图书。1872 年至 1875 年，清政府每年向美国派遣 30 名儿童留学，他们后来大多成为了中国的精英人物。

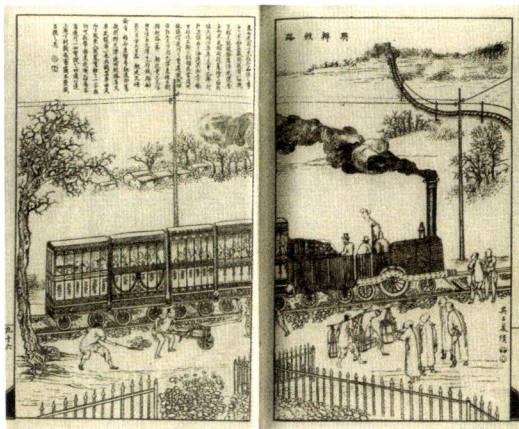

兴办铁路图
1884 年《点石斋画报》刊登了吴子美先生绘制的《兴办铁路》画作，图文并茂地讲述了晚清时期的铁路发展情况。

　　除此之外，洋务派还于 1879 年在天津和大沽之间铺设了中国第一条电报线路，并于 1881 年设立了电报总局。

　　洋务运动一直持续了 30 余年。直到 1895 年，作为洋务运动重点项目的北洋舰队在中日甲午战争中全军覆没，洋务运动也以失败而宣告破产。

　　洋务运动的失败有其自身的原因。首先，洋务派没有触及落后的专制制度，而社会制度是制约生产力发展的根本要素。其次，洋务派自身的专制官僚体制也不利于现代企业的发展。再次，洋务运动是在对外妥协的情况下兴起的，因此无法改变中国半殖民地半封建的社会性质。

　　尽管洋务运动以失败告终，但是它引进了西方的先进技术，开阔了中国人的眼界，对中国日后的发展起到了莫大的推动作用。

中法战争

　　法国从 19 世纪中期就开始入侵中国的传统属国越南。

　　1882 年春，受法国政府的指派，海军指挥官李维业率领数十人占领了河内。次年 3 月，李维业占领了南定。越南皇帝阮福时（1829—1883 年）一面请驻守北越的黑旗军领袖刘永福出兵勤王，一面向清政府求援。

　　清政府命西南边境驻军严阵以待，但是要求他们不得率先挑起事端。5 月19 日，刘永福率领黑旗军在怀德府与法军展开决战，在战斗中击毙了李维业及其手下 30 余名军官、200 余名士兵，法军于是败归河内。法国当局以李维业之死为借口，发动全面侵越战争。8 月，法军一面调兵遣将进攻越南北部的黑旗军，一面派军舰进攻越南中部。越南政府迫于法军的威慑，只得再次妥协，于 8 月 25 日签订了《顺化条约》，承认法国对越南的永久"保护权"。

《顺化条约》签订以后，中国成为法国殖民者占有越南的唯一障碍。为了消除障碍，法国当即禁绝了中越之间的一切关系，并迫使越南政府下令撤离包括黑旗军在内的抗法力量。此后，法军便开始积极部署，并于 10 月 25 日任命孤拔为北越法军统帅，准备对中国发动战争。

1883 年 12 月，中法战争正式爆发。14 日，法军向驻扎在越南北部山西地区的黑旗军、桂军和滇军发起了进攻，并依靠优势装备取得了胜利，于 16 日占领了山西。

1884 年 2 月，米乐接任法军统帅，法军兵力达到了 16000 人。米乐决定进犯北宁，给中国军队造成更大的打击。由于北宁地区军事统帅昏庸无能，军队纪律涣散，因此法军一路势如破竹，连战连捷。3 月 12 日，北宁陷落；19 日，太原失守；4 月 12 日，兴化也被法军占领。

清廷得知前线失利的消息之后，派李鸿章与法国代表进行和谈，中方承认了法国对越南的"保护权"，并同意开放中越边境。法国代表还单方面规定了在北越地区向中国军队"接防"的日期，对此，李鸿章并没有表示认可。

6 月 23 日，法军来到谅山附近的北黎"接防"，并要求清军撤回中国境内。当时，中国驻军并未接到上级命令，因此要求法军稍作等待。没想到，法军竟然枪杀清军代表，并炮击清军阵地。清军只得还击。经过两天的战斗，双方都有大量人员伤亡。法国以此为借口，要求清政府下令撤军，并赔偿军费 2.5 亿法郎。清政府派代表与法国和谈，但是法国方面继续制造事端，从而使战争进一步扩大。

8 月 5 日，法军舰队在基隆强行登陆，督办台湾事务大臣刘铭传率领清军奋力抵抗，法军退回海上。后来，法国政府向中国勒索巨额赔款，清政府没有接受这一无理要求，两国关系就此彻底破裂。

8 月 23 日，法军先期驶入福州马江的军舰向中国船只进行猛烈攻击，清军水师损失惨重。此外，法军还击毁了福州船政局。26 日，清政府正式对法宣战，并积极调派军队到沿海各地严阵以待。

10 月，法军舰队分别进攻基隆和淡水。鉴于兵力有限，刘铭传下令放弃基隆，集中力量守卫淡水，使占领基隆的法军难以继续进兵。1885 年初，法军舰队侵扰镇海，重创清军舰队。但同时，法国军舰也遭到了招宝山炮台中国守军的猛烈还击，孤拔也受了重伤，后来在澎湖岛死去。

法军在海上遭到沉重打击的同时，在陆地上也惨遭失败。1885 年 2 月，法军攻取谅山，而后侵占了镇南关。由于兵力不足，加上后勤补给困难，法军退回谅山一带，伺机再犯。当时，清军将领冯子材受命前往镇南关驻守，并建立了强大的防御阵地。3 月 23 日，法军再次向镇南关进发，结果被清军击败。清军乘胜追击，夺回了法军占领的多个要塞，并重伤法军统帅，使法军陷入困境。

镇南关大捷之后，清政府没有进一步追击法军，而是想借此机会与法国议和。6 月 9 日，中法双方签订了《中法会订越南条约》，条约规定：清政府承认法国对越南的保护权；中越之间应开放贸易；以后中国修筑铁路须同法国商办。此后，中法之间又签订了一系列不平等条约，法国得到了更多特权。

在中法战争中，中国本来有希望获得彻底的胜利，可是由于清政府的软弱、妥协，致使中国在外交上再次失败。

中日甲午战争

19 世纪后期，中国除了受西方列强的侵扰之外，还要面对一个新的敌人——日本。

明治维新之后不久，日本就有了侵略中国的野心。19 世纪 70 年代，日本使用武力吞并了中国的附属国琉球。19 世纪 80 年代，日本又企图驱逐清朝在朝鲜半岛的势力。后来，虽然清军击败了日军，但两国还是签订了《天津会议条约》，规定双方同时从朝鲜撤军，日后两国出兵朝鲜必须相互通知。这为后来发生的中日甲午战争埋下了伏笔。

1894 年，朝鲜爆发了东学党起义，朝鲜政府无力镇压，只得向清朝求援。清政府派叶志超、聂士成领兵赴朝，日本也以协助平叛为名出兵朝鲜。

起义很快就平息下去，朝鲜要求中日两国尽快撤回部队，而清政府坚持要求日本一面先行撤兵。可是，日本不但没有撤兵，还陆续增派援军，其发动战争的意图愈发明显。

7 月 23 日，日军突袭朝鲜王宫，劫持了朝鲜高宗李熙（1852—1919 年），并解散朝鲜亲华政府，成立了亲日傀儡政府。25 日，日本不宣而战，在牙山湾口丰岛西南向北洋水师的军舰发动袭击，丰岛海战就此爆发。在战斗中，日

明治天皇召开御前会议

御前会议是元老、主要内阁成员及军部首脑的联席会议，法制上并无规定。第一次御前会议是 1894 年召开的决定对中国作战的会议。

海军击沉了中国运兵船高升号，引起了清政府的强烈抗议。8 月 1 日，清政府向日军正式宣战，中日甲午战争全面爆发。

丰岛海战爆发以后，清军又遭到了日军在陆地上的袭击。叶志超、聂士成控制下的牙山被日军占领，二人只得率部向北退到平壤。8 月，清政府派出四支军队入朝，与叶志超、聂士成部会合，叶志超被任命为驻平壤各军总统。

9 月 7 日，日军兵分四路进攻平壤。由于主帅叶志超昏庸、胆怯，左宝贵等将领的应敌行动受到他的百般阻挠，结果，日军在 14 日就顺利完成了对平壤城的包围。15 日，日军从三个方向发起进攻。

当时，玄武门是日军的主攻方向，因此这里集中了日军的优势兵力。左宝贵亲自在玄武门指挥战斗，结果不幸被日军的炮弹所伤，英勇牺牲。不久，日军便攻下了玄武门。日军企图向城内推进，但是由于清军奋勇抵抗，日军最终没能如愿。

此时，清军与日军的战斗仍处于胶着状态，如果奋力反击，清军依然有取胜的机会。可是，叶志超贪生怕死，竟然放弃了抵抗，率领全军撤出平壤，狂奔至鸭绿江畔，于 21 日渡江回国。就这样，日军顺利地占领了朝鲜半岛全境。

9 月 17 日，日本联合舰队在鸭绿江口大东沟附近的黄海海面与清军展开了激战。当时，清军的北洋舰队共出动了 10 艘军舰、8 艘附属舰，日军动用了 12 艘军舰。

战斗开始后不久，北洋舰队的旗舰"定远"号就受到重创，失去了指挥能力，主帅丁汝昌也在战斗中负伤。此后，日军舰队分成两路，对北洋舰队进行包抄，使清军处于腹背受敌的不利局面。由于装备老化，并且缺少速射炮，因此北洋舰队在火力上不及日军，逐渐处于下风。

经过 5 个小时的激战，北洋舰队损失 5 艘军舰，伤亡千余人；日军有 5 艘军舰受到重创，伤亡 600 余人。尽管北洋水师损失惨重，但尚未完全战败。可是，李鸿章为了保存实力，命舰队退入威海湾，不许出海迎敌。就这样，日军夺取了黄海的制海权。

黄海海战结束之后，清政府马上派兵镇守辽东。10 月 24 日，日军从两个方向对辽东地区展开攻势：一支部队渡过鸭绿江，攻打虎山；另一支部队在辽东半岛南部登陆，进逼旅顺。由于清军士气不振，加之将领指挥不当，这两处防线相继陷落。

1895 年 1 月下旬，日本海军开始向威海卫北洋舰队基地发起进攻。此时，朝中主和派大肆进行投降活动，从而加速了清军的彻底失败。2 月 17 日，威海卫陷落，北洋舰队全军覆没。日军乘胜追击，迫使清军从辽河东岸全线溃退。中日甲午战争最终以中国的惨败宣告结束。

列强对中国的进一步瓜分

1895 年，中日甲午战争结束后，中日双方举行了和谈。4 月 17 日，受清政府的派遣，李鸿章与日方签订了丧权辱国的《马关条约》。条约中包含如下规定：中国将把辽东半岛、台湾岛及其附属岛屿、澎湖列岛割让给日本；中国赔偿日本军费两亿两白银；开放重庆、沙市、苏州、杭州为通商口岸，日本船只可以驶入各口岸搭客装货。

《马关条约》的签订，进一步破坏了中国主权的完整性，并刺激了列强瓜分中国的野心。

日本占领辽东，严重阻碍了俄国在中国东北地区势力的扩展，因此在《马关条约》签订后不久，俄国就联合法国和德国，对这件事加以干涉。最终，清政府以三千万两白银为代价从日本人手中"赎回"了辽东半岛。

此后，列强接踵而至，不断地在中国攫取利益。

1896 年，俄国利用中国在中口甲午战争中的惨败，以"共同防御"日本为理由，对中国进行威逼利诱，最终签订了《中俄御敌互相援助条约》，亦称《中俄密约》。条约规定：俄军战舰可以驶入中国任何一处口岸；俄国有权修筑从中国的吉林、黑龙江直到海参崴的铁路。1898 年，俄国进一步迫使清政府签订《旅大租地条约》，将辽东半岛划入俄国势力范围。

1898 年，德国以"迫日还辽"有功为由，迫使清政府签订《胶澳租借条约》，使青岛沦为德国殖民地。

英、法两国看到俄国和德国取得了巨大利益，自然不甘落后，于是也向清政府提出了划分各自势力范围的要求。早在 1895 年，法国就在俄国的支持下强行占据了云南边境的一些地区，并强迫清政府承认法国在云南、广西、广东三省优先开矿的权益。1898 年春，法国又逼迫清政府不得将此三省让予其他国家，同时取得了管理中国邮政、修筑滇越铁路的特权。1899 年 11 月，清政府与法国签订了《中法互订广州湾租借条约》，将广州湾及其附近海面租借给法国，从此，云南、广西、广东三省的大部分地区都被划入了法国的势力范围。

随着法国在南部沿海地区势力的不断加强，英国也逐渐感觉到了压力，于是以法国势力将威胁香港安全为由，要求清政府扩展香港界址。1898 年 6 月，清政府被迫签订了《中英展拓香港界址专条》，将新界划为英租界。为了防止俄国势力向南扩展，英国又于 1898 年 7 月强租了威海卫。1898 年 2 月，英国还要求清政府不得将长江沿岸各省让予其他国家。

日本看到各国列强不断地在中国瓜分势力范围，也逐渐不满足于从《马关条约》获取的特权。1898 年 4 月，日本要求清政府不得将福建省内各地让予其他各国。从此，福建也成为日本的势力范围。

1899 年 9 月，美国结束了与西班牙的战争，立刻把目光转向中国，要求清政府实行"门户开放""利益均沾"的政策。这一政策不仅使美国的在华利益避免了从其他各国的势力范围内被排挤出去的危险，还使美国的触手得以伸入别国的势力范围，享受与其他各国相同的特权。

总之，在 19 世纪末的最后几年里，帝国主义列强既相互勾结，又相互争夺，掀起了瓜分中国的狂潮，中国的半殖民地化程度也随之进一步加深。

维新运动

中日甲午战争之后，随着民族危机的进一步加深，中国人的民族意识被激发出来，这在很大程度上为中国变法运动的产生与发展提供了社会基础。"戊戌变法"就是在这种条件下发生的。

1895 年 4 月，李鸿章代表清政府在日本签订《马关条约》的消息传到北京，立刻引起了在京应试的举人们的强烈反对。在康有为的带领下，1300 多

《变法通议》

《变法通议》是维新派领袖梁启超在戊戌变法之前创作的政论文章，是宣传维新思想的代表性作品。

名举人联名上书皇帝，提出拒和、迁都、练兵、变法等主张。这件事轰动了全国，并揭开了维新变法的序幕。

1895 年 8 月，康有为、梁启超在北京出版了《万国公报》后改名（《中外纪闻》），并创立强学会，大力宣扬变法理论。1896 年 8 月，黄遵宪、梁启超等人在上海创办了《时务报》，从此，这份报纸就成了维新派宣扬变法理论的舆论中心。1897 年，严复在天津创办《国闻报》，成为维新派的又一个舆论阵地。1898 年 2 月，谭嗣同等人在湖南成立了强学会，并创办了《湘报》。

在维新派的宣传鼓动下，国内议论时政的风气日盛。到了 1897 年底，全国各地已经建立了 33 个宣扬变法自强理念的学会、17 所新式学堂，出版了 19 种报刊。到了 1898 年底，各类学会、学堂、报馆已达到 300 多个。

随着列强瓜分中国的进一步深入，举国上下群情激奋，维新派强烈要求把维新理论推向实践。1897 年 12 月，康有为第五次上书光绪皇帝，陈述了中国的危急情况。1898 年 1 月，康有为呈上《应诏统筹全局折》，要求光绪皇帝尽快下令发起变法运动。4 月，康有为、梁启超在北京成立保国会，为变法运动做了最直接的准备。

在维新派人士的大力推动下，1898 年 6 月 11 日，光绪皇帝正式颁诏，宣布变法。因为这一年是中国农历的戊戌年，所以此次变法被称为"戊戌变法"。从 6 月 11 日开始直到 9 月 21 日慈禧太后发动戊戌政变为止，这场变法运动总共持续了 103 天，因此也称"百日维新"。

这次变法涉及教育、经济、政治、军事等多个层面。

在教育方面，光绪皇帝下令兴建京师大学堂，兼顾中西学科；各省会城市设立高等学堂，州县设小学，并鼓励私人办学；派遣皇族成员出国留学；废除八股考试，改考政治、历史、时务等，并定期开设经济类考试；设立译书局，鼓励著书及发明创造。

在经济建设方面，以康有为为首的维新派主张以工商立国。由于官办企业弊病颇多，因此他们积极鼓励民办企业。他们还设立了铁路矿务总局和工农商总局，又在全国各省设立分局。在农业方面，他们还开设农会，刊印农报，引进西方农业技术。

在政治方面，维新派首先提出裁汰冗员；准许地方官与普通士民阶层上书；改《时务报》为官报，创立京师报馆。除此之外，康有为还有很多没有发表的新政，如实行满汉平等政策，设立国会，制定宪法，由皇帝亲自领导军队，断发易服，改国号为"维新"，迁都上海等。

维新运动的一些措施，尤其是政治改革方案从一开始就受到了保守派人物的抵制，这也预示着维新派将会与保守派进行一场殊死较量。

当时，光绪皇帝虽然亲政，但是清朝的实际权力仍然掌握在慈禧太后手中，而慈禧太后又是维新变法运动最大的障碍。为此，维新派决定使用武力勤王。9 月 16 日，光绪皇帝召见统率北洋新军的袁世凯，提拔他为侍郎候补。与此同时，保守派头子、直隶总督荣禄以英俄两国开战为由，催促袁世凯速回天津。

光绪皇帝

1898 年 6 月 11 日，光绪皇帝力排众议，进行"戊戌变法"。9 月 21 日，慈禧太后发动戊戌政变，推翻新政，将光绪皇帝囚禁于中南海瀛台涵元殿。

9 月 18 日，谭嗣同来到袁世凯的住处，与他商议诛杀荣禄、控制慈禧太后等有关事宜。9 月 20 日，袁世凯回到天津，将维新派的计划透露给荣禄。9 月 21 日，慈禧太后临朝并宣布戒严，下令幽禁光绪皇帝，废除新政，并大规模搜捕维新派人士。就这样，维新变法运动仅仅维持了 103 天就宣告结束。

义和团运动与八国联军侵华

慈禧太后发动戊戌政变之后，一面下令搜捕维新派，一面将光绪皇帝软禁起来，企图废帝改立。她的这一系列行为遭到了各国的强烈反对，为此，她一直耿耿于怀。再加上列强不断在中国划分势力范围，慈禧太后的仇外情绪进一步增长。

当时，中国下层民众对列强的侵略行径一直都很反感。尤其是在山东，民众与教堂之间的仇怨颇多。1897 年，山东冠县梨园屯村民与教堂发生冲突，威县梅花拳师赵三多受村民阎书勤的邀请前去援助。后来，赵三多改称梅花拳为义和拳。1898 年 6 月，山东巡抚在给朝廷的奏章中首次指出义和拳就是"义和团"，属于乡团组织。这一年 10 月，义和团竖起了"反清复明"的大旗，但是遭到清军镇压。1899 年，义和团又举起"扶清灭洋"的旗号，但是再次遭到镇压。

1899 年，袁世凯就任山东巡抚，此后他一直对义和团持敌对态度，并于 1900 年 6 月血腥镇压义和团运动。为了另谋出路，义和团开始向直隶地区转移。尽管清政府多次出兵镇压，但是义和团运动发展势头迅猛，已经呈现出燎原之势。

义和团运动的迅速发展使列强深感不安，他们要求清政府采取有效措施尽快将义和团消灭。面对列强的压力，慈禧太后多次下令剿灭义和团，但是一直难以扑灭。于是，列强开始向北京大规模派遣"使馆卫队"，这对清政府构成了严重威胁。

列强咄咄逼人的态度令慈禧太后极为不满。1900 年 1 月，她发布了维护义和团的命令。此后，清政府便转而支持义和团，并提供大笔资金。在这种形势下，义和团成员大批涌入直隶地区，大肆烧教堂、杀洋人、毁洋物，中外关系骤然紧张起来。

6 月 10 日，北京各使馆与外界通信中断，于是各国开始商议派兵进京。11

日，英国军官西摩尔率领英、法、俄、美、日、德、意、奥八国军队组成的联军从天津出发，兵锋直指北京。

6月21日，清政府以光绪皇帝的名义向英、法、俄、美、日、德、意、奥、西、比、荷十一国同时宣战，并鼓励义和团捕杀在京洋人。

八国联军尽管在行军途中遭到了义和团及清军的阻挡，但是依然步步逼近。7月14日，八国联军占领了天津。8月14日，联军抵达北京城外。经过两天激战，八国联军攻克了北京各城门，随即便进城与清军展开巷战。到了16日晚，北京城已经基本被八国联军占据，慈禧太后立刻带着皇室成员仓皇出城，逃往西安。

在逃亡途中，慈禧太后下令各地官兵剿灭义和团。就这样，义和团运动在中外势力的联合绞杀之下宣告失败。

同时，清政府还派庆亲王奕劻和李鸿章与各国谈判。10月，李鸿章到达北京，开始与各国和谈。1901年9月7日，清政府与十一国代表签订了《辛丑条约》。根据条约规定：清政府应向各国赔偿白银4.5亿两；永远禁止中国人参加"与诸国仇敌"组织；列强可以在北京驻扎使馆卫队。

董军门杨村设计敌西病图
此图用春秋笔法表现了反抗八国联军的一些胜利：清将董福祥联合义和团进行廊坊阻击战，迫使西摩尔联军在6月18日从廊坊退回，被包围在杨村，损失较大。图中配文是"七月十四日，各西兵至杨村。西官命兵士搭桥过河攻营，被董军门内李鉴帅暗设地雷，分兵杀出。西兵大败，十死其半"。

　　《辛丑条约》是清朝晚期赔款数额最大、主权丧失最为严重的不平等条约，它的签订标志着以慈禧太后为首的晚清政府已经沦为"洋人的朝廷"，彻底成为列强统治中国的工具。

清末"新政"与立宪运动

　　八国联军侵华以后，清政府已经无法应付当时的局势，再加上严重的财政亏空，使清朝统治者不得不寻找维护自身统治的途径。从 1901 年开始，清政府实行了一系列"新政"改革措施。

　　1901 年 1 月 29 日，慈禧太后以光绪皇帝的名义下令筹划推行新政。4 月 21 日，又下令成立了督办政务处，作为实行"新政"的专门机构。

　　"新政"主要涉及教育、经济、军事、官制等内容。

　　在教育方面，清政府大力倡导兴办学堂。1901 年 9 月 4 日，清政府下令，将各省书院改成大学堂，各府及直隶州设中学堂，各县设小学堂。1904 年 1 月 13 日，颁布《重订学堂章程》，对各级学堂的章程和管理体制作出了详细规定。1905 年 9 月 2 日，光绪皇帝批准了袁世凯、张之洞的提议，下令废除科举制。此外，清政府还要求各省出资选派学生到国外留学，对于自费留学的学生，与公派留学的同等对待。

　　在经济方面，清政府于 1903 年 9 月设立了商部，积极倡导官商创办工商企业。此后，朝廷又颁布了一系列工商业章程和奖励措施，以鼓励发展民族工业。

　　在军事方面，清政府下令组建并训练"新军"。为此，清政府投入了巨大的财力。1901 年 8 月 29 日，清政府下令废除武举考试，并于 9 月 11 日命令各省效仿北洋、两江模式筹建武备学堂。12 日，又命令各省裁汰旧军。随后，编练新军的工作就在全国范围内展开。1903 年 12 月，清政府设立了练兵处，任命袁世凯为练兵大臣。此外，各省还设立督练公所作为其领导编练新军的机构。

　　在官制方面，清政府通过裁汰、合并的方式精简了一批行政机构，同时根据需要增设了一些机构。例如 1901 年 7 月，总理衙门被撤销，改设外务部。此外，清政府还废除了捐纳买官制度。

　　"新政"虽然声势浩大，但对维护清朝统治并没有起到太大作用。首先，实施"新政"以后，各地需自主筹款，费用要由广大人民来承担，这就加深了国内的阶级矛盾。其次，清政府虽然对行政机构进行了大刀阔斧的改革，但是依然存在新旧机构重叠的现象。因此，就连清政府也不得不承认"数年以来，规模虽俱，而实效未彰"。

1905 年，在日俄战争中，日本以一个小国身份战胜了地大物博的俄国，这给清朝统治者造成了极大触动。当时，人们普遍把这场战争的结果与国家政治制度联系在一起，认为日本之所以能够战胜俄国，是因为君主立宪制优于专制主义。

1905 年，清政府派载泽、端方等 5 位大臣出国考察。他们走访了 14 个国家，通过耳闻目睹，认识到了专制主义的弊端，认为中国若想生存，就必须采用立宪政体。1906 年，他们向慈禧太后提出了改革意见。当时，朝中很多重臣都支持立宪，而慈禧太后最关注的却是皇权。载泽等人在强调立宪之利的同时也指出："今日宣布立宪，不过明示宗旨为立宪预备，至于实行之期，原可宽立年限。"清廷注意到了"预备"二字，于是在 9 月 1 日颁布了《宣示预备立宪谕》。此后，立宪运动便迅速发展起来，各地也纷纷成立立宪团体。

1908 年 8 月，清政府又宣布立宪以 9 年为限，并颁布了《钦定宪法大纲》，规定皇帝享有颁布法律、设立官制、解散议院、总揽司法、统帅军队等权力，

末代皇帝——溥仪

爱新觉罗·溥仪，1908 年即位，1912 年辛亥革命爆发后，被迫退位，是清朝最后一位皇帝。他后来在张勋复辟时期以及伪满洲国时期又重新被扶上皇位，成为傀儡皇帝。

这实际上反映了统治者在立宪问题上的虚伪。

这一年的 11 月，光绪皇帝和慈禧太后相继去世，溥仪即位，即宣统皇帝。为了稳定人心，清政府在次年 3 月重申预备立宪，并命令各省成立谘议局。1910 年，各省谘议局三次请求尽快召开国会。清政府不得已只好将预备立宪的限期由 9 年缩短至 5 年，定于 1911 年成立内阁，1913 年召开国会。

到了 1911 年 5 月，清政府组建新内阁。在 13 名国务大臣中，汉族官员仅 4 名，蒙古旗人 1 名，满族官员 8 名，其中又有 5 人属于皇族。因此，这一机构又被人戏称为"皇族内阁"。至此，清政府预备立宪的谎言彻底暴露，立宪派的幻想也完全破灭。

此时的清王朝行将就木，已经无力回天。与此同时，国内外的革命力量正在积极活动，民主运动也更加高涨。一场革命风暴正在酝酿之中，清王朝的专制统治即将走向毁灭。

晚清时期民族资本主义的发展

晚清时期，随着西方势力的涌入，中国固有的经济格局被打破，原本不受重视的工商业艰难曲折地发展起来，正是这一时期中国经济的主要特点。

19 世纪中后期，外国大量向中国倾销工业产品，对中国封建经济造成了巨大破坏，同时也推动了中国商品经济的发展。一方面，自然经济遭受破坏使中国商品市场规模不断扩大；另一方面，破产的农民也为资本主义的发展提供了充足的劳动力资源。

持续了 30 余年的洋务运动对于中国资本主义的发展起到了至关重要的作用。洋务派的军事工业带有从封建主义向资本主义过渡的性质，而民用工业则基本上属于资本主义性质。民用工业无论是在产品销售、盈利模式还是劳资关系方面都有了资本主义因素，因而对中国近代资本主义生产方式的出现产生了较强的刺激作用。到了 19 世纪 70 年代，中国民族资本主义工业开始萌芽，很多旧式手工工场也开始改用外国先进的机器设备进行生产，从而转化为近代企业，官僚、商人、地主、买办等也开始投资近代机器工业。

据统计，从 1872 年到 1894 年，中国国内资本超过万元的企业共有 54 家，其资本总额约为 480 万元。受资金、政策等诸多因素的影响，这些企业主要集

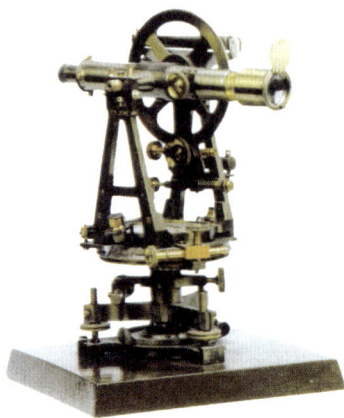

詹天佑测绘京张铁路使用的仪器
詹天佑是中国近代杰出的铁路工程师，主持修建
了中国自行设计修筑的第一条铁路——京张铁路。

中在缫丝、纺织、面粉、印刷等轻工业行业，在重工业方面实力薄弱。

中日甲午战争以后，清政府无力对近代新式企业实行垄断，于是准许私人办厂。从 1895 年到 1898 年，民办工矿企业有了较快发展，规模较大的有 60 余家，其资本总额超过 1200 万元。另外，棉纺业的发展势头也异常迅猛。这一阶段民族资本主义迅速发展主要有以下几个原因：第一，受外国在华企业高额利润的刺激，许多华商纷纷创办新式企业以牟取暴利；第二，民族资产阶级和一大批爱国人士坚决抵制外国企业，纷纷呼吁"设厂自救""实业救国"。就这样，在 19 世纪末期，中国民族资本主义有了初步发展。

然而，民族资本主义从产生之日起就受到了中国封建势力和外国资本主义的牵制。首先，国内的封建势力一直阻碍着民族企业的发展。统治阶级利用封建特权，不断对民族企业敲诈勒索，极大地削弱了企业的经济实力。洋务派通过行政手段垄断新式工业，严重束缚了私人工矿企业的发展。至于朝中的顽固派，更是从根本上反对资本主义的生产方式，严禁民间办厂。其次，外国资本主义也对中国民族资本主义的发展起到了抑制作用。列强为了维护在华利益，采用种种手段破坏中国民族工业。他们利用在华特权，在原料、价格、市场等方面与中国民族资产阶级竞争，挤垮、吞并了许多民族企业。因此，晚清时期的民族资本主义一直没有得到正常发展。

西学东渐的第二个浪潮

19世纪中叶，清王朝闭关锁国的局面被西方列强的坚船利炮打破以后，随着东西方文明的不断碰撞，"西学东渐"的浪潮再度兴起。与明末出现的第一次"西学东渐"相比，此次浪潮势头更猛，内容更广，影响力也更大。

鸦片战争以后，一批开明的政治家和学者感受到了西方科技的威力，也认识到中西物质文明的巨大差距。于是，魏源等人提出了"师夷长技以制夷"的口号，希望通过学习西方近代科技以发展中国的物质文明，从而抵御外侮、振兴中华。

在"西学东渐"浪潮的冲击下，统治集团内部有越来越多的人冲破了"闭关自守"的陈腐观念，摒弃了"祖宗之法不可变"的僵化信条，转以"中学为体、西学为用"为指导思想。当然，此时的中国人依然对中华文化持有盲目的优越感，并且没有认识到西学在思想文化层面上的真正价值，他们大多认为西学的优势在于器物、制度，而在思想道德方面，中国文化更胜一筹。不过，"中体西用"学说毕竟为西学在中国的传播找到了立脚点，并且让中国人接触到了外国的新鲜事物，这对中国日后的社会改革起到了铺垫作用。

在洋务运动期间，中国的社会结构发生了明显变化：随着近代企业的建立，中国出现了最早的产业工人；为了推广西学，旧式书院逐渐转化为新式学堂；知识分子当中科技人员的比例不断提高。这些新生事物像新鲜血液一样推动着中国社会的"新陈代谢"，不断地置换着专制王朝的余毒。

中日甲午战争之后，中国人对于西学又有了更深层次的认识。以严复为代表的先进知识分子开始向国人宣扬西方资产阶级的社会学说及民主政治。1897年，严复翻译的《天演论》问世。在书中，他用进化论观点为沉睡已久的国人敲响了警钟。他仔细研究了卢梭等启蒙学者的政治理论，对专制制度进行了大胆抨击，为资产阶级改革提供了有力的思想武器。值得一提的是，他突破了"中体西用"的观念，创造性地提出了"自由为体，民主为用"的命题，并且认为"体"与"用"应当混为一体，不可割裂。他进一步指出，民主制度并不是西方之"体"，而只是"用"，自由才是西方政治制度的精髓所在。他的这些观点不仅使中国人对于西学的认识水平上升到了新的高度，同时也为后来的资产阶级民主革命运动提供了舆论支持。

在以严复为代表的一大批先进知识分子的努力下，"西学东渐"运动被逐渐推向了高潮，世界开始走进中国，中国也开始走向世界。

严复

严复（1854—1921 年），原名宗光，字又陵，后改名复，字几道，近代极具影响力的资产阶级启蒙思想家，著名的翻译家、教育家。

亚洲其他国家

亚洲的朝鲜、印度、越南等国家也没有逃脱被西方殖民者入侵的命运，这些国家的民众也曾试图通过一些改革或者武装起义摆脱被奴役的命运，但是大多以失败告终。

朝鲜：《江华条约》和甲午农民战争

19 世纪中期以后，李氏王朝统治下的朝鲜成为帝国主义列强觊觎的对象。1866 年，法国和美国相继试探入侵，但是一时没有得手。随后而来的是和朝鲜一水之隔的日本。历史上日本一直对朝鲜垂涎三尺，早在 16 世纪末就对朝鲜发动过侵略战争，最终在中国明朝和李氏朝鲜的联合打击下败退。日本也想侵略中国，因此对朝鲜的觊觎也包含这样一层含义：以朝鲜为跳板，进而侵略中国。

1875 年，日本政府决定用武力打开朝鲜国门，派出"云扬"号等 3 艘军舰前往朝鲜。3 艘军舰于 5 月底和 6 月先后进入朝鲜海域，肆意挑衅，同时进行军事侦察、测量，朝鲜政府束手无策，直到 7 月 1 日日本自行撤回以后才松了一口气。但是，日本在 9 月卷土重来，9 月 19 日，"云扬"号等 3 艘日本军舰驶入江华湾，这里是汉江的入海口，也是朝鲜首都的门户所在。20 日，"云扬"号向北航行，试图在江华岛草芝镇的炮台附近登陆，遭到当地朝鲜驻军的猛烈还击，最终没有得逞。次日，日军偷袭丁山岛，杀害大量居民。22 日，"云扬"号在永宗镇登陆，在镇上大肆屠杀抢掠。9 月 24 日，3 艘日本军舰撤出江华湾回国。史称"'云扬'号事件"或"江华岛事件"。

1876 年 1 月，日本又派 7 艘军舰前往朝鲜兴师问罪，朝鲜政府内主和派占据上风，双方议和。2 月 27 日，日本和朝鲜签订了《朝日修好条规》，主要内容有：朝鲜开放釜山等 3 处口岸，允许日本人在开放口岸设领事馆、经商、居住等，允许日本人在朝鲜水域自由测量、绘制海图。《朝日修好条规》又称《江华条约》，这是朝鲜同资本主义列强签订的第一个不平等条约，朝鲜主权严重受损，闭关锁国时代宣告终结。

《江华条约》签订以后，日本打开了朝鲜的经济大门，大量日货涌入朝鲜。同时朝鲜的大量农产品被掠夺出口，封建农业经济遭遇极大损害。李朝政府对外屈服列强势力，对内加紧盘剥压榨，苦不堪言的下层民众不断爆发起义，反抗残暴统治。1882 年 7 月 23 日，朝鲜旧式军队士兵因为常年被拖欠薪饷、饱受歧视等原因爆发起义，捣毁数处政府机关，汉城（今韩国首尔）市民奋起响应，起义很快扩展到仁川一带，日本公使狼狈逃回日本。8 月中旬，日本、清廷出兵朝鲜，镇压起义。月底，起义被平定，史称"壬午兵变"。事后日本强迫朝鲜政府签订了数个不平等条约，朝鲜的半殖民地程度进一步加深。

朝鲜的封建统治阶级在东西方的资本主义势力入侵以后，分化成守旧派和开化派两个派别。开化派以金玉均、洪英植等为代表，在受到实学派思想启蒙的同时，对西方的资本主义也产生了兴趣，主张仿效日本的明治维新进行改革。但是开化派错误地判断了日本对朝鲜的侵略本质，因此希望借助日本的力量夺取政权。日本想借助开化派之手清除清朝在朝鲜的势力、进一步侵略朝鲜，因此在政治、经济、军事等方面向开化派提供援助。1884 年 12 月 4 日，开化派在日本军队的帮助下，趁新建邮局落成典礼之机而发动政变，杀死多名守旧派

金玉均
金玉均（1851—1894 年），朝鲜近代著名
的政治家、改革家，朝鲜开化派的领袖。

主要成员，成立了以金玉均等人为首的新政府，并于次日颁布改革纲领。但是
6 日，守旧派就在清朝军队的援助下卷土重来，重掌政权，金玉均等人逃亡日
本。1884 年是甲申年，因此这次失败的政变被称为"甲申政变"。

1894 年爆发的农民起义规模宏大，史称"东学党起义"，沉重地打击了朝
鲜的封建专制统治和日本侵略者。1894 年 2 月 15 日，不堪压迫的古阜地区农
民在东学党领袖全琫准的领导下发动起义，附近农民纷纷响应，很快就占领了
不少州县。6 月，起义军击败前来镇压的政府军，政府方面于是改变策略，以
日本和中国两国出兵相威胁，双方于 6 月 10 日签订《全州和约》，暂时休战。
不过在 11 日之前，帮助朝鲜政府镇压起义的中日两国军队已经先后到达朝鲜。
朝鲜政府已经和起义军方面休战，于是要求两国撤兵，但是日本方面非但不撤，
反倒持续增兵，因为日本早就想侵略中国，这次乃是天赐良机。月底，日本找
借口对清朝军队发动进攻，中日战争爆发，这就是著名的甲午中日战争。

到 9 月底，清军已经被日军打回中国境内，10 月起，全琫准率领起义军北
上，准备推翻亲日傀儡政府，驱逐日本侵略者。不过因为实力悬殊，11 月底起
义军溃散。11 月 20 日全琫准被叛徒出卖而被捕，并于次年 3 月在汉城英勇就
义。东学党起义最终失败。

印度：早期民族主义启蒙运动

罗姆·摩罕·罗易（1772—1833 年）是印度民族改良主义的创始人，被称为印度近代民族复兴的先知。他出生于一个婆罗门地主家庭，从小接受伊斯兰教育，曾供职于东印度公司，在 1814 年辞职后投身于社会改良活动，曾有过依靠英国殖民者进行社会改革的幻想。他主张学习西方的长处，对印度社会的弊端加以改革。比如他反对种姓制度和寡妇殉夫的陋俗，认为应该对欧洲人实行同样的裁判权，殖民机构应该吸收印度人等。他从宗教入手开展启蒙运动，提出"梵是唯一的神"的学说，于 1828 年创立了梵教派。这种敢于触犯宗教信条的行为，是资本主义兴起阶段希望摆脱封建思想束缚的一种表现。他还倡导建立近代学校，创办民族报刊，使人们得到启蒙，接触到西方先进的思想和科学技术。他的政治活动可以总结为：为印度人争取公民权，并进一步实现民族主义改革。他认为这种改革对殖民者的统治也有好处，希望采取温和的方式游说英国的殖民当局以减少阻力，因此拒绝采取农民斗争的形式。他的活动是印度资产阶级运动的开端，具有重要的历史意义。

印度的资产阶级民族运动和工农运动在 19 世纪中后期得到了迅速发展，除了 1828 年建立的梵教派之外，资产阶级改良主义者还在 1870 年建立了印度改革协会，在 1875 年建立了印度协会和雅利安人协会。他们提倡争取民族独立并进行社会改革，提出了一系列相应的主张。加尔各答的印度协会在 1883 年召开了第一次全印度代表大会，参加者来自孟加拉、马德拉斯、孟买和联合省等地。这一时期，孟买、加尔各答、马德拉斯等沿海城市的产业工人总数已经超过 50 万，殖民主义和资本主义的残酷剥削引发了多次罢工。印度在 19 世纪后期还发生了 24 次饥荒，多达 2850 万人被饿死，各地爆发了多起农民起义。英国殖民者对所有反对英国统治的暴乱都进行了坚决的镇压，同时采取分化政策，对印度的地主资产阶级上层和知识分子大加笼络，以防止资产阶级与工农运动相互结合。经过英国殖民当局和印度地主资产阶级的共同商议，1885 年 12 月 28 日，全印国民代表大会在孟买召开，正式成立印度国民大会党（简称国大党）。出席会议的代表中，资产阶级知识分子占 50%，地主占 25%，另外 25% 是商人和高利贷者。会议要求自治和民族平等，代表地主和上层资产阶级的利益，对英国表达了忠诚的态度。不过，国大党很快就分裂成保守派和激进派。保守派的首领是巴纳吉，他们掌握领导权，向英国妥协，代表的是地主和上层资产阶级的利益。激进派的首领是巴尔·甘加达尔·蒂拉克，他们认为应

·

该暴力推翻英国的殖民统治。蒂拉克对殖民者的暴行加以揭露，使马拉特青年受到了民族主义和爱国主义的熏陶，其影响逐步扩大，成为 19 世纪末 20 世纪初印度民族运动的卓越代表。

越南：农民游击战争和勤王运动

1802 年，阮福映（1762—1820 年）消灭了西山朝，实现了越南的统一。阮氏派遣使者前往清朝求封，请求改国号为"南越"，嘉庆帝未准，改名"越南"。阮福映去世后，其第四子阮福晈（1791—1841 年）于 1820 年继位。阮福晈的治理使阮朝进入鼎盛期，但是后期出现了不稳定的局面。1826 年，武德葛等人在南定起兵；1833 年，黎朝后裔黎维良在宁平发动叛乱；同年，南方黎文俚率农民起义军占领嘉定。虽然这些起义都被镇压下去，但也给阮氏的统治造成了一定的打击。

这一时期，西方人在越南的活动也多了起来。开始时，只有少数曾帮助过阮福映的法国人在越南活动。1829 年后，越法两国的邦交一度中断，除了为数不多的传教士在农村外，越南境内的西方人相对较少。阮福晈还曾在 1825 年下令禁止传教。1841 年，阮福晈之子阮福暶（1807—1847 年）继位。他施政虽无创举，但能守成，越南在他的治理下一度比较太平。然而，国内暴动频发，需要镇压；对外又发动对真腊的侵略，并同暹罗军作战，极大地消耗了国力。阮福暶当政初期仍实行禁教政策，后期有所缓和，至 1847 年，所有被监禁的传教士都获得了释放。法国派使者向越南提出解除禁教的要求，不料就在这个时候，法国战舰开炮击沉了越南船只，令阮福暶大为恼怒。他再次下令禁止传教，对国内的信教者也加以处罚。

1847 年，阮福暶之子阮福时（1829—1883 年）继位，第二年改元嗣德，被称为嗣德帝。他在位期间，越南国力进一步衰落，法国殖民势力也开始入侵。早在 1787 年，阮福映因为曾被西山击败而向法国求救，与法国签订了《越法凡尔赛条约》。1817 年，法国要求阮福映履行条约，割让土伦港和昆仑岛，遭到了阮福映的拒绝。1857 年，法国再次提出领土要求，同时要求开放通商口岸，被拒绝后派兵占领了土伦港。法国的侵略行为一步步加剧，终于使越南沦为其殖民地，为此，越南人民展开了不屈的斗争。

1885 年至 1896 年，越南各地兴起由爱国官吏和各界文绅领导的忠君爱国的抗法武装斗争，史称"勤王运动"。法国入侵后，越南的封建统治者分为主战和主和两派，少数主战派在阮氏王朝投降后继续与殖民者斗争。1885 年 7 月，大吏尊室说在顺化组织反法起义失败，他护送 14 岁的咸宜帝阮福明出逃，并发出勤王檄文。于是，以乡村举人和在野官吏为主的各地文绅纷纷领导农民武装反抗法国殖民者的统治。这场轰轰烈烈的运动坚持了三年，直到 1888 年 9 月咸宜帝遭到出卖被俘而宣告失败。

当时的农民起义给了法国殖民者沉重的打击，其中黄花探（约 1857—1913 年）领导的安世地区农民起义最为著名。1887 年，黄花探在北圻山林区安世建立了护法游击战争的根据地。法国军队在 1892 年对安世地区发动大举进攻，一些勤王运动领袖纷纷叛逃，坚持抗战的只剩下黄花探，他因此成为安世地区仅存的起义军领袖。他在 1894 年 9 月擒获了法国大地主色斯耐，使法军被迫讲和。法国殖民者在 10 月与黄花探签订停战协定，从安世地区撤出。不过，法国殖民者在停战期间仍然加紧备战，在 1895 年 11 月撕毁协定，调集海陆军向黄花探起义军发起攻击，结果又遇挫败，被迫于 1897 年签订第二次停战协定。到了 1909 年 1 月，法国殖民军又一次进攻安世地区，在 10 月 5 日的郎山战役中打败起义军。此后三年，黄花探遭到法军的追捕围剿，最后在 1913 年 2 月被奸细杀害。缺少正确的政治纲领，没有解决农民的土地问题，从而不能广泛深入地发动农民，是黄花探失败的原因。尽管如此，他领导安世农民游击战争抵抗法国殖民统治，坚持了近 30 年，是越南民族解放斗争史上不朽的篇章。

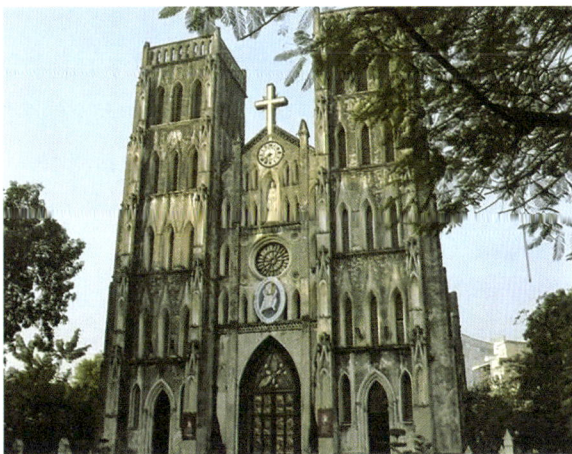

越南河内大教堂
教堂始建于 19 世纪 80 年代，模仿巴黎圣母院建造而成，是河内最古老的教堂。

菲律宾：独立战争的失败

1521 年，麦哲伦率领西班牙舰队第一次入侵菲律宾，遭到当地人民的反抗，麦哲伦被击毙。从 1565 年开始，西班牙将菲律宾变成自己的殖民地。19世纪初，西班牙国力大不如前，无力继续垄断菲律宾的对外贸易，被迫开放了马尼拉等 7 个港口，实行自由贸易政策，菲律宾逐渐沦为欧美列强的商品销售市场和原料产地。随着外国资本主义的进入，到了 19 世纪六七十年代，菲律宾民族资产阶级开始形成，他们既希望摆脱外来资本的控制，又对工农群众心存敌意，缺乏彻底反对殖民主义和封建主义的决心，幻想通过妥协的方式实现本阶级的政治经济目的。

菲律宾的资产阶级知识分子较早地接触到了西方文化。他们在菲律宾和西班牙同时掀起了宣传运动，提出了西班牙人和菲律宾人在法律面前一律平等的要求。该运动的代表人物是何塞·黎刹（1861—1896 年），后来被殖民当局逮捕，并于 1896 年被处死。这一年，菲律宾的资产阶级民族民主革命掀起了新的高潮。资产阶级激进派以安德列斯·波尼法秀（1863—1897 年）为首，他们早在 1892 年 7 月就建立了秘密组织"卡蒂普南"，意思是"民族儿女最尊贵协会"，首次提出依靠人民群众、以武装斗争方式获取民族独立的纲领。1896年，他们发动了武装起义并得到了广泛响应，在很多地区夺取了政权。然而，"卡蒂普南"内部很快就发生了分裂。出身于甲米地卡维特镇镇长家庭的艾米利奥·阿奎纳多是地主资产阶级保守派的首领，他们与波尼法秀等资产阶级激进派有着尖锐的矛盾。阿奎纳多不服从波尼法秀的领导，并且害怕革命会危害地主资产阶级的利益，于是，他与甲米地的地方势力合谋篡夺了革命领导权，取消了"卡蒂普南"，捏造罪名将波尼法秀杀害。

1897 年 11 月 1 日，起义队伍的代表在比阿克纳巴多召开会议，通过菲律宾共和国临时宪法，成立新政府，总统由阿奎纳多担任。殖民者和买办资产阶级对该政府进行威胁和利诱，使其采取妥协政策。在与殖民当局签订了《破石洞条约》后，阿奎纳多从西班牙殖民者那里获得了 80 万比索并缴械投降，将政府解散。许多起义军拒绝投降，马卡布罗斯将军于 1898 年 4 月在由起义军控制的中吕宋建立了革命政府。这时，菲律宾的地主资产阶级分子再次加入反对西班牙的行列，流亡香港的阿奎纳多在香港成立了"爱国委员会"。1898 年4 月美西战争爆发，美国伪装成菲律宾的"盟友"，谎称支持菲律宾独立。阿奎纳多对美国抱有幻想，于是在 1898 年 5 月乘美舰回到菲律宾。6 月 12 日，阿奎纳多在甲米地发表独立宣言，宣布革命政府成立。这一天也是现在的菲律宾国庆日。8 月底，革命军几乎解放了吕宋全岛。9 月，菲律宾议会开幕，制定了宪法。1899 年 1 月，菲律宾资产阶级共和国宪法正式颁布，菲律宾共和国诞生，阿奎纳多当选总统。这一事件表明，西班牙即将结束在菲律宾长达 300 多年的殖民统治。然而，美国和西班牙于 1898 年 12 月 10 日在巴黎签订和约，西班牙将菲律宾"转让"给了美国。这一举动令菲律宾人民极为愤怒，菲律宾共和国与美国开战。共和国政府分裂成抗战派和投降派，阿奎纳多表现得十分软弱，支持投降派篡夺了政府的主要职务。投降派杀害了主战的鲁纳将军，解散了他的军队。

1901 年 3 月，阿奎纳多被美军俘获并投降，地主资产阶级的代表人物随之纷纷投降。人民武装的反美游击战争坚持到 1902 年 4 月，在给美国侵略者造成了沉重的打击后，终以失败告终。1901 年，美国把持的"菲律宾委员会"成立。1902 年，美国国会通过了《菲律宾法案》，控制了菲律宾的行政、立法和司法大权。至此，美国确立了在菲律宾的殖民统治，严禁人民谈论民族独立的问题，菲律宾的独立战争失败了。

奥斯曼帝国：改革运动

奥斯曼帝国的衰落，使土耳其人觉察到改革的必要性，他们受到西方国家特别是法国 1789 年革命的影响，认为法国革命的自由原则就是反对专制政体和列强的压迫，而平等原则是指世界各国都是平等的，从而在伊斯兰教集体基础之上对西方的政治等级与组织加以改造。

雷希德是外交大臣，曾任驻法大使，认为立宪宣言可以使本国成为自由国家，进而摆脱俄国的侵犯并得到英法的同情。他的建议得到了苏丹阿卜杜勒·迈吉德（1823—1861 年）的赞同。苏丹于 1839 年 11 月颁布了《御园敕令》，保障任何民族和宗教信仰的臣民在法律面前均享有平等的权利，他们的生命、名誉和财产不受侵犯；于 1840 年颁布了刑法，其内容受到法国法律很大的影响；还颁布敕令允许成立欧洲式银行。1845 年 1 月，苏丹颁布诏书，要求办好教育，这使新式学校的建立成为可能。在英法两国的压力下，苏丹在 1856 年 2 月颁布了新的改革宪章，除了对 1839 年《御园敕令》中的各项原则加以重申外，还向基督教教徒开放了学校，允许他们担任行政职务和服兵役，使他们拥有在省和市镇议会中的代表权，并取消了对他们的蔑称。宪章提出应设银行、修铁路、开运河和发展商务，符合一定条件时允许外国人购买土地。阿里和福阿德依靠丰富的外语知识受到重用，代替雷希德主持此后 15 年的改革，他们先后颁布了土地法、新刑法、商业法、海上法和省区行政法。其中，1877 年颁布的新民法具有重要的意义，它为奥斯曼帝国建立完整的法律制度奠定了基础。

这次改革和立宪与新文学运动有密切的联系。新文学运动兴起于 19 世纪中期，特征是伊朗的经典著作被法兰西文学取代。"文学三杰"易卜拉欣·希纳西（1826—1871 年）、齐亚（1825—1880 年）和纳米克·凯末尔（1840—1888 年）是这一运动的代表人物。为了传播欧洲文化、批判封建专制，为改革和立宪造势，他们创办报纸，成立奥斯曼教育社、读书社等文化团体，发表政论文章、诗歌，组织戏剧表演。被苏丹剥夺了埃及总督继承权的费萨尔王子发表了用法文写给苏丹的公开信，提出了一系列改革要求。1867 年 2 月，奥斯曼青年党的部分领导人遭到政府逮捕，纳米克·凯末尔和齐亚等领导者逃亡到欧洲，继续宣传立宪和改革。

马哈茂德·内迪姆在 1871 年当上大维齐尔（相当于宰相），他赦免了流亡国外的奥斯曼青年党人。奥斯曼青年党人回到国内，用报纸和传单宣传他们的思想。1873 年，纳米克·凯末尔的爱国戏剧《祖国或锡利斯特拉》上演，该戏剧宣传了"祖国"这一与苏丹个人无关的概念，被苏丹政府认为是对自己的示威而遭到禁演，纳米克·凯末尔也遭到流放，奥斯曼青年党人的活动被迫转入地下。由于军费负担非常重、苏丹和大臣们在生活上腐化贪污、农业歉收等种种因素，人民生活状况恶化，民族和宗教矛盾不断。1876 年，伊斯坦布尔的学生、手工业者、商人和低级官吏共 4 万人举行了游行，反对苏丹的独裁统治，使苏丹在压力下撤换了内迪姆和总法典官费赫米的职务。支持奥斯曼青年党人的改革派领袖米德哈特，趁机于 5 月 31 日发动政变，另立穆拉德五世为苏丹。穆拉德五世因身体原因无法正常处理事务。在征得米德哈特的同意后，大维齐尔拉斯第于 8 月 31 日另立阿卜杜勒·哈米德二世（1842—1918 年）为苏丹。12 月 19 日，米德哈特成为大维齐尔，完成宪法的起草。草案被苏丹哈米德二世做了扩大苏丹权力的改动，在 12 月 23 日公布。这部宪法草案在比利时宪法的基础上吸取了普鲁士 1850 年的宪法中与敕令相关的内容。它规定奥斯曼帝国是君主立宪国家。国会由上下两院组成，国教为伊斯兰教。苏丹被赋予任免大臣权、海陆军最高指挥权、召集和解散议会权等专制君主的所有权力。

奥斯曼帝国苏丹阿卜杜勒·哈米德二世
阿卜杜勒·哈米德二世在国内实行独裁统治,他平庸的才智又不足以领导帝国走出困境。人们称他为血腥的苏丹。

草案也包括一些具有一定民主气息的条款,如保护一切得到承认的宗教的自由和一切臣民的人身自由、不超出法律范围的新闻自由以及初级义务教育的实施等。然而,米德哈特并不知道,哈米德二世对民主和自由并不感兴趣,只是在利用宪法和奥斯曼青年党人。很快,哈米德二世采取了排斥奥斯曼青年党人的行动,放逐了齐亚、纳米克·凯末尔、阿里·苏亚维等人;又在 1877 年 2 月 5 日罢免了米德哈特的大维齐尔职务,并将其驱逐出本国,于 1884 年将其秘密绞死。

第一届奥斯曼国会于 1877 年 3 月 19 日开幕,尽管奥斯曼青年党人的投票权受到了苏丹的限制,但议会仍然对大臣们的腐败行径进行了控诉。苏丹想营造虚假的自由与民主氛围的目的没有实现,一怒之下解散了议会。在苏丹的策划下,第二届国会于 12 月 13 日召开,可是议员们提出了质询三位被指责的大臣的要求,迫使苏丹于次年 2 月 13 日再次解散议会,并且在此后长 30 年的时间里没有再次召开这样的会议。

反对苏丹的运动一直没有中断,奥斯曼青年党人阿里·苏亚维于 5 月领导了护宪和争取独立起义,起义军以大量涌向首都的难民为主力,参加者还有部分神学院的学生和士兵,但是遭到了残酷镇压。在奥斯曼帝国的历史上,哈米德二世统治的 30 年(1878—1908 年)被称为"朱隆",即专制残暴之意。但是,苏丹的专制统治已经十分脆弱,最终被 20 世纪初的革命所终结。

非洲地区

　　19 世纪下半期，欧洲列强在非洲的殖民程度进一步加深，之前殖民势力主要局限在沿海地区，而这一时期，殖民者开始向内陆深入。到 19 世纪末，非洲大陆除了埃塞俄比亚以外，基本都已沦为列强的殖民地。

埃及沦为英国殖民地

　　1869 年苏伊士运河通航，成为连接大西洋和印度洋的便捷之路，因此埃及的地理位置变得更加重要，西方列强加紧对这里的控制。虽然埃及收回了一部分主权，经济也有了一定的发展，但是西方资本却大举进入，同时还向埃及政府提供大量贷款。埃及政府在总督伊斯梅尔统治期间，因为运河、筑路、港口等基础设施建设，以及大肆挥霍而导致财政问题严重，不得不向英法等国大量借款，还发行大量公债，结果有不少公债都被英法等国低价收购。到 1876 年，埃及的外债已经高达 9400 万英镑，英法等国趁机介入，以低价向埃及政府收购了苏伊士运河的全部股票。1876 年埃及政府宣布财政破产、不再偿还债务以后，英法联合意大利还有奥匈帝国成立了整理埃及债务的委员会，全面控制埃及的财政大权：英国掌控国家收入，法国掌控国家支出。1878 年埃及又组建了一个新内阁，英法两国都直接派人出任阁员，英国人威尔逊出任财政部长，法国人布里尼叶出任公共工程部长，这两个职位都是手握实权的要职，因此埃及人称这个内阁为 "欧洲人内阁"。

　　"欧洲人内阁" 秉承英法意志，继续剥削埃及人民。1879 年，英法对现任总督伊斯梅尔不满，通过奥斯曼帝国政府将其罢免，让其子陶菲克继任总督（1879—1892 年）。陶菲克推行卖国政策，极力维护英法等国在埃及的利益，

埃及民族领袖艾哈迈德·阿拉比
1879 年，艾哈迈德·阿拉比组建祖国党，领导起义，
要求实施宪政，企图摆脱英法对埃及的控制。

镇压人民的反抗活动，裁减军队。1879 年，爱国军官艾哈迈德·阿拉比以爱国军官、知识分子为骨干力量组建了祖国党，打出口号"埃及是埃及人的埃及"，主张捍卫民族独立、驱逐外国势力、进行政治改革。伊斯梅尔的下台也和祖国党的活动有关。

　　1881 年 9 月，总督陶菲克企图将军队从开罗调离，阿拉比决定采取行动，因为他知道军队是埃及唯一有组织的力量，且受到一定爱国精神的影响。9 月 9 日，阿拉比率领 4000 人的开罗卫戍部队包围阿比丁宫，迫使陶菲克同意改组内阁。年底埃及颁布宪法、召开国会，祖国党人占了代表中大多数。1882 年 2 月，埃及再次改组内阁，由亲阿拉比的巴鲁底组阁，阿拉比出任陆军部长。祖国党人上台执政让英法等国非常不满，在对埃及进行武力威胁、欺骗分化都没有奏效的情况下，英国决定动用武力。

　　1882 年 7 月 10 日，英国借口埃及修筑工事的行为威胁到了英法舰队，向埃及发出最后通牒，要其在次日凌晨前交出亚历山大要塞的所有炮台。陶菲克自然答应，但是阿拉比坚决拒绝。11 日凌晨，英军猛攻亚历山大城，阿拉比率领军民奋勇抵抗 10 多个小时，因为装备、人数等相差过大，亚历山大城的要塞都被炸毁，大片民房化为瓦砾。阿拉比果断决定率领全城军民撤出亚历山大城，随后在亚历山大城东南的道瓦尔村修筑一道防线，准备以此阻挡英军继续深入埃及腹地。13 日，英军占领了空城亚历山大，陶菲克率领不少官员投敌。阿拉比动员全国的力量保卫国家，一时间埃及上下掀起了参军高潮，还有很多人协助军队挖战壕、修工事、运送物资等。

　　但是，就在这危急时刻，阿拉比却在战略上出现了重大的失误。亚历山大城落入英军手中以后，阿拉比将绝大部分的注意力都放在了这个方向，也在道瓦尔方向击退了英军数次进攻，但是他的东侧却是防守上的真空地带，因为他以为那里是所谓的运河中立区，英军会有所忌惮，不能从此闯入。但是英军恰恰相反，8月19日先是佯攻西线亚历山大东北21千米的阿布基尔港，待阿拉比将主力调动过去迎战时，主力部队闯入运河区，接连占领塞得港、伊斯梅利亚和苏伊士三座城市。尽管随后阿拉比从西线调军到泰勒凯比尔阻挡英军，在顽强抵抗了半个多月以后，因为实力相差悬殊和叛徒的出卖，英军在9月13日攻占了泰勒凯比尔，15日开罗沦陷，以阿拉比为首的爱国领袖们被捕入狱，后来他被流放锡兰，直到1901年才被允许回国。

从此，埃及沦为英国的殖民地，虽然名义上还是奥斯曼帝国的一部分。

马格里布三国沦为殖民地

北非西部的阿尔及利亚、突尼斯和摩洛哥在古代历史上被称为马格里布地区。阿尔及利亚在16世纪成为奥斯曼帝国的一个部分，不过到了16世纪中叶以后，这里的割据独立性比较强，只是名义上还属于奥斯曼帝国。

阿尔及利亚的地理位置非常重要，同时自然资源非常丰富，因此引来了西方殖民者的垂涎。18世纪末19世纪初，美国、英国、荷兰等殖民者都试图对马格里布三国进行侵略，不过一时没有得手。法国野心勃勃地想侵略阿尔及利亚，这其中还有经济上的原因。在法国大革命和拿破仑战争期间，法国曾向阿尔及利亚赊购了大量粮食。到1815年，法国的债款总额已经高达1380万法郎。拿破仑战争以后，阿尔及利亚德伊（当地统治者官职）侯赛因多次索债，但是复辟的波旁王朝一直拖欠不还。经过数十年的精心准备，法国侵略者在1830年对阿尔及利亚动手了。

1827年4月29日，法国驻阿尔及尔领事德瓦尔在面见侯赛因时，曾因傲慢无礼而被侯赛因用扇子（一说蝇拍）打了一下面部，这一事件被称为"扇击事件"。法国政府便以此为借口，出兵威胁，要求侯赛因道歉，被拒绝以后便断绝了同阿尔及利亚的外交关系，又动用海军封锁了阿尔及利亚港口。到1830年，法国本国的局势已经非常紧张，波旁王朝于是准备用一场对外侵略战争转移国内人民视线。5月25日，法国派出一支近4万人的海军舰队从土伦港出发，于6月14日登陆阿尔及利亚首都阿尔及尔附近的西迪·费鲁希港，正式打响了侵略阿尔及利亚的战争。阿尔及利亚军队甚至还有一半是阿拉伯人和柏柏尔人部落民兵，完全不是工业革命后武装起来的侵略者的对手，6月19日斯塔乌埃利一战，阿尔及利亚方面约有1万人伤亡，而法军不过伤亡400人左右。

阿尔及利亚的古城遗址
提姆加德古城遗址位于阿尔及利亚东北部的奥雷斯山。公元1世纪，古罗马帝国图拉真皇帝在此建立塔姆加迪城。6世纪柏尔人起义赶走了罗马人，改名为提姆加德。

　　6月29日，法军进攻阿尔及利亚首都阿尔及尔。7月5日，侯赛因被迫投降，后来被流放去了外国。不过法国政府的侵略行动并没能挽救自己的命运，7月底法国爆发了七月革命，发动战争的查理十世下台，代表金融资产阶级利益的七月王朝建立。不过新政府继续推行侵略阿尔及利亚的政策，法国侵略军在征服阿尔及利亚沿海地区以后，继续向内地深入，所到之处，大肆烧杀抢掠，犯下了可耻的罪行。仅在1832年4月6日这一天，便有1.2万阿尔及利亚居民被侵略者屠杀。

　　1834年法国宣布阿尔及利亚为法国属地，实行军事统治。法国政府鼓励民众向阿尔及利亚移民，同时在当地推行种族歧视、民族压迫政策，只有法国人才享有公民的权利，当地土著甚至连接受教育的权利都没有。同时，殖民当局还巧立名目，打着"空旷无主地""管理不善""国家收购"等旗号，巧取豪夺了大量阿尔及利亚人的肥沃土地。到1870年，掌握在法国人手中的土地已经有76.5万平方千米，占阿尔及利亚耕地总面积的1/10还多，而且这些土地都是交通、水源等条件最好的土地。大批失去土地的农民沦为农奴，成为欧洲地主的廉价劳动力。

　　自法国殖民者侵略阿尔及利亚以来，当地人民反抗侵略的武装斗争就没有停止过。在东部的君士坦丁附近，有艾哈迈德领导的起义运动。在西部的奥兰地区，有阿卜杜·卡迪尔领导的抵抗运动。后者的斗争成果更加辉煌，曾多次击败镇压的法军，导致法国殖民当局被迫在 1834 年和 1837 年两次与其签订和约，承认其在阿尔及利亚中西部的统治。后来殖民者在镇压了东部的反抗力量以后集中力量对付中西部，1844 年阿卜杜·卡迪尔被迫率部退入摩洛哥，次年又杀回阿尔及利亚，收复西部大片领土。不过 1847 年底阿卜杜·卡迪尔领导的抵抗运动最终失败，他本人被迫投降后被捕入狱。1847 年以后，小规模的起义活动仍不断发生。

1871 年，阿尔及利亚爆发了一次最大规模的起义。当时法国国内因为拿破仑三世在普法战争当中战败而陷入混乱，发生了政变。阿尔及利亚人民也趁此机会发动了起义。3 月初，在君士坦丁省，封建主莫克拉尼领导农民发动起义，一度有 20 多万百姓参加，给予法国殖民势力沉重打击。直到 1872 年初，将巴黎公社血腥镇压以后，法国资产阶级政府才腾出手来，镇压了阿尔及利亚起义。

阿尔及利亚的邻国突尼斯的情况比阿尔及利亚稍好，沦为殖民地的时间晚了几十年。突尼斯当时也是名义上属于奥斯曼帝国，由其任命的"贝伊"统治。在阿尔及利亚被法国殖民者侵略以后，突尼斯贝伊政府不想成为下一个阿尔及利亚，于是从 19 世纪 40 年代开始在政治、经济、军事上推行一系列改革。不过突尼斯政府的改革又依赖英国、法国、意大利等外国势力，向其大量借款，同时统治阶级本身腐化严重，导致外债越来越多。到 1869 年，突尼斯政府已经背上了至少 16 亿法郎的外债，法国是最大的债主。早已对突尼斯垂涎三尺的英、法、意等国趁机通过债务介入突尼斯内政。他们组成了"国际财政调查团"，接管了突尼斯的财政。法国和意大利都想霸占突尼斯，但是在 1878 年的柏林会议上，法国获得了英国和德国的支持，意大利被孤立。

1881 年 4 月 24 日，法国以突尼斯援助阿尔及利亚的"反叛"势力导致法军受到了突尼斯部落的袭击为借口，悍然从阿尔及利亚出动 3.1 万军队入侵突尼斯，5 月 1 日又有 8000 千法军从比塞大港登陆，直扑突尼斯城。12 日，突尼斯政府被迫和法国签订了《巴尔杜条约》，法军占领突尼斯，并且掌管其一切内政外交大权。不过当地人民并没有屈服，纷纷发动起义，一度占领了斯法克斯、凯鲁万等地，并进逼突尼斯城。不过到 11 月，起义军终于被占有绝对优势的法国殖民军镇压了下去。1883 年 7 月，法国又和突尼斯签订了《马尔萨条约》，突尼斯彻底沦为法国的保护国。

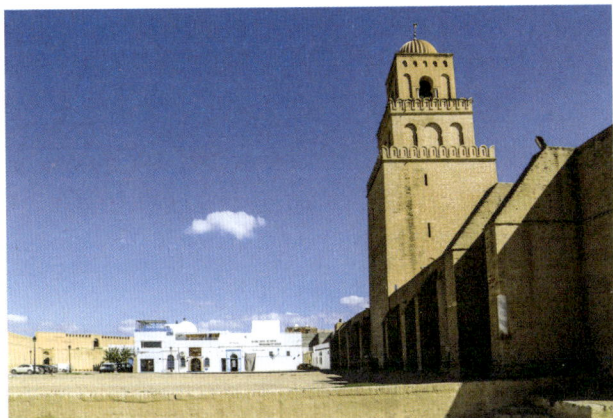

欧格白清真寺

突尼斯欧格白清真寺是
伊斯兰教在北非建立
的第一座较大的清真
寺，位于凯鲁万城中心，
670 年初建。

　　最西侧的摩洛哥的情况要好一些。15 世纪开辟新航路以来，葡萄牙占领了摩洛哥西海岸的休达、丹吉尔等据点，到 16 世纪初，欧洲列强几乎控制了摩洛哥整个大西洋沿岸地区。1525 年以后，摩洛哥地区先后出现了萨阿德王朝和阿拉维王朝，对抗殖民者的侵略。阿拉维王朝的伊斯梅尔苏丹统治时期（1672—1727 年）比较强大，不仅击退了西方殖民者的入侵，还收复了大片土地，只有休达、梅利利亚和沿海一些小岛还在殖民者手中。不过伊斯梅尔去世以后，摩洛哥由盛转衰，又陷入分裂、混乱状态。

　　西方列强纷纷趁机入侵，法国、西班牙、奥地利、美国、英国等国分别和摩洛哥签订了不平等条约，攫取了贸易特权和领事裁判权。1844 年 8 月，法国借口阿尔及利亚人民起义领导人阿卜杜·卡迪尔撤入摩洛哥而炮击摩洛哥港口，9 月双方签订《丹吉尔条约》。次年 5 月，双方又签订划定摩洛哥和阿尔及利亚边界的条约。1859 年西班牙对摩洛哥发动战争，在战后取得伊夫尼渔业基地。

　　摩洛哥的统治者也想通过改革挽救灭亡的命运。穆莱·哈桑苏丹在位时期（1873—1894 年）推行各方面的改革，组建新式军队，兴办新式教育等等，不过国内封建保守势力十分强大，改革最终失败。

列强瓜分撒哈拉以南非洲

　　在 19 世纪 70 年代以前，西方列强在撒哈拉以南非洲并没有侵占太多的土地，只是侵占沿海地区。按照不同的国家划分，英国占据着冈比亚、塞拉利昂、黄金海岸（今属加纳）、尼日利亚的沿海地区以及从布尔人手中抢来的南非殖民地，塞内加尔、几内亚、象牙海岸（今科特迪瓦）和达荷美（今贝宁）的沿海地区是法国殖民者的地盘；葡萄牙则占据着安哥拉、莫桑比克，这是几百年前开辟新航路时代就已经占领的。在北非西海岸，西班牙也占据着一块土地，即现在的西撒哈拉。

撒哈拉沙漠风光
"撒哈拉"是阿拉伯语的音译，意为"大荒漠"，横贯非洲大陆北部，东西长达 5600 千米，南北宽约 1600 千米，约占非洲总面积的 32%。

1876 年以后，欧洲列强，不管是老牌的殖民帝国英国、法国以及葡萄牙，还有新兴的德国、意大利和比利时，都加快了对撒哈拉以南非洲的侵略脚步。

西非的主要殖民国家是英国、法国和德国。英国当时在西非的殖民地是黄金海岸和尼日利亚的沿海地区，一直想向内部地区扩张。当时在内陆地区有一个由阿坎人建立的松散的政治联邦——阿散蒂。从 1806 年起，英国殖民者便利用阿散蒂联邦内部的矛盾，对内陆地区发动了 6 次侵略战争，不过都没有达到预期目的。1872 年，英国又集结重兵发动第 7 次侵略战争，先败后胜，于 1874 年 2 月占领其首都库马西，烧杀抢掠一番后撤出。双方于 3 月 14 日签订不平等条约，此后阿散蒂联邦开始衰落。

英国在西非的殖民扩张主要在尼日利亚地区。1861 年英国在拉各斯建立了第一块殖民地，随后以此为基地，大肆向内地扩张，占领了大片土地。

法国在西非的殖民扩张主要在塞内加尔等地。早在 1638 年法国便在塞内加尔河河口建立了第一个殖民地，后来英国殖民势力也扩张到了这一地区。

1783 年两国签订和约，法国以承认冈比亚河流域为英国势力范围为交换条件，换取英国在塞内加尔占领的土地，包括戈雷岛和圣路易斯城在内。1854 年法国殖民者开始沿塞内加尔河向内地扩张，于 1890 年占领整个塞内加尔。1895 年法属西非成立，其幅员辽阔，包括现在的毛里塔尼亚、塞内加尔、马里、尼日尔、科特迪瓦、布基纳法索、几内亚和贝宁，其中塞内加尔为法国殖民统治的中心。就这样，法国殖民者在西非侵占了大片的土地。

德国殖民者也在西非分得一杯羹。首先是在多哥，德国和英国、法国都曾争夺多哥这一地区。1884 年 7 月，受德国政府委派的特使古斯塔夫·纳赫蒂加尔和多哥沿海地区的一些酋长签订条约，这一地区自此成为德国的保护国，称"多哥兰"。此后德国继续向北扩张殖民地，1899 年和 1904 年，德国分别和法英两国签订条约，划定了德国的多哥和这两国殖民地——黄金海岸和法属西非的边界。德国殖民者在西非的另一块地盘是喀麦隆。最早来到喀麦隆的殖民者是葡萄牙，大约在 1472 年，葡萄牙殖民者在喀麦隆沿海的武里河口地区的河中发现很多龙虾，便将这里命名为"喀麦隆"，即葡萄牙语"虾河"的音译。后来荷兰、英国、法国、德国等殖民者纷至沓来，最后站住脚跟并取得优势的是德国殖民者。1884 年 7 月，德国殖民者也是通过诱骗等手段和沿海地区的一些酋长签订了条约，将喀麦隆的沿海地区变成了德国的保护国，此后又继续向内地扩张。到 20 世纪初，德国殖民者基本占领了整个喀麦隆地区。

在东非，英国的殖民势力早就渗透了进来，1890 年，桑给巴尔岛沦为英国的保护国。德国也有势力插足东非。1884 年 11 月，德国殖民者依旧使用诱骗等手段，将坦噶尼喀变为德国殖民地。

欧洲列强都对中南非洲的土地垂涎三尺，都想独霸这大片富饶的土地。因此在 19 世纪下半叶，列强不得不通过数次国际会议进行协调，最终达成了妥协。

中非的刚果河流域自然资源丰富、战略位置重要，因此成为列强争夺的焦点。在侵占刚果河流域的潮流中比利时走在前头。1871 年、1874 年到 1877 年，美籍英国人斯坦利对中部非洲内陆进行了两次探险活动，后一次进入了刚果河流域，他也是第一个顺刚果河而下到达非洲西海岸的欧洲人。他的两次探险活动获得了大量关于刚果河地区的地理、政治、自然资源等方面的信息。这些信息引起了比利时国王利奥波德二世的强烈兴趣。1876 年 9 月，在他的倡议下，英、法、德、意、俄、葡、美等国探险家、学者齐聚布鲁塞尔，召开了一次所谓的"国际地理学会议"，实际上就是一次瓜分非洲中部的会议。会上成立了以利奥波德二世为会长的"国际探险和开化非洲协会"，宗旨就是打开非洲这

出土于刚果的乔克维人面具
乔克维人分布在安哥拉东部、刚果南部和赞比亚。面具
在乔克维人的宗教信仰和社会结构中发挥重要作用。

块"地球上唯一文明尚未进入的地区"。1879年，斯坦利接受利奥波德二世的委托再入刚果河流域，在四五年的时间里，他采用暴力、欺诈、收买等各种手段，在刚果河流域和当地酋长建立了22个商站，和当地酋长签订了450多项条约，利奥波德二世将这里命名为"刚果自由邦"。

　　法国人的殖民扩张脚步也在19世纪70年代迈进了刚果河流域，他们先后将安济科王国和洛安戈王国变成法国的保护国。另外，当时的刚果河南部，即今天的安哥拉地区是葡萄牙的殖民地，1884年2月，英国和葡萄牙签约，承认葡萄牙对刚果河口的控制。此举令比利时非常不安，因为一旦葡萄牙控制了刚果河口，比利时控制的刚果河流域就失去了出海口，局面非常不利。同时比利时和法国争夺刚果河流域的矛盾也渐渐显现，于是比利时向德国和法国寻求帮助，德法两强也不希望刚果河口这样重要的地区掌握在强大的英国（当时葡萄牙为英国盟友）手中，因此倾向于支持比利时这样的小国控制刚果河口。于是为了协调各方利益，在1884年年底，在德国首相俾斯麦的倡议下，奥匈帝国、比利时、丹麦、俄罗斯、法国、荷兰、葡萄牙、瑞典、挪威、西班牙、意大利、英国、奥斯曼帝国、德国派代表齐聚柏林，通过会议的方式研究对中非地区的瓜分。最终达成协议：比利时的刚果自由邦，包括刚果河口，成为利奥波德二世的私人领地。比利时和法国在刚果河流域以刚果河为界，刚果河以东

利奥波德二世

归比利时，基本范围即是今天的刚果民主共和国；以西为法属刚果，即现在的刚果共和国、加蓬、中非共和国等地。在 20 世纪初，1910 年这两部分加上乌班吉－沙立（今中非共和国）、乍得共同组成了法属赤道非洲联邦。

柏林会议是列强就瓜分非洲的一次协调会议，会议结束后，各列强在非洲行动的脚步都加快了。英法两国对西非的尚未沦为殖民地的土地的最后侵略，都是在柏林会议以后完成的。其中法国成立的法属西非联邦面积可达法国本土的 10 倍。

英、法、德三国同样是在柏林会议后，又通过数次协商，最终划定了在东非的势力范围：英属东非（今肯尼亚）和乌干达归英国，德国占据坦噶尼喀（称德属东非），法国则通过两次战争彻底灭亡了马达加斯加王国，于 1896 年宣布兼并马达加斯加。

在非洲南端争夺殖民地的国家主要是英国和德国。英国已经据有南非殖民地，并且在北非控制着埃及，因此有一个野心勃勃的 "C－C 计划"，即将开普敦和开罗连接起来。英国殖民者以南非为根据地北上，1884 年吞并贝专纳地区，次年贝专纳北部成为贝专纳保护国，后独立成为博茨瓦纳共和国；贝专纳南部称英属贝专纳，后并入英国开普殖民地，现属南非。1891 年，英国将尼亚萨兰变为保护国，后独立为马拉维共和国。

在贝专纳东北、葡属莫桑比克和安哥拉中间、德属东非和比属刚果以南，英国利用诈骗加武力的手段强占了大片殖民地。1888 年，英国欺骗马塔贝勒国国王签订了《莫法特条约》，开始控制该国。1894 年，英国出兵占领该国所有地区，其国王奋勇反抗侵略，但是最终失败。1895 年，英国在该国确立殖民统治，命名为罗得西亚（1923 年改称南罗得西亚），范围基本相当于今天的津巴布韦。在马塔贝勒国以北的巴罗策兰王国，英国人在 1890 年用同样的手段强占土地，先诱骗签约，被发现后就动用武力强占。1899 年英国正式确立对该国的殖民统治，1911 年改称北罗得西亚，独立以后称赞比亚。

德国殖民势力也伸进了南部非洲。1884 年德国派海军前往南部非洲西海岸，占领了北到葡属安哥拉南境、南到奥兰治河口的沿海地区，并从沿海向内地扩张。1892 年，德国在这一地区成立德属西南非洲，范围和今天的纳米比亚基本相同。

到 1900 年，列强基本将撒哈拉以南非洲瓜分完毕。列强在殖民地的统治方式有所不同。英国一般是间接统治，即保留原来的土著统治机构，重用亲英的土著高层分子，通过他们间接掌控殖民地。法国、葡萄牙和比利时等则不一样，基本都是直接统治，即将原有土著统治机构摧毁，建立一套从上到下的殖民统治体系，由总督以下各级官员进行管理。

意大利在东非的殖民活动

意大利也参与了在非洲争夺殖民地的斗争，不过因为意大利的国力和英国、法国、德国等比起来要差一些，因此无论是在进军的时间上，还是在最终成果上，都不如那些老牌殖民国家。

意大利主要侵略北非和东非。意大利一度对北非的突尼斯垂涎不已，但是败给了法国，突尼斯成为法国殖民地。随后意大利殖民者的眼光瞄向东非，因为那里扼守红海沿岸，而意大利政府坚信"通往地中海的钥匙在红海"，于是在 19 世纪中期开始朝东非扩张。1869 年，意大利在地处红海边的阿萨布建立了一个立足点，此后意大利又占领了马萨瓦港口，当时这些土地都属于埃塞俄比亚王国。1889 年，意大利和绍阿国王孟尼利克二世签订了《乌西阿利条约》，后者承认了前者对阿萨布、马萨瓦、克伦、阿斯马拉等占领区的统治。次年，意大利将这些地区组合成一块殖民地，将其命名为"厄立特里亚"，就是希腊语中"红海"的意思。

厄立特里亚在红海沿岸。意大利侵略的矛头还指向了扼守进入红海的亚丁湾沿岸的非洲东北角，即现在的索马里地区。不过，相中这里的不只是意大利人，还有英国人和法国人。英国人来得最早，1827 年即已入侵亚丁湾，1840 年侵占了索马里最西端的泽拉地区。1887 年，索马里北部沦为英国保护地。1887 年，英国将占领的一部分土地——欧加登割让给埃塞俄比亚。意大利来得稍晚一些，1885 年意大利登陆索马里南部，1889 年攻占奥比亚港口，随后迫使当地诸酋长国接受意大利保护。

1888 年法国出兵索马里，占领今吉布提一带，宣布这里为法国保护地，并在 1896 年建立殖民统治，称法属索马里。就这样，到了 19 世纪末、20 世纪初，索马里被三个殖民国家分成了三部分：法属索马里，即今天的吉布提；英属索马里，从泽拉沿亚丁湾向东，到瓜达富伊角；意属索马里，从瓜达富伊角向南，到朱巴河口。

意大利已经从埃塞俄比亚直接割取了厄立特里亚，但是还不满足，又将扩张指向内陆的埃塞俄比亚本土。当时埃塞俄比亚是一个封建国家，虽然名义上有一个皇帝统治，但是实际上却处于封建割据状态，几股势力连年混战，给了西方殖民者可乘之机。他们和地方割据势力勾结在一起，从中渔利。到 19 世纪 80 年代中期，埃塞俄比亚已经被英、法、意三国的殖民地包围，形势非常危险。其中意大利野心最大，入侵动作也最大，先后在埃塞俄比亚北方侵占了一些地方，不过 1887 年入侵提格雷失败。

1889 年，绍阿国王孟尼利克二世继承埃塞俄比亚皇帝位。他是一位具有远见卓识的君主，对当时埃塞俄比亚的形势非常清楚，并且意识到本国和西方侵略者在军事上的巨大差距。早在他还是绍阿国王的时候，就曾利用列强之间的矛盾从意大利殖民者手中获得了不少先进的武器装备。为了消灭国内的残余割据势力，孟尼利克二世对外暂时采取了妥协的态度，在 1889 年 5 月 2 日和意大利签订了《乌西阿利条约》，承认其对埃塞俄比亚北部一些地区（即后来的"厄立特里亚"）的占领，同时意大利给孟尼利克二世 3 万支枪和 28 门大炮，还有 200 万里拉。

埃塞俄比亚皇帝孟尼利克二世
孟尼利克二世在统治期间，对埃塞俄比亚不断进行改革，为现代埃塞俄比亚国家的建立奠定了深厚基础。

也就是这个条约中的一条，成为后来两国发生战争的导火索。《乌西阿利条约》第 17 条中说，埃塞俄比亚在和其他欧洲国家交往时，"可以向意大利国王陛下政府请求协助"，但是意大利人却在意大利文本中将"可以"篡改为"同

刻有孟尼利克二世头像的埃塞俄比亚硬币
孟尼利克二世被认为是现代埃塞俄比亚国家的缔
造者，原名萨勒·马里亚姆，生于绍阿省的安哥
捷拉，其父海尔·马拉科特是该省的统治者，称
绍阿国王。

意"，又进一步曲解为"必须"，并据此宣布意大利成为埃塞俄比亚的保护国。
孟尼利克二世对此断然否认，在 1893 年宣布将在《乌西阿利条约》签订 5 年
之际（即 1894 年 5 月 2 日）予以废除。意大利恼羞成怒，先是在埃塞俄比亚
内部扶植反对势力，却没得得逞，随后决定诉诸武力。当时的意大利政府根本
没将埃塞俄比亚放在眼里，他们认为孟尼利克二世就是一个没开化的野蛮人，
意大利的厄立特里亚总督巴拉蒂里将军更是放出豪言，只要给他几营士兵和一
个迫击炮中队，就能把孟尼利克二世"装进笼子里运回罗马"。

　　1894 年 7 月，意大利不宣而战，先后占领了古城阿克苏姆和提格雷省的省
府马卡累等城池。1895 年孟尼利克二世宣布废除《乌西阿利条约》，9 月发布
《告人民诏书》，号召全国人民起来保卫祖国，将入侵之敌驱逐出境。埃塞俄比
亚人民在大敌当前之际显示出空前的团结和爱国之情，全国上下捐钱捐物，年
轻人主动参军。11 月，孟尼利克二世已经组织了一支 11 万人的军队，拥有 10
万支来复枪、400 门加农炮。12 月，埃军初战告捷，在阿拉吉平顶山击败意军，
趁势收复了马卡累。孟尼利克二世曾向意大利方面提出和谈，但是被拒绝了。

　　1896 年 2 月，双方的主力部队都集结在埃塞俄比亚北部的阿杜瓦地区。
3 月 1 日双方展开决战，埃军依靠士气高昂、熟悉地形等优势，采取了分割包
围、各个击破的战术，一举击败意大利军队。此役埃军共歼灭意大利侵略军
1.7 万人，其中毙伤 1.2 万，俘虏 4000 余人，还缴获了大量的武器装备。5 月，
埃塞俄比亚彻底取得了反侵略战争的胜利，史称埃塞俄比亚第一次抗意战争。
10 月 26 日，战败的意大利政府不得不和埃塞俄比亚政府签订了《亚的斯亚贝
巴条约》，承认埃塞俄比亚为完全独立的主权国家，退还侵占领土，废除《乌
西阿利条约》，还赔偿 1000 万里拉。意大利侵略埃塞俄比亚的行动彻底失败。

04

近代欧美科学文化发展

　　欧美的自然科学在近代进入了一个蓬勃发展的新时期，取得了许多突破性的发现和发明成果，极大地促进了技术的进步，推动了社会的发展。欧美国家在文学及绘画、雕塑、音乐等艺术领域都取得了举世瞩目的成就，各个国家和地区的艺术也相互交流融合。

自然科学的发展

近代欧洲在自然科学领域取得了许多开创性的成就，物理学、天文学、化学和生物学等领域都出现了许多伟大的人物。他们做出了卓越的贡献，使人类对自然和宇宙的认识有了颠覆性的改变，生产力得到了迅速提高。

经典力学体系的建立

经典力学是力学的一个分支，以牛顿运动定律为基础。牛顿（1643—1727年）是人类历史上最伟大的科学家之一。他很小的时候就喜欢机械发明，1661年考入剑桥大学三一学院，1664年被选拔为研究生，并成为巴罗教授的助手。1665年，伦敦发生瘟疫，牛顿返回家乡。在此期间，他研读了开普勒的《论火星的运动》等科学著作，并做了许多科学研究，为万有引力、光的色散现象和微积分等科学思想的萌芽打下了基础。1667年，牛顿回到剑桥，获得了硕士学位，并且当选三一学院的研究员。

牛顿在回故乡逃避瘟疫期间，对开普勒的天体引力思想进行了重点研究，力有引力思想开始在他的头脑里萌芽。牛顿同时对伽利略的惯性定律和自由落体定律进行了研究。他认为，开普勒和伽利略虽然都说明了地上的物体是怎样运动的，却又都没有说明这样运动的原因。牛顿试图找到天体与地面物体运动的统一力学原因。后来的学者伏尔泰在访问英国时听到一个故事，说牛顿在一棵苹果树下思考时，被一个落下的苹果砸在头上，突然受到启发，想到了万有引力。这个故事非常著名，但已无法证实，不过可以从一个侧面反映牛顿进行科学研究时的专注和刻苦。开普勒的天体力学和伽利略的地面力学的相互结合，才是启发牛顿发现万有引力定律的真正原因。伽利略的研究局限于地面物体的

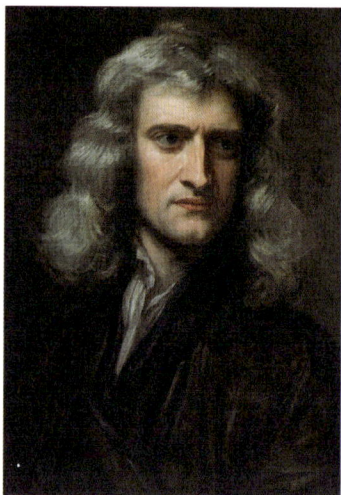

牛顿

牛顿通过论证开普勒行星运动定律与他的引力理论间的一致性，展示了地面物体与天体的运动都遵循着相同的自然定律，从而消除了人们对太阳中心说的最后一丝疑虑，并推动了科学革命。

力学现象，牛顿把研究的视野扩展到天上的物体，认识到月球环绕地球运行的作用力的来源，正是地球的引力。正是在开普勒和伽利略研究的基础上，牛顿于1666年产生了万有引力理论的萌芽，并于同年开始进行力学计算，以验证他的理论。他以开普勒的行星运动第三定律为根据，初步推导出了行星绕日运动的引力定律，也就是引力的平方反比定律。为了证实这一定律是正确的，牛顿以月球绕地球的运行为例进行了计算。当时，人们已经观测出月球的大小、速度和轨道半径。只要计算出月球的向心力与地球的引力相等，就能证明月球的向心力来自地球的引力。这样，就可以验证引力的平方反比定律以及地面物体运动与天上物体运动的统一力学原因是万有引力。然而，牛顿没有想到，当他完成一系列的计算之后，发现使月球保持在轨道上所需的力和地球表面的重力只是相近而非相等。因此，他在返回剑桥后，未敢声张他的发现。

1673年，荷兰科学家惠更斯（1629—1695年）根据钟摆的运动实验与圆周运动实验，推算出了向心力定律。牛顿觉得这一定律与自己的引力平方反比定律的一个推论十分相似，便重新进行万有引力定律的研究。牛顿的好友、著名天文学家哈雷（1656—1742年）在1683年对开普勒的行星运动第三定律进行研究时，也发现了向心力的平方反比定律，但他无法证明。后来，哈雷在与同样研究引力问题的罗伯特·胡克（1635—1703年）和格雷山姆学院的天文教授雷恩（1632—1723年）的一次聚会中提出了这一问题。胡克表示他可以证明月球的向心力与地球的引力关系。然而，哈雷和雷恩都对胡克的证明不满意。哈雷表示会继续寻求科学的证明。

这时，牛顿对万有引力定律的研究取得了突破。他积极吸取了当时最新的天文观测成果。法国天文学家皮卡尔（1620—1682 年）在 1671 年精确测算了地球的半径，这就使牛顿能够克服由于数据不精确而造成的计算误差。牛顿还对原来的计算方法进行了重大改革，将地球与月球同时作为力学中的两个质点。他在此基础上进行了新的计算。他发现，月球对地球的向心力与地球对月球的引力是相等的。这说明月球在轨道上的向心力来自地球的引力。于是，万有引力定律表示如下：任意两个质点通过连心线方向上的力相互吸引。该引力的大小与它们的质量乘积成正比，与它们距离的平方成反比，与两物体的化学本质或物理状态以及中介物质无关。牛顿确立了万有引力定律的公式，同时明确了引力常数的存在，但并没有确定引力常数的精确值。后来，英国著名物理学家和化学家卡文迪许（1731—1810 年）在 1798 年运用精巧的扭秤实验，才测出了这一常数的精确值。牛顿经过 17 年的努力（1666—1683 年），终于成功发现了地面物体运动与天上物体运动的统一力学原因。

在牛顿之前，伽利略比较全面地研究了宏观物体运动的力学现象，但未能建立起完整的经典力学体系。不过，他的研究与开普勒的行星运动第三定律及其天体力学思想，都是牛顿建立经典力学的基本前提。此外，笛卡儿和惠更斯等人对力学所作的研究也为牛顿提供了借鉴。开普勒和伽利略在对力学现象进行定性描述和定量分析时，缺少明确的力学概念。牛顿较为明确地提出了质量、动量、外力等一套力学概念以及惯性、向心力、加速度、相对运动、绝对运动

惠更斯及其研究
惠更斯从实践和理论上研究了钟摆及其理论，提出著名的单摆周期公式，用摆求出重力加速度的准确值。

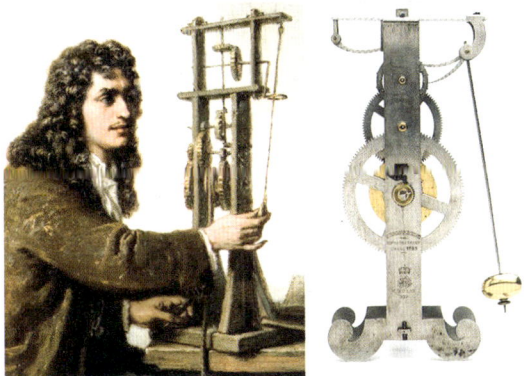

等力学概念的定义。他进行了广泛的实验，在发现万有引力定律的同时，发现了著名的牛顿力学三定律。牛顿的力学概念、三大定律和三大定律的基本推论，是 17 世纪中期以前力学的一次大综合，奠定了经典力学的理论基础。牛顿建立了一个以宏观低速物理现象为研究对象的经典力学体系。这一经典力学成果，在他的《自然哲学的数学原理》这一巨著中有集中论述。

光学和电学

16 世纪末到 17 世纪初，磨制透镜的技术取得了明显的进步，为光学的发展提供了技术基础。荷兰光学家詹森（1580—1638 年）在 16 世纪末发明并制造了第一台显微镜，荷兰制镜商利波尔塞在 1608 年发明并制造了第一架望远镜。伽利略在 1609 年得知了望远镜发明的消息后，立刻在同一年发明了第一架折射型天文望远镜，他还研制过显微镜。在他的影响下，这两项发明很快被运用到天文学和解剖学中，天文学和解剖学又反过来促进了这两项发明的发展。

17 世纪初，开普勒为革新天文望远镜，以他的几何学为基础，对几何光学进行了初步的研究，最早提出了焦点和光轴等最初的几何光学概念。荷兰物理学家和数学家斯涅尔（1580—1626 年）对几何光学现象进行了较为系统的实验研究与数学分析，在 1620 年发现了反射定律和折射定律。这两条几何光学

笛卡儿
笛卡儿因将几何坐标体系公式化而被称为解析几何之父。他运用坐标几何学从事光学研究，并在《屈光学》中首次对光的折射定律提出了理论论证。

现象的基本定律，为近代几何光学奠定了初步的基础。随着近代几何光学的初步发展，物理光学的研究也取得了进展。在光的物理特征方面，人们主要探讨了光的本性和颜色这两个问题。17 世纪初，居住在荷兰的法国数学家笛卡儿对物理光学进行了初步研究，提出了两种假说：其一，以光的反射现象为根据，推导出光或许是一种类似微粒的物质，这种观点成为后来微粒说的鼻祖；其二，光是一种以"以太"为媒质的压力（以太是 ether 或 aether 的音译，意思是另外一种说不清的基本物质），这种观点成为后来波动说的先驱。

意大利波仑亚大学的数学教授格里马第（1618—1663 年）经过实验，在 1655 年提出了光的波动说，认为光是一种波浪式传播的流体。英国物理学家胡克综合了笛卡儿和格里马第两人的某些观点，提出一种假说，认为光是以太的一种纵向波。17 世纪 60 年代中期，牛顿也进行了一些光学试验，发现白光是由各种单色光组成的复合光和"牛顿环"现象，建立了最初的光谱理论。他还认为光是一种粒子流，成为微粒说的代表人物。而荷兰著名天文学家、物理学家和数学家惠更斯最先在理论上总结了光的波动学说，成为波动说的代表人物。这两种学说之间进行了激烈的争论，以牛顿为代表的微粒说曾一度取得权威地位。直到 19 世纪，英国的托马斯·杨（1733—1829 年）等人的试验，使波动说再次兴起，并取得了许多新的进展。

17 世纪初，英国著名医生、物理学家吉尔伯特（1544—1603 年）对静电的观察，使人们开始关注静电现象。意大利物理学家卡毕奥（1585—1650 年）在 1629 年的一次实验中发现了同电相斥现象，却无法对这种现象进行更深入的实验研究和理论研究。曾担任德国马德堡市市长的物理学家盖利克，在 1650 年发明了抽气机（真空泵），在 1654 年进行了以真空实验为基础的大气压力实验，即著名的"马德堡半球"实验。1660 年，他发明了摩擦起电机，真正开创了近代电学。牛顿研究了盖利克起电机后，在 1675 年用玻璃球代替硫黄球，也制成了一台摩擦起电机。17 世纪末到 18 世纪初，在西欧各国以及北美殖民地，出现了各式各样经过改制的盖利克起电机。1729 年，伦敦的一个业余电学爱好者格雷（1670—1736 年）和他的助手运用盖利克起电机进行了也许是近代科技史上最早的架设输电线路实验，发现了导体与绝缘体的差别。法国工程师杜菲（1698—1739 年）在格雷实验的基础上，于 1734 年进行了新的实验，发现有两种电，并且同电相斥、异电相吸。从盖利克发明起电机开始，经过许多人的努力，早期静电学终于具备了初步的实验与理论基础。

1745 年，任教于荷兰莱顿大学的电学家穆森布罗克（1692—1761 年）独

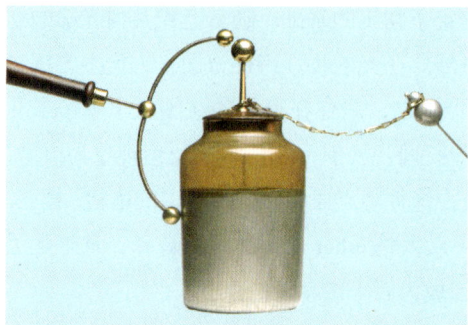

莱顿瓶
莱顿瓶的发明标志着人们开始对电的
本质和特性进行研究。

立地发明了一个可以储存电流的装置，后来称为莱顿瓶。1745 年，沃森等人
用莱顿瓶进行了一次长 12276 英尺（约 3741.7248 米）的远距离导线输电实验，
只是得出了"电的传输是瞬时的"这一初步结论。1746 年，沃森发表了《电
的性质与特征》。

后来，一个叫斯彭斯的英国学者把当时的电学理论带到了北美殖民地，
引起了一些人的兴趣，其中之一就是近代电学伟大奠基者之一的富兰克林
（1706—1790 年）。富兰克林进行了一些新的电学实验。1752 年 6 月的一天，
富兰克林和他的儿子带着装有一个金属杆的风筝，在暴风雨中将雷电捕捉并储
存在莱顿瓶中，证明了天上的闪电和人间的电是同一种东西的假说。富兰克林
注重将实验成果引入实用领域，在成功进行风筝实验的同一年，他研制出了避雷
针。他还发明了一种新的电容器，是莱顿瓶向后来的伏打电池发展的一个中间环
节。在理论方面，他首创了一套电学与电工术语，如正电、负电、电池、电容、
充电、放电、电击、电工、电枢、电刷等，还将研究成果写成了电学理论著作。

热学

近代对热量的实验研究，是从测量"热度"开始的。伽利略在 1593 年制
造了一个空气测温计，利用空气受热膨胀的原理测量温度。但影响气体膨胀的
因素过多，所以空气测温计并不能准确地反映温度变化，很快被液体测温计取
代。意大利西门图学院的科学家在 1641—1645 年用一种带色的酒精制成了液
体温度计，后来的科学家们继续寻找更好的制造温度计的方法。

德国人华伦海特（1686—1736 年）制造出了两种温度计，一种装入酒精，

另一种装入水银。他选用结冰的盐水混合物的温度和人体血液的温度作为两个基准点，并将之间的温度等分成 96 度，然后将冰水混合的 32 度作为第三个基准点，又将水的沸点设定为 212 度。他发现一种现象：同一种液体的沸点会随着气压的降低而减小。于是，他把温度计和气压计结合起来，制造了一种温度气压计。华伦海特的温度标记方法称为华氏温标，在英美国家中得到了广泛应用。

法国人勒奥默（1683—1757 年）在 1730 年制造了一种酒精温度计，他认为酒精比膨胀系数较小的水银更适合测量温度的变化。他以水的冰点为零度，以水的沸点为 80 度。因为他在实验中发现，如果在水的冰点时，酒精的体积是 1000 份，那么在水的沸点时就会变成 1080 份。勒奥默的温度标注方法称为勒氏温标，主要被德国人采用。

1742 年，瑞典人摄尔修斯（1701—1744 年）用水银温度计在融化的雪中测出冰点，在沸水中测出沸点，将两点间等分为 100 格。为了避免测量低温时出现负数，他将水的沸点定为零度，将冰点定为 100 度。但是温度越高，度数越低，这种温度标记方式给使用带来了不便。8 年后，摄尔修斯的同事施勒默尔提出建议，将标度倒转，以冰点为 0 度，沸点为 100 度，方便使用。1948 年，第 9 届国际计量大会把这种百分温标命名为"摄氏温标"，单位是摄氏度，用℃表示，后来被科学界长期采用。

在科学的热量概念和精密的量热仪表出现后，热学开始真正地独立发展。早在 17 世纪，意大利的科学家们在实验中发现，同一温度下具有相同重量的不同液体分别与冰混合时，冰被融化的数量并不相同，这说明不同物质有着不同的放热能力。1760 年左右，英国化学家布莱克（1728—1799 年）通过实验证实了物质的吸热与放热能力和它们的密度成比例变化的假设。他还对物态变化中的热现象进行了研究。大约从 1756 年开始，他就在考虑冰融化为水和水变为汽时物质吸收了大量的热却并不升温的原因，他将这种不表现温度升高的热称为潜热，并用两个公式说明这一现象，即：冰 + 潜热 = 水，水 + 潜热 = 汽。1762 年，他测出冰变为水时吸收的潜热是同重量的水升高一度时吸所收热量的 78 倍；水变为汽时吸收的潜热是同重量的水升高一度时吸收热量的 450 倍。这一发现在理论上为人们对不同材料的吸热或放热现象及热传导能力的研究提供了指导。拉瓦锡和拉普拉斯等人继承了布莱克的研究，他们把一磅水升高或降低 1℃时所吸收或释放的热作为热量单位，称之为"卡"。1780 年，麦根仑首先用"比热"这一术语对物质在一给定温度下单位物质质量中所含的全部热量加以定义。布莱克等区分了"温度"和"热量"这两个热学概念，并提出了"潜热"和"比热"等热学概念，开创了量热学这门新的学科。

布莱克也对热的本质进行了探索，认为"热"是和"燃素"一样的由特殊的"热粒子"组成的"热流体"。这种"热粒子"，后来也被人们称为"热素"和"热质"。于是，布莱克在热的本质方面提出了"热质说"。1780 年，拉瓦锡与拉普拉斯合作，正确测定了物质的热容量，并在 1789 年所写的《化学基础论》一书中引入了热物质，将它作为元素之一，称为热质。于是，热质说便由布莱克提出，由拉瓦锡明确归纳完成，成为 18 世纪末到 19 世纪前 30 年左右在物理学上的主流观点。

热质说在 18 世纪末开始受到怀疑。1798 年，从美国移居到欧洲的本杰明·汤普森（即伦福德伯爵，1753—1814 年）进行了"伦福德热学实验"，认为热是机械运动的一种形式，运动产生热，提出了与"热质说"对立的"热动说"，并使热学与力学开始相互渗透。英国青年化学家戴维（1778—1829 年）在 1799 年进行了一次摩擦冰块的实验，对热动说进行了证实。

在力学、热学和化学的相互影响下，科学界发生了热质说与热动说的论争。虽然直到 1826 年，英国植物学家布朗（1773—1858 年）发现了分子热运动，才最后证实了热动说。但是这场论争，不仅创造条件使热学与力学相互渗透进而产生了热力学，还为以后能量定律的发现奠定了一定的基础。

电磁学

19 世纪初，大多数人还认为电和磁这两种现象毫不相关。但是，早在 18 世纪 30 年代，就已经有人开始注意电和磁之间的联系了，如富兰克林和丹麦的物理学家奥斯特等人。

1820 年 4 月，奥斯特在课堂上偶然发现了通电导线使磁针偏转的现象。后来，他又做了 60 多个实验，证实将各种金属或非金属材料放在磁针和导线之间，都不能妨碍电流对磁针的偏转作用。这一发现令整个欧洲科学界震惊，法拉第认为它"猛然打开了科学中一个黑暗的大门"。同年 9 月，法国科学院院士安培（1775—1836 年）听到了这个消息，便立即重复了这个实验，获得了一系列新的发现。他提出圆形电流可能会产生磁场，磁铁则与通电线圈相似；他还发现了安培定则，并进一步推导出，地磁场是由于地球上有从东向西流动

法拉第

的电流形成的。他还发现两条通电导线之间的相互作用，当电流同向时便相互吸引，异向时则相互排斥。他还通过一组精巧的实验并运用数学方法，推导出两个电流元之间的作用力公式，这就是著名的安培定律。通过这一定律，他认为磁现象有可能是电特性的一种表现，并以此为出发点，提出了著名的分子电流假设。他尝试把电磁学纳入牛顿力学的框架，把电流的相互作用称为电动力，定义了电动力学，认为磁学是其中的一个分支。他做出了许多杰出的贡献，被麦克斯韦称作"电学中的牛顿"。

1821年，英国物理学家、化学家法拉第转向电磁学研究，并最终发现了电磁感应现象。这一现象的发现过程很艰苦，他经过十年的努力，直到1831年8月才获得突破。同年12月，他当众做了一个实验，在水平的轴上装好铜盘，使铜盘在转动时，边缘通过一个碲形磁铁。铜盘转动后，通过轴上引出感生电流，经电线回到铜盘边缘。这相当于制造出了第一台发电机。法拉第在一篇论文中将产生感生电流的情况总结成五大类，并将这种现象称为"电磁感应"。1851年，法拉第较为完善地表述了电流的磁感应定律："形成电流的力量止比于切割的磁力线数"。1833年，俄国物理学家楞次（1804—1865年）找到了判断感生电流方向的方法，被称为楞次定律。18世纪末到19世纪初的一些著名学者，如法国的库仑、安培等人，都喜欢采用超距观点研究电磁现象。法拉弟却采用笛卡儿的近距作用观念，着重研究电荷之间的相互作用是通过什么传递的。通过实验，他创造了电力线和磁力线的新概念，认为力线是一种实际存在，描述了电场和磁场，是对传统质点概念的一个很大的突破。

19世纪，库仑定律、高斯定律、安培定律和法拉第定律得以确立，场和力线的概念也被提出。英国的格林（1793—1841年）在1828年提出了位势的

纪念麦克斯韦贡献的邮票
尼加拉瓜 1971 年发行了一组改变世界面貌的十个物理公式的纪念邮票，其中就有表达电磁场基本定律的麦克斯韦方程组。

概念。诺依曼（1798—1895 年）在 1845 年借鉴安培的方法，从矢势的角度推出了电磁感应定律的数学形式。英国的威廉·汤姆逊（1824—1907 年）在 1847 年至 1853 年提出了铁磁质内磁场强度 H 和磁感应强度 B 的定义，导出了 $H=\mu B$ 以及磁能密度和载流导线的磁能公式。这些科学家所取得的成就，都是后来英国物理学家麦克斯韦电磁场理论创立的必要条件。

麦克斯韦受到法拉第和汤姆逊的影响，致力于研究"力线""力管"和"场"。1855 年，他发表了第一篇研究电磁场理论的论文；1861 年，提出了"涡旋电场"和"位移电流"两条假定，成为他创造新理论的基础。1862 年，他发表了《论物理的力线》。1864 年，他在皇家学会宣读了《电磁场的动力学理论》。为了对电磁现象进行定量的描写，他列出了含有 20 个变量的 20 个方程式，几乎把当时电磁理论所取得的全部成果都包含在内。他计算出电磁波的能流密度公式，得出电磁波传播速度的计算公式，在真空中，这个值约为每秒钟 30 万千米，等同于光速。人们一度不相信关于电磁波的预言，直到 1888 年，德国物理学家赫兹用实验证实电磁波的确存在，才使人们普遍接受了电磁场理论。赫兹还在 1890 年把麦克斯韦的方程组精简为 4 个对偶形式的微分方程。

从法拉第开始，由麦克斯韦完成的电磁场理论，是第一个场论，成为狭义相对论和现代场论的先导。

能量守恒定律

19 世纪自然科学的三大发现是能量守恒定律、细胞学说以及进化论，而能量守恒定律的最初源头就是运动的量度和运动不灭的思想。

笛卡儿曾在 1644 年提出一种观点："物质有一定量的运动，这个量从来都不增加，也不减少。"到了 19 世纪，一系列重要发现表明自然现象间普遍存在联系和相互转化的关系。比如，汤普森和戴维，在 1799 年用摩擦生热证明机械运动能够转化为热；德国的里特（1776—1810 年）在 1801 年发现了紫外光的化学作用；丹麦的奥斯特在 1820 年发现了电流的磁效应，之后由法拉第完成了电磁感应定律的研究，证明电和磁之间能够相互转化；德国的塞贝克（1770—1831 年）在 1821 年发现了温差电现象，证明热能够转化为电。法国的贝克勒尔（1820—1891 年）在 1839 年发现光照可以改变电池的电动势。到了 19 世纪 40 年代，能量转化与守恒定律由欧洲几个国家的十几位学者，用不同专业的不同方式，分别独立发现，这些学者中具有代表性的是德国的罗伯特·迈尔（1814—1878 年）、英国的焦耳（1818—1889 年）和德国的赫尔姆霍茨（1821—1894 年）。

　　迈尔是一位医生，1840 年起在汉堡行医。他对任何事情都喜欢亲自进行实验研究，1840 年 2 月，他作为一支船队的随船医生来到印度，船员因水土不服都生了病。依照老办法，迈尔给船员们放血治疗。从前医治这种病，只要在病人静脉血管上扎一针，就会放出黑红色的血，可是这次放出的血仍然是鲜红色的，这令迈尔感到很好奇，开始思考其中的原因。当时的人们已知血的颜色鲜红是因为含氧量高，迈尔认为一定是因为人到了热带后肌体消耗的热量较少，导致食物燃烧时耗氧量减少，静脉血里的含氧量增高。于是他认识到，食物所含的化学能可以转化为热，后来又根据海浪冲击使水温升高的现象，认识到机械运动与热也存在一定的关系。他的第一篇论文是《论力的量和质的定义》，但没有被科学界接受。1842 年，他的《论无机界的力》发表在李比希主编的《化学与药学年鉴》上。1845 年，他自费出版了《论有机运动和新陈代谢》。但是，他的观点不被接受，还被物理学家们称为"疯子"，家人也怀疑他精神有问题。1849 年，他跳楼自杀未遂，双腿伤残成了跛子。随后，他又被送到哥根廷精神病院。直到 1858 年，他才被放出来。晚年，他终于得到认可，被授予一系列的荣誉。

　　焦耳从小跟随道尔顿学习化学、数学和物理。他一边管理父亲留下的啤酒厂，一边进行科学研究。他在 1840 年到 1841 年间对电转化为热的现象进行了研究，发现了著名的焦耳定律。1843 年，他发表了论文《论电磁的热效应和热的机械值》。1845 年，他研究了空气的绝热压缩和真空中空气自由膨胀实验，计算出热功当量的值是 436 千克米 / 千卡和 438 千克米 / 千卡。1850 年，他在论文《论热功当量》中对全部工作进行了一次总结，给出了沿用至今的热功当

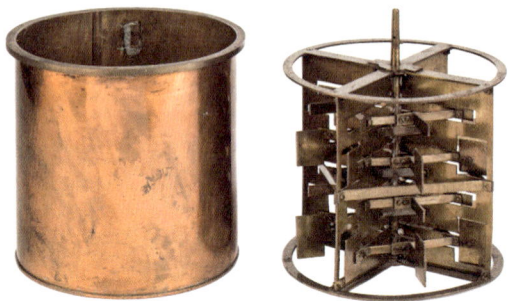

焦耳的实验用具
焦耳通过对热运动与其他运动的相互转换、运动守恒等问题近 40 年的研究，证明了能量守恒定律。

量测定方法，这一次测到的热功当量值是 425.77 千克米 / 千卡。他的实验测定一直延续到 1878 年，在大约 40 年里实验了 400 多次。不过，他的努力一直没有得到重视。1847 年，焦耳在英国科学协会的会议现场边实验边讲述自己的理论，汤姆逊当场提出质疑，焦耳冷静地进行了反驳。事后，汤姆逊进行了反思，做了一些实验，在找资料时发现了迈尔几年前发表的论文，其中的观点竟与焦耳完全一致。于是，他去向焦耳认错，两人共同展开研究，在 1853 年完成了能量转化与守恒定律的精确表述。

赫尔姆霍茨是一位生理学家、物理学家和数学家。他通过生理学的研究，也得到了同样的结论。他在 1847 年写了《论力的守恒》，对力的不灭原理进行论述，但当这一著作出版时，柏林科学院中支持他的只有数学家雅可俾。与上述三人几乎同期发现这一定律的，还有法国工程师卡诺、英国律师格罗夫、丹麦物理学家柯尔丁等人。这一发现是 19 世纪自牛顿力学建立之后，人类在物理学方面所取得的最重要的成就之一。

天文学

近代的天文学取得了很大的发展，出现了一批杰出的天文学家，取得了许多重要的研究成果。

1641 年，在波兰天文学家约翰·赫维留（1611—1687 年）的领导下，当时欧洲最大的格但斯克天文台建成。赫维留是月面学的创始人，并且编写了一份包含 1546 颗星的星表。他一生中制造了六分仪、象限仪和折射望远镜等天文仪器和设备。法国天文学家皮卡尔（1620—1682 年），是巴黎天文台的发起

哈雷彗星

哈雷彗星是唯一能用裸眼直接从地球看见的短周期彗星，因哈雷首先测定其轨道数据并成功预言其回归时间而得名。

人之一。1669 年到 1670 年，皮卡尔测出了巴黎和亚眠之间的子午线的弧长，测得该子午线 1 度的长度是 111.21 千米，仅比现在测量的数据多了 0.03 千米。皮卡尔是采用线网目视筒代替觇板孔来进行角测量的第一个人。他将自己制造的十字丝测微计装在巴黎天文台的测量工具上，对太阳、月球和行星的角直径及附近恒星之间的角距离进行测量，得出"地球并不是很精确的球形"的结论。他还于 1678 年出版了世界天文史上的第一部天文年鉴。意大利天文学家卡西尼（1625—1712 年）于 1669 年迁居法国，他领导筹建了巴黎天文台。他的成就有：1671 年到 1684 年，他先后发现了土卫八、土卫五、土卫三和土卫四这四颗土星卫星；还发现了土星光环的缝隙，即卡西尼环缝；1671 年至 1679 年，他详细观测了月球的表面，编成了月离图。英国天文学家弗拉姆斯蒂德（1646—1719 年）在进行了系统的观测后，完成了《不列颠星表》这部三卷集的巨著，收集了 3000 颗星的位置，并为每个星座设定了编号。

英国天文学家哈雷（1656—1742 年），在 1679 年编制出版了第一个南天星表。哈雷在天文学方面的最大建树是对彗星的研究，在观测 1680 年的大彗星之后，又计算了 24 颗彗星的轨道。他第一次用万有引力定律推算出一颗彗星的轨道，成功预测出这颗彗星绕太阳运转的周期大约是 76 年。后来，人们就将这颗彗星命名为"哈雷彗星"。英国天文学家詹姆斯·布莱德雷（1693—1762 年）发现了光行差现象和章动现象，曾被牛顿称赞为欧洲最佳天文学家。约瑟夫·路易斯·拉格朗日（1736—1813 年）是法国数学家、物理学家和天文学家，他在数学方面的成就最为突出，在天文学方面也取得了很大的成就，提出了彗星起源假论，对金星凌日和日食进行了计算，著有

《关于月球的天平动问题》《月球的多年加速度》和《彗星轨道的摄动》等天文学著作。

1754 年，德国哲学家康德（1724—1804 年）提出了"潮汐假说"，他认为月球与地球由于相互吸引而产生潮汐摩擦，必然会影响阻碍地球的自转。尽管与地球自转的巨大速度相比，这种阻碍作用小到可以忽略不计，但这种力的作用是永恒的，一定会使地球自转的速度逐渐变慢，所以，地球和整个太阳系终有一天会毁灭。1755 年 3 月，康德在哥尼斯堡出版了《关于诸天体的一般发展史和一般理论或根据牛顿原理试论整个宇宙的结构及其机械起源》（即《宇宙发展史概论》），提出了"星云假说"。在书的第一部分，康德主要阐述了宇宙结构及其系统，指出水星、金星、地球、火星、木星都在自己的轨道上绕着太阳运转。银河系中还有数目巨大的其他恒星，在很多与太阳系类似的天体系统中是各自的中心。在第二部分，康德论述了星云假说，认为宇宙的本源是一种原始的星云物质；在天体的起源和演化中，斥力与引力是的两种相互联系的基本作用力；天体的起源与演化经过了一个逐渐发展的过程。这一假设第一次使宇宙天体的生成理论摆脱了神学的禁锢。在书的第三部分，康德还提出宇宙中其他行星上也可能有人类居住的假说。

威廉·赫歇尔（1738—1822 年）出生在法国，后来来到英国，成为一名流浪音乐家。他喜欢晚上独自望着星空，渐渐发现音乐结构与宇宙结构之间存在着某种奇妙的统一，于是开始研究天文学。因为没有钱购买器材，他自制了一台直径为 6.2 英寸的反射型天文望远镜。他用这台望远镜发现了一颗 6 等小星。

格林尼治天文台

格林尼治天文台于 1675 年创建于英国皇家格林尼治花园，起初是为海上航行服务，后致力于校正天体运动星表和恒星位置，如今是英国国家海事博物馆的一部分，收藏天文和航海工具。

又经过多日的观察测定，他认为这是太阳系的一颗新行星。后来，这颗行星被命名为天王星。由于这项杰出的贡献，赫歇尔在 43 岁那年受聘为英国宫廷天文学家，此后，他又在天文学方面取得了一系列成就，比如他在 1782 年编制出了第一个双星星表，又在 1783 年发现了太阳的自行以及太阳系作为一个整体在空间运动的现象。到了 1801 年 1 月 1 日，意大利天文学家皮亚齐（1746—1826 年）在火星与木星之间发现了"谷神星"，这是人类发现的第一颗太阳系的小行星（后被重定义为矮行星），说明太阳系中不是只有大行星。

法国天文学家布瓦尔（1767—1843 年）在 1821 年编出天王星运行表。但是，表中的数据与 1821 年以后和 1781 年以前的观测值不一致，到了 1848 年，与观测值在黄经度上有了 2′ 的偏差。有人认为，原因可能是有一个尚未发现的行星对天王星的正常运行有干扰作用。英国青年数学家亚当斯（1819—1892 年）用了 5 年时间，在 1845 年计算出了这颗行星的轨道，然后向格林尼治天文台求助，希望能寻找到这颗星，却没有得到响应。法国天文学家勒威耶（1811—1877 年）也在 1846 年计算出这颗未知行星的轨道参数，然后将结果通知了柏林天文台的德国天文学家加勒（1812—1910 年）。得到消息的当晚，加勒就用望远镜在勒威耶预告的位置附近发现了这颗行星。这就是海王星发现的过程。

近代化学的发展

近代化学产生于 17 世纪中期。中国的炼金术通过阿拉伯传入欧洲后，13 世纪实验科学的开拓者、英国哲学家罗吉尔·培根（约 1214—1294 年）是第一个认真研究炼金术的人。

从炼金术向近代化学过渡的代表人物是比利时炼金术士赫尔蒙特（1579—1644 年）。在他自己所说的"火术"（其实是炼金术）的研究实验中，赫尔蒙特第一个发现空气并不是单一的元素，而是一种混合物，包含着不同类别的气体。他还发现了二氧化碳、一氧化碳和二氧化氮。他认为定量分析在化学实验中十分重要，广泛地使用了天平。定量分析在炼金术向近代化学转变的过程中具有重要的意义。赫尔蒙特根据他从实验中得出的事实，否定了古希腊自然哲学中的元素学说，认为元素不能转变成其他东西，也不能被还原为更简单的状态。据此，他认为只有水和空气才是真正的元素，土和火并不是。这个元素定义是后来波义耳（1627—1691 年）确定的元素的科学定义的直接理论基础。波义耳受到赫尔蒙特《医学入门》的影响进行科学研究，最终将炼金术彻底转变为化学。波义耳出生于爱尔兰，少年时曾留学意大利、瑞士等国，学习当时还以炼金术为主的早期化学。1644 年，他回到老家开始隐居生活，对哲学和早期化学进行研究。1654 年，波义耳应邀前往牛津，建立了斯泰尔桥的物理化学实验室，聘请了青年胡克等人做助手。他在斯图亚特王朝复辟后移居伦敦，在那里创建了英国第一所专门的化学实验室。他在牛津期间，曾与胡克一起用盖利克发明的抽气机进行过减压蒸馏等实验，在这些实验的基础上，他在 1662 年提出了波义耳定律。

在近代化学史上，波义耳是第一个杰出的实验化学家、近代化学的奠基人。其实在波义耳以前，人们在对元素的研究中已经取得了许多发现。古代的人们已经发现了铜、锡、锌、铅、金、银、汞等金属元素，后来又发现了砷、碳等非金属元素。不过，人类却一直对"什么是元素"这个问题很困惑。波义耳吸取了古希腊哲学中的原子论和赫尔蒙特的元素定义，提出了一个科学的元素定义。他认为，元素是某种原始的、简单的、没有任何掺杂的物体。元素不能用任何其他物体造成，也无法彼此相互造成，是直接合成所谓完全混合物的成分，也是完全混合物最终分解成的要素。这一定义的提出，大大激发了人们寻找新元素的兴趣，促使一系列新的化学元素被发现，进而促进了化学的发展。波

波义耳使用的空气泵
波义耳在 1662 年根据实验结果提出："在密闭容器中的定量气体，在恒温下，气体的压强和体积成反比关系。"

义耳在实验化学和理论化学两方面都作出了重
要的贡献，初步奠定了近代化学的基础。

波义耳通过对火的研究，也就是在对燃烧
和焙烧研究的基础上，初步认识到空气是燃烧
的必要条件，对燃烧现象进行了理论上的解释。
他之后的胡克、梅尤等人都对燃烧进行了研究。
17世纪，化学在受炼丹术与炼金术影响很大的
德国得到了振兴，贝歇尔（1635—1682年）和
斯塔尔（1660—1734年）为代表的医药化学家
提出了燃素假说，用以解释燃烧和焙烧现象。
从此，早期的近代化学进入了一般化学史家通
称的"燃素时期"。1669年，贝歇尔在《地下的
自然哲学》中提出了最初的燃素假说，斯塔尔
对他的理论进行了改进，形成了正式的燃素假
说，认为燃素并不是火的本身，而是一种呈细
微粒子状的火的原质或元素；燃素存在于一切
可燃物体以及金属之中，有时是油质的，有时
是火质或土质的，可燃性是其本质属性。这一
学说曾在一个多世纪的时间里被化学家们信奉，
但在解释金属的煅烧现象时，却始终无法自圆
其说。18世纪初气体化学的初步发展，进一步
证明了燃素说理论的错误。

英国化学家布莱克和卡文迪许都进行了气
体化学的研究。卡文迪许用汞槽法制取出纯净
的二氧化碳，测定了二氧化碳的比重和溶解度，
发现当空气中二氧化碳的含量达到1/9时，就可
以使蜡烛熄灭。他还成功制取了氢气。1772年，
布莱克的学生卢瑟福（1749—1819年）通过实
验发现了一种气体，这是氮气最早的发现。大
约同一时期，卡文迪许和英国化学家的普利斯
特列（1733—1804年）也发现了这种气体。在

拉瓦锡雕像
近代化学之父拉瓦锡在化
学上的杰出成就很大程度
上源于他将化学从定性转
向定量。

此基础上，瑞典的席勒（1742—1786 年）与普利斯特列几乎同时独立发现了氧气。但是，这两位化学家过于信奉燃素说，他们发现的氧气并没有在他们手中成为变革化学研究的工具。法国青年拉瓦锡（1743—1794 年）经过 5 年的实验，在 1777 年向巴黎科学院提出了一篇题为《燃烧通论》的论文报告，提出了他的新的燃烧理论——氧化说。这一理论推翻了燃素说，彻底清除了带有炼金术色彩的燃素论对理论化学的影响，使近代化学进入了一个全新的发展时期。

原子–分子论的形成

18 世纪末 19 世纪初，化学界取得了许多研究成果，如相继发现了钼、碲、钨、钛、钇、铬、铍等元素。1785 年，法国化学家雅·查理（1746—1823 年）发现了气体的膨胀定律。1791 年，德国化学家里希特（1762—1807 年）发现了酸和碱的中和定律以及当量定律。1799 年，法国化学家普鲁斯特（1754—1826年）发现了定比定律。随着研究的深入，人们发现氧化学说并不能解释所有的化学现象，应当对化学反应的本质加以探寻。

受到古希腊原子论的启迪，道尔顿（1766—1844 年）提出了化学原子论。道尔顿出生于英国，他在 1801 年的一些气体分析实验中，发现了气体的扩散现象和气体的热膨胀定律以及分压定律，并由此最终得出有关物质结构和化学反应的原子论。他认为原子是组成化学元素的、非常微小的、不能被分割的物质粒子。在化学反应中，原子本来的性质不变。同一元素的所有原子在质量和其他性质等方面完全相同，不同元素的原子的质量以及其他性质则不同。有简单数值比的元素的原子结合时，原子之间就发生化合反应，从而生成化合物。化合物的原子称为复杂原子。一种元素的原子与另一种元素的原子化合时，它们之间成简单的数值比。以上这些原子论的要点，是他于 1803 年 9 月 6 日写入笔记的。他在 1803 年 10 月 21 日的曼彻斯特文哲会上宣读了论文《关于水及其他液体对气体的吸收作用》，首次将他的原子论的要点公之于众。

1807 年，英国化学家托马斯·汤姆逊（1773—1852 年）在他的著作《化学体系》中对道尔顿的原子论作了详尽的介绍。1808 年，道尔顿出版了《化学哲学的新体系》的第一卷，书中记录了他的原子论的主要实验和基本理论，宣告化学原子论正式问世。原子论的建立产生了一系列重大的影响，包括后来意大利物理学家阿伏伽德罗（1776—1856 年）建立的分子论，瑞典化学家贝采利乌斯（1779—1848 年）等人对元素的原子量的测定以及门捷列夫（1834—1907 年）对元素周期律的发现。

　　分子概念是阿伏伽德罗在 1811 年提出的。他认为参加化学反应的最小质点是原子，单质或化合物能独立存在的最小质点是分子。分子由原子组成。化学变化的本质是不同物质分子的原子重新组合的过程。他还认为，在体积相同的情况下，所有气体包含的分子数目相等。阿伏伽德罗的分子说是由道尔顿的原子论合理发展而成的，在当时的化学界却不被大多数人接受。原子论得到普遍承认后，许多化学家都展开了对原子量的测定和研究工作。瑞典化学家贝采利乌斯对 2000 多种单质和化合物进行了准确的分析，他的学生德国化学家米希尔里希（1794—1863 年）在 1819 年发现了同晶定律。通过不断研究，人们逐渐认识到，一种元素在同他种元素结合时，原子数存在一定的比例关系。英国化学家弗兰克兰（1825—1899 年）在 1852 年对金属与烷烃基的化合物进行研究时得到启发，进而又去研究其他无机化合物的分子式，从而提出了"化合力"的概念。1857 年，德国的凯库勒（1829—1896 年）和英国的库帕（1831—1892 年）对弗兰克兰的思想加以发展，用"原子数"或"亲和力单位"来表示各种元素的化合力，共同奠定了原子价理论的基础。而"原子价"这一术语是由德国的迈尔（1830—1895 年）在 1864 年提出的，这一学说对各元素在化合时所遵循的量的规律进行了阐释，推动了整个有机化学的发展。1860 年 9 月，在德国的卡尔斯鲁厄召开了欧洲化学界的国际会议，专门对统一原子价、化学式和元素符号的问题进行讨论。意大利的康尼查罗（1826—1910 年）在会议中分发了《化学哲理课程大纲》一书，指出了令人信服的确定原子量的途径，即首先应当测定物质的分子量并以此为基础精确测定原子量。他的观点被化学界普遍接受，原子—分子理论形成了协调的体系。

元素周期律的发现

　　截止到 1869 年，人们发现的新元素一共有 63 种。化学家们经过大量的研究，得到的资料却完全不成系统。当时的人们不免产生一种疑问，即各元素之间是否存在内在联系。

　　德国的德贝赖纳（1780—1849 年）在 1829 年对当时已知的 54 种元素的

资料进行了整理，并按性质对元素进行了分组。通过这项工作，他发现了几个"相似元素组"，每组中有 3 种元素，位于中间的元素的化学性质介于前后两种元素之间，原子量也接近于前后两种元素原子量的平均值。德国的培顿科弗（1818—1901 年）和法国的尚古多（1820—1886 年）都进行了这方面的研究，尚古多还创作了一张《螺旋图》，但是他的成果没有被法国化学界接受。德国化学家迈尔在 1864 年按原子量大小的顺序列出了一张《六元素表》，还在表中为尚未发现的元素留出了空位，不过他进行排列的元素数量还不到当时已知元素的一半。英国化学家纽兰兹（1837—1898 年）在 1865 年将元素按原子量排列时，发现元素的性质每隔 7 个元素就会周期性重现，他的研究成果不被英国化界所接受。1868 年，迈尔对《六元素表》进行了修改，发表了原子体积——原子量图。

对元素周期律的发展贡献最大的无疑当属俄国化学家门捷列夫。

门捷列夫不仅发现了元素周期律，更通过归纳总结于 1869 年独立编制并发表了第一张元素周期表。他的表中包括 63 个已知元素，并留有 4 个空位，没有元素名称但标明了原子量。在同年 3 月的俄国化学会上，他宣读了《元素属性和原子量关系》，对元素周期律的基本观点进行了系统的阐述。门捷列夫对周期表进行修订后于 1871 年发布。这次他将元素表的周期改为横排，同族元素用竖行排列，又将同族元素划分出主族和副族，预测出 6 个待发现的元素，对一些已公布元素的原子量值进行了大胆的修订。

法国的布瓦博德朗（1838—1912 年）在 1875 年发现了元素镓（Ga），他将测定的镓的性质发表在《巴黎科学院院报》上。很快门捷列夫来信告知他对镓的密度的测算是错的。经过再一次实验，布瓦博德朗发现门捷列夫果然是正确的。

门捷列夫

门捷列夫发现并归纳元素周期律，依照原子量制作出世界上第一张元素周期表，并据此预见了一些尚未发现的元素。

门捷列夫的元素周期表手稿

门捷列夫根据元素周期律编制了第一个元素周期表，把已经发现的63种元素全部列入表里，从而初步完成了使元素系统化的任务。

元素周期律的发现，为现代无机化学的发展奠定了基础，它证明了自然界的元素之间存在着内在的联系，是一个完整的统一体。

生物分类学和细胞学说

16 世纪中期，近代生物分类学在意大利、英国、荷兰、瑞典等国兴起并逐渐发展，初步形成了人为分类法与自然分类法这两种分类方法。

人为分类法是按植物和动物的某一个器官的形态特征，人为地将生物物种划分为不连续的、有等级序列的若干级别的分类方法。这种分类法是在天主教流行的国家中形成和发展起来的，代表人物是两位意大利生物学家契沙尔比诺（1524—1603 年）和马尔比基（1628—1694 年）。契沙尔比诺开创了近代生物分类学中的人为分类法。在对植物进行分类时，他认为果和根的形态特征是分类的主要标准。马尔比基是显微解剖学的奠基人之一，他最先把人为分类法引入动物分类学，他将所有生物主要根据生物的呼吸器官的形态特征按植物、昆虫、鱼类、高等动物、人这种等级序列分类。

自然分类法是按植物和动物的多种器官乃至全部器官的形态特征，把生物物种自然地划分为连续的、相互之间有亲缘关系的类别的分类方法。这种分类法是在新教比较流行的国家形成和发展起来的，代表人物是荷兰生物学家洛比留斯（1538—1616 年）、瑞士生物学家鲍兴（1560—1634 年）和英国生物学家约翰·雷伊（1627—1705 年）。1623 年，鲍兴完成了对他当时所知的近 6000 种植物的分类。鲍兴在建立植物的自然分类体系时，广泛地采用了 16 世纪中期已被使用的双名制命名法。雷伊对自然分类法进行了进一步的发展，在 1693 年建立了一个动物的自然分类体系。英国植物学家格鲁（1641—1712 年）在 1692 年发现植物具有性繁殖。这一发现在 1694 年被德国图宾根大学的植物学教授卡梅拉留斯（1665—1721 年）和其他的一些生物学家证实。这一发现使生物分类学中人为分类法的优势更明显了。瑞典人林奈（1707—1778 年），曾到法国、英国、荷兰等国留学，与许多著名的植物学家进行过交流，还搜集了大量植物标本。他在《自然系统》和《植物种志》这两本著作中，初步建立了双名制命名法，统一了过去紊乱的植物名称。他创建的人为分类法，被称为"林氏二十四纲"，直到 19 世纪才被自然分类法所取代。这项成就为近代生物分类学奠定了基础，也为近代生物学奠定了初步基础。

1665 年，英国的胡克在用一台自制的显微镜对软木片进行观察时发现了

罗伯特·胡克的显微镜
胡克设计了一种复合显微镜，利用两个透镜来放大物体，发现了由许多小单元组成的细胞结构。

细胞，并创造了"细胞"这个词。德国的自然哲学家奥肯（1779—1851年）在19世纪初提出一切有机物都是由细胞组成的观点。这使一批生物学家受到启发，去探寻生命的"原始结构"，推动了细胞学说的形成。

　　德国人冯·莫尔（1805—1872年）在1828年用显微镜对植物的细胞壁结构以及细胞质的流动现象进行了认真的观察，发现细胞生成新的间壁进而完成增殖。英国植物学家布朗在观察兰科植物表皮细胞时，发现细胞中有一个小核，他将之称为"细胞核"，不过他的这一发现在当时无人重视。捷克人普金耶（1789—1869年）在1837年对神经细胞与小脑神经节细胞进行了研究，认为细胞并非只有一个坚硬的外壳，内部还包含有原生质。他还宣称自己在动物脾脏和淋巴腺的细胞中也观察到了细胞核。德国生物学家米勒（1801—1858年）在1838年对上述成就加以总结，指出细胞结构在一切动物组织中普遍存在。德国植物学家施莱登（1804—1881年）在1838年发表了著名的论文《植物发生论》，明确提出细胞是植物最基本的结构单位和借以发展的实体。他的朋友德国动物学家施旺（1810—1882年）自1835年起就开始研究发酵和腐败的现象，他将施莱登的研究成果扩大到了动物学领域，在1839年发表了论文《关于动植物的构造和生长的一致性的显微研究》。他发现了动物细胞的结构与细胞核。经过这两个人的努力，完整的细胞学说形成了。

进化论

　　18世纪，一些生物学家提出了倾向某种生物进化的观点，不过当时生物学主流理论对进化论持反对态度。

有进化论倾向的法国生物学家莫伯丢（1698—1759年）认为物种变化的源头在于生物机体的偶然变异，如果这种偶然变异适应环境，就可以保存下来，不能适应就会被消灭，新的物种是经过多次偶然变异产生的。法国植物园负责人布封（1707—1788年）认为物种的变异受到气候、营养等条件的影响。法国人拉马克（1744—1829年）在1809年出版了《动物哲学》，他认为物种进化的过程是逐渐的和缓慢的，提出了动物器官"用进废退"和"获得性遗传"两条进化法则。这两条法则是指动物的器官使用得较多或较少都会产生变异，这种变异一旦产生就是永久的，并能遗传的。他还依据猿和人身体结构上的相似性推测人可能是由猿进化来的，他的著作对达尔文影响很大。法国的提雷尔（1772—1844年）是布封的学生，也是进化论的支持者，他在1818年出版了《解剖哲学》，在1830年和物种不变论者居维叶（1769—1832年）进行了一场辩论。当时，对进化论进行过研究的还有达尔文的祖父伊拉斯谟斯·达尔文（1731—1802年）和英国业余博物学家伯特·钱伯斯（1802—1871年）等人。

1831年12月，英国生物学家和博物学家查尔斯·罗伯特·达尔文（1809—1882年）在他大学时的植物学教师亨斯罗的推荐下，跟随贝格尔舰开始了环球考察，于1836年10月返回英国。在这5年的考察里，达尔文采集了大量的标本，后来经过整理，分别送给了相关研究者。他这5年的笔记，也整理出版。由于受到赖尔的地质进化论影响，达尔文在航行时根据《地质学原理》一书中的理论，对一些地质现象进行考察和解释。达尔文回国后，先后出版了《珊瑚

达尔文

达尔文提出的生物进化论学说摧毁了唯心的神造论以及物种不变论，被恩格斯列为19世纪自然科学的三大发现之一。

礁》《火山岛》和《对南美洲的地质观察》三部地质学著作。他在写作的同时，也在思考生物的进化问题，他用家鸽作为家养变异的研究对象，证明生活条件的变化对变异具有很重要的作用。他的名著《物种起源》在1859年出版，用大量材料对进化论进行了系统的阐述。

然而这部著作在1860年4月遭到英国解剖学家欧文（1804—1892年）的攻击，牛津大主教威尔伯福斯也对《物种起源》的观点表示反对。英国博物学家托马斯·赫胥黎（1825—1895年）和亨斯罗进行了有力的反击。1871年，达尔文出版了《人类由来及性选择》一书，论证了"人类所有的种族无疑是来源于一个单独的原始祖先"，他还认为人的智力、道德属性都是进化的结果。《物种起源》的出版是西方科学界的一次大地震，引发了一场大辩论。进化论还否定了神创论和目的论，沉重地打击了宗教神学。进化论的忠诚捍卫者赫胥黎，为人是由猿进化来的观点提供了大量解剖学与生物学的例证，并著有《人类在大自然界的地位》《进化论与伦理学》等著作。直到19世纪80年代，进化论才成为影响力最大的科学思潮。

欧美文学的发展

近代欧洲经历了从封建主义向资本主义的过渡、资本主义制度的建立和发展以及向外扩张的过程。这一时期的欧美作家，深入分析社会变革期人们思想的变化及人存在的意义和价值，在风格形式方面积极创新，使文学艺术进入了一个最为璀璨的时期。

古典主义文学

17世纪，欧洲处于新旧交替时期，资产阶级和封建贵族之间进行着激烈的斗争，达到一种相对的平衡。1640 年，英国爆发了资产阶级革命，建立了资产阶级的社会制度。不过，在全欧洲范围内，封建主义仍然占据统治地位。这一时期，文学方面的主要思潮是古典主义，它形成于法国，逐渐发展繁荣，随后传播到欧洲其他国家，直到 19 世纪浪漫主义时期，才逐渐落后并退出文坛。

古典主义的产生，首先是由于新兴资产阶级与封建贵族阶级在政治上的妥协。16 世纪，这两大阶级间爆发了长达 36 年的宗教战争，后来相互妥协的结果便是亨利四世成为法国国王。亨利四世利用拉拢资产阶级，削弱封建领主的势力，同时阻止资产阶级与人民联合。到了路易十三时代，经过黎塞留 18 年的实际执政，法国终于成为封建君主专制国家。黎塞留及后来的统治者支持古典主义，给古典主义的艺术大师一次或终身的津贴，以兹奖励。因此，法国的古典主义兴盛起来。

古典主义的哲学基础，是笛卡儿的唯理主义。笛卡儿的《方法论》是法国第一部重要的哲学和科学著作。他提出"我思故我在"，倡导运用"纯粹的自然而然的理性"，反对盲目信仰宗教。另一位法国哲学家皮埃尔·伽桑狄和笛卡儿一样，反对中世纪的烦琐哲学、宗教禁欲主义，认为人的幸福在于享乐和善行，他的思想与莫里哀的喜剧作品有一定的内在联系。

古典主义的出现也有自身的文学基础。古典主义戏剧以复兴古希腊罗马的戏剧来对抗中世纪的宗教戏剧，把古希腊罗马的戏剧当作完美艺术典范进行学习和模仿。在理论方面，意大利的学者们对亚里士多德和贺拉斯的美学著作加以研究，提出了戏剧创作中的三一律。这些都是古典主义产生和发展的基础。

古典主义的特点是：第一，政治倾向性明显，拥护王权，主张国家统一，将文学和现实政治紧密地结合起来；第二，宣扬理性，经常在作品中描写理性的胜利。这使得古典主义的文学作品清醒而现实，但也造成了缺乏个性的不足；第三，批判贵族的奢侈腐化，也讽刺资产阶级想成为贵族的心态；第四，古典主义悲剧在题材上继承了古希腊悲剧的传统，常常选取古希腊罗马文学或历史传说作为题材，描写帝王将相和宫闱秘闻；第五，艺术上有严格的标准，如必须遵守情节、时间和地点保持一致的"三一律"，语言准确、华丽、典雅、合乎逻辑，具有宫廷趣味等，对法国民族语言的形成和规范影响很大。但是，古典主义发展到后期，也显现出很大的局限性。沙尔·贝洛（1628—1703 年）等人认为今胜于古，要求变革，与古典主义发生了争论。这一争论一直持续到 19 世纪。

皮埃尔·高乃依（1606—1684 年）是古典主义悲剧的创始人。他写过 30

多个剧本，代表作是取材于西班牙历史的《熙德》，描写男女主人公唐罗狄克与施曼娜在荣誉、义务与爱情发生冲突时做出的选择，表现了理性战胜情欲的思想。他的主要作品还有《贺拉斯》《西拿》《波里厄克特》，与《熙德》一起被誉为高乃依四大悲剧。

古典主义悲剧的另一位代表人物是让·拉辛（1639—1699 年），他一生共创作了 11 部悲剧和一部喜剧，代表作《安德洛玛克》是第一部标准的古典主义悲剧，批判了剧中贵族为满足情欲置国家利益于不顾的非理性行为。这部悲剧严格地遵守了古典主义的形式特点，作品情节的展开始终没有离开爱比尔王宫，剧情发展的时间控制在 24 小时之内，只描写了四个人物之间的爱情纠葛。拉辛娴熟地运用了三一律的艺术形式，使三一律不但没有成为创作的障碍，反而使作品拥有了完美的艺术形式，十分简洁、庄重和典雅。17 世纪的法国作家让·德·拉封丹（1621—1695 年）著有《寓言诗》12 卷。他擅长以动物喻人，揭露封建王朝的黑暗，讽刺势利小人和达官贵人，语言幽默，富于韵律变化，诗句朗朗上口。

英国的古典主义文学模仿法国古典主义的痕迹比较明显，但也取得了一定的成就，代表作家是约翰·德莱顿（1631—1700 年），著有阐述古典主义法则的《论戏剧体诗》，还写过一些"英雄剧"，描写贵妇人和骑士的爱情。德国的约翰·克里斯托弗·高特舍特（1700—1766 年），著有《批判诗学试论》，同

皮埃尔·高乃依
高乃依 1647 年被选为法兰西学院院士，也被认为是法国古典主义戏剧的奠基人。

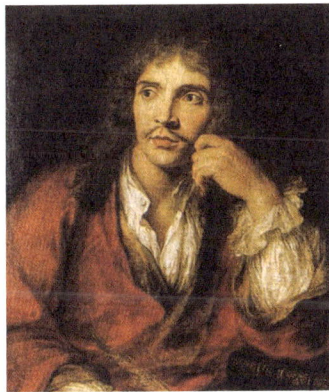

莫里哀
莫里哀是古典主义喜剧的创建者，他的喜剧接近悲剧。

样倡导理性和三一律，对德国民族语言的规范和剧坛的整顿起到了一定的作用。

法国古典主义最为杰出的代表是莫里哀（1622—1673 年），他是一位喜剧作家、演员以及戏剧活动家，本名让－巴蒂斯特·波克兰，莫里哀是他的艺名，他的父亲是一位宫廷室内陈设商。富裕的家庭条件使他受到了很好的文化教育，他从小就在戏剧方面表现出很高的天赋。他的主要作品有《伪君子》《吝啬鬼》《太太学堂》等。《伪君子》的主人公是伪装圣洁的教会骗子达尔杜弗，他混入商人奥尔贡家，妄想引诱其妻子并获得其家财，最后阴谋败露入狱。剧作对教会的虚伪和丑恶进行了深刻揭露，达尔杜弗也成为"伪君子"这一类人的代表。其剧作结构严谨，人物性格鲜明，语言生动，风格尖刻，对喜剧艺术的发展具有深远的影响。

巴洛克文学和清教徒文学

巴洛克文学产生于 16 世纪后期，最早出现在意大利和西班牙，17 世纪前期在法国达到鼎盛，18 世纪后逐渐衰落。巴洛克一词来源于葡萄牙语，原指"一颗不规则的珍珠"。后来，这个词的含义发生变化，指一种华丽、炫耀、精雕细刻的艺术风格。

诗人贾姆巴蒂斯塔·马里诺（1569—1625 年）是意大利巴洛克文学的代表。他的长诗《阿多尼斯》的情节源自古希腊神话，叙述了爱神维纳斯和美少年阿多尼斯的爱情故事。

贡戈拉（1561—1627 年）和卡尔德隆（1600—1681 年）是西班牙巴洛克文学的代表。贡戈拉的作品以叙事诗和寓言诗成就最高，有《莱尔马公爵颂》等。他的作品中有奇特的形象、新颖的比喻，运用冷僻的典故和夸张的词汇，句式对偶，这种特点被称为"贡戈拉主义"。卡尔德隆是位戏剧家和诗人，一生写过约 120 部剧本和 76 部宗教短剧。代表作《人生如梦》描写的是波兰王子塞希斯蒙多的经历，用词考究，结构严谨。《痴儿西木传》是德国作家格里美尔豪森（约 1621—1676 年）的一部流浪汉小说，但也具有明显的巴洛克文学特点。

法国的巴洛克文学在诗歌和小说两个方面都取得了成就。阿格里帕·多比涅（1552—1630 年）著有《惨景集》，马莱布（1555—1628 年）著有《圣彼得的眼泪》，他们是诗歌方面的代表。小说方面的代表是奥诺雷·

德·于菲尔（1568—1625 年）的小说《阿丝特蕾》，描写的是理想化的田园牧歌生活。

　　巴洛克文学提出了一种新的美学趣味并加以发展，对 19 世纪的浪漫主义文学和拉美文学都产生了深远的影响。

　　在 17 世纪的英国，最优秀的文学作品是反映清教徒思想的作品。英国资产阶级革命是打着宗教的旗号进行的，斗争的双方分别是保王的国教和革命的清教。新兴资产阶级主张清除国教中天主教的影响，反对铺张奢侈和戏剧娱乐，提倡节俭，这些都是有利于资本积累的。17 世纪 40 年代，资产阶级以清教为名发起了反对封建专制的革命，他们斗争的思想武器是《圣经》。清教徒文学就是在这种背景下产生的，代表作家是约翰·弥尔顿（1608—1674 年）和约翰·班扬（1628—1688 年）。

　　弥尔顿是一位诗人、政论家和民主斗士，一生致力于资产阶级民主运动，著有《论出版自由》等政论，他的代表作《失乐园》与《荷马史诗》《神曲》并称西方三大诗歌。《失乐园》取材于《圣经》，是一部史诗，采用了抑扬格五音步无韵诗体，以磅礴的气势展现了人的原罪与堕落，体现了追求自由的精神。他的主要作品还有《复乐园》和《力士参孙》。这三部长诗都赞扬了清教徒思想，想象力丰富，场面生动，人物性格鲜明，运用了象征的手法，对 19 世纪的新型史诗和诗体小说产生了很大影响。班扬因宣传清教思想，两次被当局逮捕入狱，分别监禁 12 年和 6 个月。他在狱中写成了《天路历程》，揭露了复辟时期社会的腐败和人民的不满。

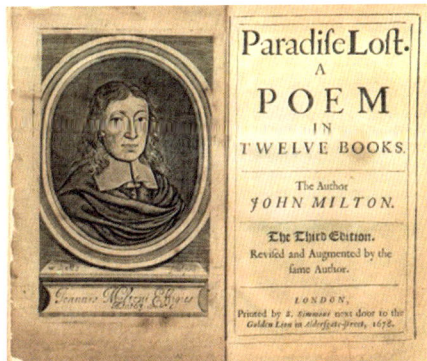

1678 年出版的《失乐园》
1678 年发行的带有大幅雕版插图的《失乐园》一直被奉为经典名著。

启蒙主义文学

18 世纪欧洲各国的发展并不平衡，封建制度虽然更加腐朽，但仍占据统治地位。英国建立了君主立宪制，但资产阶级革命并不彻底；法国在 1789 年爆发了资产阶级革命，德国仍处于封建割据状态；意大利遭受外国入侵；俄国的农奴制造成尖锐的社会矛盾。从总体来看，推翻封建制度，建立和发展资本主义成为全欧洲共同面对的历史任务。顺应这一要求，欧洲在文化领域产生了革新思想文化的"启蒙运动"。

启蒙主义为资产阶级革命做了思想上和理论上的准备。启蒙主义最基本的思想是反封建和反宗教。启蒙主义思想运动是启蒙主义文学思潮的直接基础。启蒙运动的参与者中有许多作家，他们把文学当成宣传启蒙思想和批判封建主义的工具，于是启蒙主义文学逐渐发展起来。启蒙主义思潮具有政治倾向性和民主性的特点，以理性为基础，创作反封建、反宗教的文学作品。启蒙主义文学兴起时，部分作家曾借鉴古典主义的形式进行创作，但是很快，古典主义遭到了批判。启蒙主义文学作品大多以现实为题材，不再对古希腊罗马传说、历史中原有的故事进行加工创作。启蒙主义文学作品以资产阶级和平民这样的普通小人物为主人公，这些小人物往往历经磨难并能得到较圆满的结果。而王公贵族以及教会人士等在作品中被嘲笑和揭露，已经变成反面形象。启蒙主义文学中的主人公往往具有明显的倾向性，是作家的启蒙思想的体现，但个性又不够丰满，这种特点体现在法国的哲理小说和席勒的戏剧中。在文体方面，启蒙主义文学也不再沿用古典主义对文学体裁作出的高低规定，广泛采用小说、诗歌和戏剧等形式进行创作。英国的现实主义长篇小说和法国哲理小说都取得了很高的成就，戏剧打破了"三一律"的束缚。虽然同期的诗歌成就一般，但席勒和歌德造就了长篇诗剧的一个辉煌时期。

英国启蒙主义文学的成就主要体现在小说方面，代表作家是丹尼尔·笛福（1660—1731 年）和乔纳森·斯威夫特（1667—1745 年）。笛福是英国现实主义小说的开创者之一，被誉为"英国和欧洲小说之父"，主要作品有《鲁滨逊漂流记》《辛格尔顿船长》《摩尔·弗兰德斯》《杰克上校》和《一个骑士的回忆录》等。《鲁滨逊漂流记》出版于 1719 年，是英国第一部现实主义长篇小说，表现了资产阶级发展时期的进取精神，描写了年轻商人鲁滨逊海上探险和开辟荒岛的故事，塑造了一个"真正资产者"的形象。小说运用了写实手法，细节形象逼真。斯威夫特是英国启蒙运动中激进民主派的创始人、讽刺文学大师，主要作品有《格列佛游记》和《一只桶的故事》等。《格列佛游记》是一部游记小说，通过主人公格列佛医生对自己数次航海经历的叙述，对英国的现实社会进行了影射和讽刺。小说情节离奇，充满了想象力，夸张荒诞的故事与现代的"黑色幽默"颇有相似之处。

18世纪上半期，法国启蒙主义文学的代表人物是孟德斯鸠（1689—1755年）和伏尔泰（1694—1778年）。孟德斯鸠是一位思想家和法学家，他的《论法的精神》奠定了近代西方政治与法律理论的基础。在文学方面，他的《波斯人信札》是一部著名的启蒙哲理小说，采用书信体写成，批判了法国的黑暗现实。伏尔泰提倡文艺应服务于社会改良和宣传启蒙思想，但同时认为应该继续遵守古典主义的规则。然而，他据此创作的作品却缺乏艺术魅力，反而是摆脱古典主义束缚的26篇中短篇哲理小说更为出色，如《老实人》《如此世界》等。《老实人》对盲目乐观主义哲学、蛮横的封建君主专制加以批判，畅想了资本主义的社会制度。18世纪中期，新一代启蒙主义作家开始活跃，代表人物是狄德罗（1713—1784年）、卢梭（1712—1778年）等。狄德罗用几十年的时间，编写了"改变人们普遍的思想方式"的《百科全书》。他在文学方面的主要作品有《私生子》和《一家之长》两部市民剧，以及《修女》《拉摩的侄儿》和《宿命论者让·雅克和他的主人》等小说。《拉摩的侄儿》是一部哲理小说，用对话体写成，通过"拉摩的侄儿"这个放荡无耻的人物的言语，对上流社会的腐朽加以揭露，并提出了一些道德和艺术等方面的独到见解。这部小说提出了"严肃戏剧"这个戏剧理论概念，使传统悲剧、喜剧的严格界限被打破，创造了一

狄德罗

狄德罗是法国启蒙思想家、哲学家、戏剧家、作家，百科全书派代表人物。

歌德
歌德是德国著名思想家、作家、科学家，代表作有《少年维特之烦恼》《浮士德》。

种新的戏剧体裁，即后来的正剧。马克思对这部小说评价极高，称之为"无与伦比的作品"，恩格斯也称赞它是"辩证法的杰作"。

18世纪20年代至40年代德国启蒙主义文学已初步发展，到18世纪中期进入繁荣发展，代表人物是莱辛（1729—1781年）。18世纪70年代至80年代启蒙主义文学得到进一步发展，歌德（1749—1832年）和席勒（1759—1805年）是这一时期的代表。歌德的《浮士德》是一部不朽的诗剧，取材于德国民间传说，描写了一个新兴资产阶级先进知识分子不满于现实，对人生意义、社会理想和生活道路的探索。

在18世纪欧洲的其他国家，启蒙主义文学并不是十分繁荣，但是也取得了一定的成就。意大利杰出的喜剧作家是卡洛·哥尔多尼（1707—1793年），代表作是《女店主》。俄国在18世纪30年代盛行古典主义，18世纪80年代以后盛行感伤主义，这两种文学思潮都带有一定的启蒙性质。

浪漫主义文学

浪漫主义文学产生于18世纪末期，在19世纪上半叶达到繁荣。这是欧洲由封建主义向资本主义急剧过渡的时期。1789年，法国大革命震动了整个欧洲，摧毁了法国的封建专制政体，并带动许多国家掀起了反封建的革命运动。但是，频发的革命运动造成了动荡的政治局面，毁灭了启蒙学者曾经的美好理想。这一时期社会上的主流思想，是以康德、黑格尔等为代表的唯心主义哲学，他们夸大主观作用，强调天才和灵感；以及以圣西门、傅立叶、欧文为代表的空想社会主义思想。当时社会的主流思想对文艺思想的影响，则表现为摈弃古典主义的唯理主义和艺术法则，肯定柏拉图的"灵感说"。于是，浪漫主义文学在继承了感伤主义等18世纪末感情色彩浓郁的文学风格的基础上，逐渐发展起来。

在18世纪以前，浪漫主义只是一种创作手法，还没有形成文学流派。浪漫主义文学最早出现在英国和德国，英国的威廉·华兹华斯（1770—1850年）和塞缪尔·泰勒·柯勒律治（1772—1834年）在1798年发表了《抒情歌谣集》，标志着英国浪漫主义文学的兴起。德国的施莱格尔兄弟同样在1798年创办了杂志《雅典娜神殿》，发表了一些浪漫主义的理论和宣言以及一些诗人的作品，成为德国浪漫主义文学的源头。法国紧随其后，代表作家是斯塔尔夫人（1766—1817年）和夏多布里昂（1768—1848年）。在思想上，浪漫主义文学对社会现状强烈不满，崇尚主观灵感和自由创作。在艺术上，浪漫主义强调自由抒发个人的情感，有较强的主观性；探索了各种艺术形式，重视民间文学和长篇小说；重视运用想象力以及对比和夸张的手法。

作为最早出现浪漫主义文学的国家之一，英国的浪漫主义作家有些愤世嫉俗，向往大自然。"湖畔派"三诗人华兹华斯、柯勒律治和罗伯特·骚塞（1774—1843年）开创了英国的浪漫主义流派，拜伦（1788—1824年）和雪莱（1792—1822年）则将浪漫主义推向了高峰。雪莱的诗剧《解放了的普罗米修斯》取材于古希腊罗马神话，通过塑造普罗米修斯这样一个不屈的壮士形象，反映了当时暴政下人民的苦难以及革命发生的必然性。他的《西风颂》《致云雀》等抒情诗也充满了真挚的感情和思想的光辉。

德国浪漫主义在早期具有浓厚的唯心思想和宗教色彩。诺瓦利斯（1772—1801年）是德国早期浪漫主义诗人的代表，代表作《夜的颂歌》完全描写诗人真实的主观感情和实际经验，写作手法有一定的创新意义。语言学家和民间文学研究者雅各布·路德维希·卡尔·格林（1785—1863年）和威廉·卡尔·格林（1786—1859年）两兄弟，编成了《儿童与家庭童话集》，搜集了大量有价值的童话故事。其中一些童话故事对劳动者的勤劳、智慧和美德进行了赞美，比较著名的有《灰姑娘》和《白雪公主》等。霍夫曼（1776—1822年）是德国浪漫主义后期的重要作家，主要作品有《金罐》《雄猫穆尔的人生观》《小查克斯》等。他的小说对后来的欧美作家产生了一定的影响。

这一时期的法国，资产阶级与封建势力进行着复辟与反复辟的斗争，导致法国的浪漫主义具有明显的政治色彩。早期的代表人物夏多布里昂（1768—1848 年）带有贵族倾向，小说《阿达拉》描写的是世俗爱情与宗教信仰的矛盾，对宗教力量有所夸大。法国浪漫主义最重要的作家是维克多·雨果（1802—1885 年），他在 1827 年 10 月发表了浪漫主义的宣言书《〈克伦威尔〉序言》，成为浪漫主义的领袖。《悲惨世界》是雨果重要的一部长篇小说，讲述了主人公获释罪犯冉阿让为赎罪所做的努力，将法国的历史、建筑、政治、道德、哲学、法律和宗教信仰等融入其中，情节丰富，内涵深刻，震撼了许多读者的心灵。女小说家乔治·桑（1804—1876 年）的《魔沼》是一篇田园小说，对农村生活的描写充满了诗情画意，赞美了农民的善良质朴。

维克多·雨果
维克多·雨果是法国 19 世纪前期浪漫主义文学代表作家，被誉为"法兰西的莎士比亚"。

俄国的浪漫主义文学主要体现在诗歌创作上，充满了向往自由民主的战斗精神。茹科夫斯基（1783—1852 年）享有俄国第一位抒情诗人的美誉，代表作是《俄国军营的歌手》。诗人、小说家普希金（1799—1837 年）是俄国浪漫主义文学的代表，同时也是俄国现实主义文学的奠基人，他被誉为"俄国文学之父"。

东欧的主要浪漫主义作家有波兰诗人密茨凯维奇（1798—1855 年）和匈牙利诗人裴多菲（1823—1849 年），他们作品的内容与反抗侵略和民族独立有关。美国的资本主义在 19 世纪上半叶也得到了迅速发展，摆脱传统束缚、追求自由的思想促进了浪漫主义的发展。爱默生（1803—1882 年）和梭罗（1817—1862 年）认为自然界是充满灵性的，人应该回归自然。

被称为美国文学之父的华盛顿·欧文（1783—1859 年）的散文小说集《见闻札记》中描写的景物和风俗具有民族特色，不再拘束于英国的文学传统。詹姆斯·费尼莫尔·库柏（1789—1851 年）是美国民族文学的奠基人之一。他以《皮袜子故事集》为代表，开创了边疆传奇小说，《最后一个莫希干人》是他最重要的一部作品。

现实主义文学的产生及发展

19 世纪，资本主义在欧洲进一步巩固和发展。法国在 1830 年爆发了七月革命，建立了资产阶级政权。英国在 1832 年进行了议会改革，工业资产阶级掌握了政权。这时的德国、意大利、俄国等国家虽然保留着封建专制政体，但资本主义也得到了迅速发展，在 19 世纪 70 年代陆续进入资本主义社会。同时，科技的发展也取得了很多成就，细胞学、生物进化学和物理学等自然科学的发展，使人们在认识自然方面产生了由宏观到微观的质的改变，工业技术也取得了飞跃式的发展。但是，资本主义社会金钱至上、巧取豪夺、贫富差距大的本质也逐渐暴露出来。这时的封建阶级还在做最后的挣扎，而工人阶级也登上了历史舞台。19 世纪 20 年代至 40 年代不断爆发工人运动，马克思主义问世，第一国际在 1864 年成立。1871 年，巴黎人民举行武装起义推翻了法国资产阶级政府，建立了世界上第一个无产阶级专政政权——巴黎公社。在这样的社会背景下，站在小资产阶级立场上的作家们，既反对大资产阶级专政，又不了解无产阶级革命，于是，他们抛弃了浪漫主义的想象，对现实生活进行冷静的观察、描写和批判，现实主义文学便取代了浪漫主义文学，在欧洲各国蓬勃兴起。

现实主义作家把文学作为一种手段，用于研究和分析社会现象；具有人道主义思想，批判社会的黑暗之处，同情下层人民，呼吁社会改良；对人的命运和前途表现出了深切的关怀。现实主义作家认为，文学应该客观真实地反映生活；重视描写人与环境的关系，在典型环境中塑造典型人物。因为现实主义文学以叙事为主，所以长篇小说的创作很多，出现了成熟和繁荣的局面。

现实主义最初是以浪漫主义的名义出现的，许多现实主义作家都是由浪漫主义转变过来的，直到 19 世纪 50 年代"现实主义"这个名词才盛行起来，成为一个明确的流派。欧洲的现实主义文学发源于法国，奠基者是司汤达（1783—1842 年）和巴尔扎克（1799—1850 年）。司汤达的主要作品是《红与黑》和《巴马修道院》。《红与黑》是一部根据真人真事写成的伟大小说，是欧洲现实主义文学的奠基之作。小说通过描写主人公于连的个人奋斗与失败，揭示了 19 世纪早期法国政治和社会生活中的一些本质现象，展示了法国王朝复辟期间的整体面貌。司汤达对人物心理活动的描写十分细腻，运用独白等手法展现人物的深层意识，对"意识流小说"和"心理小说"有直接影响。司汤达也因此被称为"现代小说之父"。巴尔扎克计划以《人间喜剧》为题，创作 137 部反映法国社会状况的系列小说，到他去世时，共完成了 91 部，塑造了 2000 多个人物。《人间喜剧》分为"风俗研究""哲学研究"和"分析研究"三个部分，以"风俗研究"为主，这部分又分为"私人生活场景""外省生活场景""巴黎生活场景""政治生活场景""军人生活场景"和"乡村生活场景"六个方面。其中的代表作品有《高老头》《欧也妮·葛朗台》等。巴尔扎克在这个系列作品中，描写了当时形形色色的资产者形象，描写了在金钱至上观念下资产阶级家庭的悲剧。法国其他现实主义作家还有普罗斯佩·梅里美（1803—1870 年）、居斯塔夫·福楼拜（1821—1880 年）、小仲马（1824—1895 年）、阿尔丰斯·都德（1840—1897 年）等。出现于 19 世纪后期的巴黎公社文学，是现实主义文学的一种，为 20 世纪无产阶级文学打下了基础，代表作家有欧仁·鲍狄埃（1816—1887 年）、路易丝·米雪尔（1830—1905 年）等。

资本主义在英国发展得最早，英国的现实主义文学以描写劳资矛盾和小人物苦难的生活为主，代表作家有查尔斯·狄更斯（1812—1870 年）、威廉·梅克比斯·萨克雷（1811—1863 年）和勃朗特姐妹等。狄更斯的代表作品有

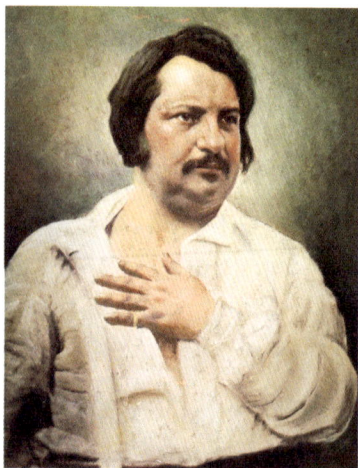

巴尔扎克

《匹克威克外传》《雾都孤儿》《双城记》《大卫·科波菲尔》等，深刻地反映了英国的社会现实，开拓并发展了英国的批判现实主义文学。《双城记》是历史题材的小说，"双城"指巴黎和伦敦，主人公是梅尼特医生。在小说中，冤狱、爱情与复仇三个互相独立而又互相关联的故事互相交织，揭露了法国大革命前社会矛盾的激化，对贵族阶级的荒淫残暴进行了强烈的抨击，对下层人民的苦难表示出深切的同情。英国从 19 世纪 70 年代开始进入垄断资本主义，现实主义文学后期的代表作家有托马斯·哈代（1840—1928 年）、萧伯纳（1856—1950 年）和约翰·高尔斯华绥（1867—1933 年）等。英国在 19 世纪三四十年代，还出现了早期的无产阶级文学——宪章派诗歌，是一种群众性的文艺现象，属于现实主义文学范畴，代表作家有厄内斯特·琼斯（1819—1869 年）和威廉·林顿（1812—1897 年）等。

德国的资本主义发展得相对较晚，德国早期现实主义文学以批判封建专制和诸侯割据为主，同时也批判自由资本主义自身的弊病。直到德国实现统一，资本主义获得了迅速的发展，现实主义文学才逐步走向繁荣，代表人物是诗人海涅（1797—1856 年）。海涅创作了许多抒情诗、时事诗、叙事诗以及长诗，主要作品有长诗《德国，一个冬天的童话》和《西西里亚织工之歌》等。《德国，一个冬天的童话》是一部政治讽刺诗，作者认为整个德国的统治像冬天一样冰冷。德国早期现实主义文学的重要作家还有格奥尔格·毕希纳（1813—1837 年），戏剧《丹东之死》是他的代表作。格奥尔格·维尔特（1822—1856 年）是在德国的工人运动中涌现出来的工人诗人，作品带有民谣风格。

现实主义文学的扩散

受西欧影响，北欧的现实主义文学形成于 19 世纪四五十年代。丹麦作家、诗人安徒生（1805—1875 年）的童话作品从现实出发，赞美劳动人民，同情穷人的不幸，批判贪婪的统治者，最著名的童话故事有《小锡兵》《拇指姑娘》《卖火柴的小女孩》《丑小鸭》等，被尊为"现代童话之父"。挪威剧作家易卜生（1828—1906 年）的"社会问题剧"推动了欧洲戏剧的发展，代表作《玩偶之家》。他被称为现代现实主义戏剧的创始人。

19 世纪 30 年代，俄国出现了现实主义文学，并于 19 世纪 70 年代至 80 年代达到鼎盛期。普希金的诗体小说《叶甫盖尼·奥涅金》是俄国现实主

《叶甫盖尼·奥涅金》手稿
《叶甫盖尼·奥涅金》是普希金创作的
长篇诗体小说，也是一部现实主义作品，
塑造了奥涅金这个"多余人"的形象。

义文学的奠基之作，塑造了俄国文学史上第一个"多余人"形象。莱蒙托夫
（1814—1841年）的诗歌创作表达了对祖国的赞美和对农奴制的批判，具有民
主进步思想。他的长篇小说《当代英雄》的主人公贵族青年军官毕巧林，是俄
国文学史上第二个"多余人"形象。别林斯基（1811—1848年）是俄国文艺批评
家，著有《论俄国中篇小说和果戈理的中篇小说》等论文。冈察洛夫（1812—1891
年）的小说《奥勃洛莫夫》则描述了地主知识分子奥勃洛莫夫精神上的死亡过程。

　　屠格涅夫（1818—1883年）的长篇小说《父与子》，刻画了带有"新人"
特征的平民知识分子形象。车尔尼雪夫斯基（1828—1889年）的长篇小说《怎
么办》，塑造了一批理性、高尚、坚强并富于献身精神的"新人"形象，表达
了反农奴制的政治主张。他还写了一些美学和文学评论文章，有《艺术对现实
的审美关系》《生活与美学》等。杜勃罗留波夫（1836—1861年）在理论方面
也有突出贡献，主要论文有《论俄国文学发展中人民性渗透的程度》《什么是

奥勃洛莫夫性格》《黑暗王国》等。奥斯特洛夫斯基（1823—1886 年）被称为"俄罗斯民族戏剧之父"，他的《大雷雨》塑造了卡捷琳娜这位勇敢并向往自由的女性形象。

陀思妥耶夫斯基（1821—1881 年）在现实主义文学的鼎盛时期完成了《罪与罚》《卡拉马佐夫兄弟》等重要作品。列夫·托尔斯泰（1828—1910 年）是俄国最伟大的批判现实主义作家，他的作品反映俄国革命时期人民的抗争，被称为"俄国十月革命的镜子"，代表作是长篇小说《战争与和平》《安娜·卡列尼娜》《复活》。《战争与和平》以库拉金、罗斯托夫、鲍尔康斯基和别朱霍夫四大贵族的家庭生活为线索，叙述了 19 世纪初到 20 年代俄国社会的重大历史事件，结构宏大，气势磅礴。契诃夫（1860—1904 年）的作品以中短篇小说和戏剧创作为主，代表作有《变色龙》《小公务员之死》等。

美国的资本主义发展得较晚，现实主义文学形成得也比较晚，到 19 世纪 80 年代才形成，主要题材是批判资本主义的罪恶，追求自由和平等，具有很强的民主性。哈丽叶特·比切·斯托夫人（1811—1896 年）的小说《汤姆叔叔的小屋》是废奴文学中最有代表性的作品。美国现实主义文学最优秀的作家是马克·吐温（1835—1910 年），他的《百万英镑》《哈克贝利·费恩

列夫·托尔斯泰
列夫·托尔斯泰力求最充分、最确切地反映真实的生活或表达自己的思想，其作品在艺术上要求严格，不追求形式上的精致，只寻求最大的表现力。

陀思妥耶夫斯基
陀思妥耶夫斯基的小说主要描绘社会底层的矛盾困苦和走投无路，揭示病态社会里人性的堕落与毁灭，展示了专制统治与资本主义制度笼罩下的俄国社会的黑暗污浊。

历险记》《汤姆·索亚历险记》等作品促进了美国民族文学的繁荣。欧·亨利
（1862—1910 年）被称为美国短篇小说之父，"带泪的微笑"是他作品的特点，
名篇有《警察与赞美诗》《麦琪的礼物》等。杰克·伦敦（1876—1916 年）出
身贫寒，作品主要描写社会底层的人，赞美他们的勇敢和奋斗精神，《荒野的
呼唤》《马丁·伊登》是他的代表作。

自然主义文学和唯美主义文学

　　19 世纪下半叶，自然主义文学最先产生在法国，并在 19 世纪末 20 世纪
初传至欧美等地。1852 年至 1870 年，法国处于第二帝国时期，对内迫害共和
派，对外在色当战役中惨败，民族矛盾加剧。社会主义思潮和工人运动取得了
一定发展，1871 年，巴黎公社诞生。同时，自然科学的发展也很迅速。实证
主义、唯意志论等哲学思潮产生了广泛的影响。在这种背景下，文学领域产生
了自然主义、唯美主义和象征主义。

　　法国社会学家奥古斯特·孔德（1798—1857 年）的实证主义是自然主义
文学的哲学基础。实证主义哲学重视对具体事实和现象的研究，排斥探寻本质
和规律。自然主义文学继承了以司汤达、巴尔扎克以及福楼拜等人的现实主义
观点，认为真实和客观是文学作品最重要的追求。左拉（1840—1902 年）认
为"一切艺术家都必须研究与再现真实的自然"。自然主义将自然科学理论机
械地搬到文学创作中，借鉴当时遗传学的观点去研究人的行为动机。左拉认为
遗传对人的行动具有决定作用，没有从社会关系的角度去理解人，与巴尔扎克
相比是一种退步。自然主义的作家在写作时，总是尽力对事物进行巨细无遗的
描绘，抵制虚幻的想象；擅长群体描写，对典型个体有所忽略；反映生活的本
来面目，不追求情节的戏剧性。

　　法国是自然主义文学的发源地，倡导者是龚古尔兄弟。埃德蒙·德·龚古
尔（1822—1896 年）和茹尔·德·龚古尔（1830—1870 年）以描绘当代生活
的小说家自居，关注下层生活。他们一生形影不离，都没有结婚，一起进行文
学创作，写出了《夏尔·德马依》《热曼妮·拉瑟顿》和《玛耐特·萨洛蒙》
等作品。茹尔去世后，埃德蒙十分悲痛，沉寂了许多年后，又创作了《艾丽莎
女郎》和怀念茹尔的《桑加诺兄弟》等。他们从 1851 年开始写的《日记》是
一部重要的文献，记录了许多逸事。

龚古尔兄弟

龚古尔兄弟是自然主义文学的倡导者，还是龚古尔学院、龚古尔文学奖的创立者。

　　自然主义最重要的代表作家是左拉，他出生于工程师家庭，早期曾受浪漫主义影响，后来在哲学上信奉实证主义。1868 年底，他提出写作《卢贡－马卡尔家族》的设想，在 1871 年至 1893 年间创作了这一系列的 20 部长篇小说，其中重要的有《小酒店》《娜娜》《萌芽》等，描写了"第二帝国一个家族的自然史和社会史"。他将吕卡斯的遗传理论引入小说，力图写出"自然史"，但对作品的批判力量产生了负面影响。左拉善于描写罢工工人、军队、家庭聚会等群体或群体性场面。他还擅长对事物进行细致入微的描写，如商场、交易所甚至人体上的疵疣。但左拉并没有一味进行琐碎的描写，其文字也经常流露出诗意的美。左拉注重描写的真实性，但他为写作所做的实地调查却不够深入，这一点与福楼拜有一定差距。左拉的代表作《萌芽》（《卢贡－马卡尔家族》的第十三部作品）以矿工的生活和斗争为题材，第一次将资本主义社会劳资双方你死我活的斗争行动展现出来，反映了资本主义社会的重大社会现象。在左拉的影响下，自然主义文学作家形成了以"梅塘集团"为核心的自然主义流派。莫泊桑（1850—1893 年）便是其中的一位，他被称为短篇小说之王，主要作品有《羊脂球》《漂亮朋友》等。自然主义在 80 年代传到国外，德国的盖尔哈德·霍普特曼（1862—1946 年）和英国的乔治·吉辛（1857—1903 年）等人都取得了一定的成就。

　　康德强调美感的主观性、无目的性和纯粹性，他的哲学观点是唯美主义文学的基础。唯美主义文学认为艺术是纯粹的，与政治、道德等无关，并且高于生命，高于帝王，是至高无上的，超然于现实之外。法国诗人戈蒂埃

（1811—1872 年）提倡"为艺术而艺术"，他和英国作家罗斯金（1819—1900
年）为唯美主义文学奠定了理论基础。19 世纪 60 年代，法国巴那斯派的领袖
勒贡特·德·李勒（1818—1894 年）把实现美作为艺术的目的，认为艺术独立
于真理、道德和功利之外。英国作家、文艺理论家瓦尔特·佩特（1839—1894
年）认为"万物皆流，唯有艺术的瞬间永恒"，他的《文艺复兴研究》是唯美
主义的宣言书。美国的爱伦·坡（1809—1849 年）认为诗歌只与趣味、韵律
和形式有关，与真理和道德无关。英国剧作家、诗人、散文家奥斯卡·王尔德
（1854—1900 年）是唯美主义的代表，认为艺术家不应有任何功利目的，认为
生活对艺术的模仿远多于艺术对生活的模仿。他强调感觉，重视形式，代表作
品有小说《道林·格雷的画像》、戏剧《莎乐美》、童话集《快乐王子集》等。
唯美主义对艺术上美的领域的开拓有积极作用，但脱离现实，过于强调形式，
也有一定的消极影响。

北美文学的发展

　　16 世纪，北美印第安人的部落处于原始公社时期。欧洲的殖民者来到这
里，残杀印第安人，掠夺土地，直到占领整个北美洲。17 世纪初，第一批黑人
被运到北美。北美殖民地的经济从一开始就以资本主义为基础。独立战争前夕，
工商业在北部地区的几个殖民地的中心城市的发展状况比较好。文化活动开始
于 18 世纪，北美大陆第一张报纸出现在 1704 年，第一座图书馆建于 1731 年。
第一个剧团出现在 1752 年，用英国的剧本演出。北美大陆的文学属于殖民文
学，并非产生于本土，而是从英国移民带来的文化中发展起来的；描述了殖民
者的统治和印第安人的悲惨处境，但也对殖民者的"功绩"进行了歌颂。最初
的北美文学以游记、日记和宗教著作为主，多数在英国出版，诗歌、民歌、政
论和演说出现在独立战争时期，但还没有出现具有美国民族特色的小说和戏剧。
　　1640 年出版的《海湾圣诗》是一部民歌体圣诗集，也是北美出版的第一部
诗集，由希伯来语译成英文。北美大陆第一个出版诗集的诗人是安妮·布雷兹
特里特（1612—1672 年），她在《最近在美洲出现的诗神》这部诗集中为女子
的才能进行了辩护。宗教诗的代表诗人是迈克尔·威格尔斯沃思（1631—1705
年）和爱德华·泰勒（1642—1729 年），他们的诗作表现了保守的清教主义思
想。具有民主思想的彼德·福尔杰（1617—1690 年）曾为印第安人做过翻译，

同情印第安人，反对奴隶制度，在长诗《时代的镜子》里对殖民者进行了批判。

革命诗歌和民族歌谣出现在独立战争时期。约翰·狄更生（1732—1808年）的《美洲人自由之歌》是革命诗歌代表，表达了对自由的向往。民族歌谣有《青年志愿军》《扬基小调》等。北美民兵写了《扬基小调》的歌词，打击英国殖民军队，对后来的民歌创作产生了积极深远的影响，被誉为美国诗歌中的独立革命。独立战争时期中最重要的诗人是菲利普·弗瑞诺（1752—1832年），他曾与人合作创作长诗《美洲光辉的升起》，并于1786年出版了《弗瑞诺诗集》。他的作品抨击了英国殖民统治者的暴行，赞美了为独立和自由而战的斗士，表现出了豪迈的英雄主义气概。

18世纪后期启蒙主义才在北美大陆产生并得到发展，本杰明·富兰克林（1706—1790年）是美国启蒙主义运动的开创者，曾协助起草《独立宣言》。他在1758年创办了第一个黑人学校，又率先成立"废奴协会"并担任主席。他的著作有《废奴论》《教育论》等，作品中对世事加以讽刺，旨在促进民族觉醒和推动社会进步。他在《富兰克林自传》叙述了自己的身世和成长经历，从侧面反映了北美新民族的觉醒和发展，还反对了宗教神秘主义思想。作品叙事生动，语言简明，风格清新。《格言历书》也是他的一部重要作品。当时北美的普通家庭几乎没有书籍，最常见的就是历书，富兰克林编写了新的历书，把警句、谚语、名言和成语等收录在里面，传播科学知识，批判宗教偏见，是北美启蒙主义基本思想的体现。

出生于英国贫苦家庭的托马斯·潘恩（1737—1809年）在启蒙主义思想

托马斯·潘恩
托马斯·潘恩最早提出"自由民主论"，被称为"美国体制之父"。

家中具有极强的民主意识。他的成名作是《常识》，宣扬人类生来都是平等的，痛斥殖民者，号召人民参与革命运动。美国第三任总统托马斯·杰弗逊（1743—1826 年）是北美资产阶级民主派的领袖，也是启蒙主义散文家，他起草的《独立宣言》是一篇出色的政论文，在美国文学史上有很高的地位。

欧美艺术的发展

> 17 世纪初，欧洲的艺术经历了文艺复兴时期的繁荣后，出现了巴洛克、古典主义、洛可可、新古典主义和浪漫主义等风格流派，分别表现在绘画、建筑、音乐等领域。另有部分艺术史学者认为古典主义也是巴洛克风格的一种，还有人认为洛可可是巴洛克后期的变种，本书将对这几种风格分别进行介绍，不归于一类。

近代欧洲的绘画艺术

一、意大利的绘画

巴洛克艺术发源于意大利，于 17 世纪初期逐渐兴盛。意大利的巴洛克艺术在绘画和雕塑方面附属于巴洛克的建筑物。当时一些著名建筑师也是画家或雕塑家甚至身兼三任，这建筑、绘画和雕塑的密切联系的表现。

路德维克·卡拉齐（1555—1619 年）于 1590 年在波伦亚创建了一所美术学院，他与参与学院建设和发展的弟弟阿戈斯蒂诺（1557—1602 年）以及阿尼巴尔（1560—1609 年）一起，形成了以卡拉齐家族为中心的波伦亚学院派。他们以继承文艺复兴传统为理想，喜欢模仿前人，对 16 世纪后半期曾风靡一

时的违背自然和过分夸张的矫饰主义大加抵制，力图保持意大利艺术典范的
地位。三兄弟中，阿尼巴尔成就最高，他的一些画作中明显地表现出文艺复
兴时期的艺术特点，代表作有《美惠女神为维纳斯打扮》《女圣徒在复活的基
督墓前》和风景画《逃亡埃及的路上》等。尽管阿尼巴尔·卡拉齐和他的兄
弟并不被人们归入巴洛克风格的艺术家，但他为巴洛克风格铺平了道路，他
用巧妙统一的幻想组合画面上的不同成分，这是明显具有巴洛克风格的一种
技巧。

科尔托纳（1596—1669 年）兼任建筑师和画家，在 1639 年完成了巴尔贝
里尼宫天顶壁画，创作了数百个栩栩如生的人物形象，表达了对巴尔贝里尼家
族的赞颂。画作突出了动态的特点，让人物在画中飞翔，这是巴洛克绘画超越
自然的浪漫情调的体现。

意大利巴洛克绘画后期的代表画家有巴蒂斯塔·高里（1639—1709 年）、
安德烈·波佐（ 1642—1709 年）等。高里的代表作是罗马耶稣会堂天顶壁
画《耶稣基督的凯旋》。波佐运用透视原理绘制了圣伊格纳佐教堂天顶壁画，
造成一种视错觉，使教堂内部好像扩大了几百米。热那亚画派的玛雅斯柯
（1667—1749 年）和威尼斯画派的皮亚泽塔（1683—1754 年）等人，是 18 世
纪巴洛克晚期画家中较重要的人物。玛雅斯柯擅长的主题是人对命运的激烈抗

《逃往埃及》
阿尼巴尔·卡拉齐于 1603 年创作的布面油画，现存于意大利多利亚·潘菲利美术馆。

争，主要作品有《海岸》《在途中休息的强盗》等。皮亚泽塔的天顶壁画成就
颇高，在圣多米尼克小礼拜堂的作品画面生动，色彩绚丽。

　　卡拉瓦乔派是 17 世纪意大利画坛上另一个重要流派。卡拉瓦乔（1571—
1610 年）的作品在内容上和技巧都有独到之处，他的追随者拉都（1593—
1652 年）、卡拉乔洛（1578—1635 年）等组成这一流派。卡拉瓦乔把日常生活
作为创作的基本源泉，刻画普通人的形象，构图简洁活泼，有着强烈的光影对
比，主要作品有《圣马太蒙召》《拉撒路的复活》和《被斩首的圣施洗礼者约
翰》等。

卡拉瓦乔《圣马太蒙召》
《圣马太蒙召》可以说是卡拉
瓦乔的成名之作。他巧妙地运
用光线引导观者的视线集中到
圣马太身上，把人们心目中的
神和圣人画成了普通人。

　　威尼斯是意大利洛可可绘画最繁荣的地方。这种风格迎合了贵族和豪
富们的需要，但画中也渗入了一些其他流派或风格的特点。女画家卡列拉
（1675—1757 年）的代表作有《狄安娜》《舞蹈家卡巴妮》等，具有色彩华丽
的洛可可特色，但又沉着严谨，具有古典主义的风格。皮东尼（1687—1767
年）创作的洛可可风格的架上绘画有《狄安娜的沐浴》《狄安娜与斯第米翁》
等，画上人物的形象十分典雅，也有古典主义倾向。总之，洛可可风格并未在
意大利占据统治地位，反而是古典主义在 18 世纪后期日益盛行。在 18 世纪的
意大利，提埃波罗（1696—1770 年）是位大师级的画家，在天顶壁画、架上
绘画、风俗画、铜版画甚至雕刻方面都有建树。他属于威尼斯画派，在风格上

综合了许多流派的特色，兼有巴洛克、古典主义和洛可可的特点，是一位集大成者。他的天顶壁画的代表作是《太阳神在奥林匹亚山上》，壁画的代表作是《巴巴罗撒皇帝的婚礼》，架上绘画的代表作是《梅采纳特把自由的艺术献给奥古斯都大帝》，风俗画的代表作是《走江湖的人》，铜版画的代表作是《狂想曲》。

二、法国的绘画

17世纪的法国绘画以古典主义为主。前半个世纪的宫廷古典主义，以乌埃（1590—1647年）、勒絮尔（1617—1655年）等为代表，宫廷外的古典主义以尼古拉斯·普桑（1594—1665年）和克洛德·洛兰（1600—1682年）两位大师为代表。乌埃是路易十三的首席宫廷画师，他把学院派和巴洛克折中起来，绘制了许多以歌颂王权、路易十三和黎塞留为主题的作品，主要作品有《贤明带来和平与丰收》《路易十三肖像》《缪斯乌拉尼亚和缪斯卡利俄珀》等。他的学生勒絮尔的代表作有《尼罗河边的婴儿——摩西》《三个缪斯》等。后人普遍认为真正创造法国绘画上的古典主义传统的是普桑和洛兰这两位宫廷外的艺术大师。普桑一生的大部分时间都在意大利，他所有的作品都遵循着严格的理性，习惯从神话、历史、宗教和文学故事中选择题材，代表作有《花神王国》《诗人的灵感》《沉睡的维纳斯》《随着时间之神的音乐起舞》等。洛兰出生于法国，13岁流浪到意大利并在那里度过了一生，擅长绘画风景，画作中的部分人物是助手画的。他的空间概念和构图方法都严格遵守古典主义创作原则，代表作有《埃及女王克娄巴特拉在塔尔索登岸》《示巴女王上船》《劫走欧罗巴》

普桑《随着时间之神的音乐起舞》
这幅画的主体充满了理性，表达了时间变幻和人生循环往复的本质。普桑以寓意性表现和几何学相协调的象征性构图，将立意表现为具体的形式。

《逃亡埃及》等。法国宫廷古典主义在 17 世纪后半期进入全盛时期，接着便逐渐衰落。代表画家有夏尔·勒布伦（1619—1690 年）、米尼亚尔（1612—1695年）、里戈（1659—1743 年）等。

古典主义的绘画距离普通人很远，不过在 17 世纪的法国，还有许多画家关注着普通百姓的生活，他们当中的代表是出生于农村的列南三兄弟，分别是安东尼（1588—1648 年）、路易（1593—1648 年）和马蒂厄（1607—1677 年）。其中路易的成就最大，代表作有《幸福家庭》《农民家庭》《铁匠铺》《小酒馆》等，表现了法国农村普通人的生活，反映出他们身上的勤劳、俭朴等品质。卡洛（1592—1635 年）也是一位著名的平民画家，作品以版画为主，代表作有《穷人》《绞死者的树》等。

在法国 18 世纪的洛可可艺术中，画家为迎合贵族们及时行乐的需要，创作了大量描绘男女爱情、饮宴歌舞和田园风光的作品。

法国新古典主义的绘画艺术在大革命爆发以后才展示出最重大的成就。这一成就的创造者是雅克 - 路易·大卫（1748—1825 年）。他出生在巴黎的一个五金商家庭，从小就对绘画很感兴趣，《乞求施舍的维利萨里》是他早期的名画，《荷拉斯兄弟之誓》为他赢得了声誉。他的艺术手法有明显的古典主义特点，内容却多为现实主义。《马拉之死》是他最重要的作品之一，让这位雅各宾革命家的功绩永远为后人铭记。后来他又创作了《跨越阿尔卑斯山圣伯纳隘口的拿破仑》和《拿破仑一世加冕》等与拿破仑有关的作品以及《卖菜的女人》和《谢列奇亚太太和小孩》等平民肖像画。

在 18 世纪的法国，开始出现反映平民生活的艺术题材作品，尤其在绘画上取得了新成果。当然，一些著名的洛可可艺术家如华托和一些新古典主义艺术家如大卫，也有表现平民生活的作品。不过，另一些画家一直以平民生活为重点题材，他们中的代表是夏尔丹（1699—1779 年）、拉图尔（1704—1788年）等。夏尔丹主要描绘了巴黎的市民生活，重点描绘了勤劳的劳动女性和天真的儿童们，重要作品有《洗菜的女人》《洗衣女工》《家庭女教师》等。

18 世纪后期至 19 世纪中叶，欧洲各国兴起了新古典主义画派，力求恢复以古希腊、古罗马为代表的古典绘画，成就最高的是法国画家多米尼克·安格尔（1780—1867 年）。他素描功力深厚，擅长肖像画，代表作有《荷马礼赞》《土耳其浴室》《泉》等。19 世纪前期，法国继新古典主义画派之后兴起了浪漫主义画派，否定了新古典主义的理性描写和公式化、概念化的风格，提倡想象、夸张、不受拘束的表现手法和丰富的色彩运用。法国画家维克多·欧

《马拉之死》

《马拉之死》描绘了法国大革命时期遇害的雅各宾派领袖马拉被刺的情景，现存于比利时皇家美术馆。

仁·德拉克洛瓦（1789—1863年）是这一画派的代表人物之一，作品有《阿尔及尔妇女》《猎虎》《狮子的狩猎》等。到了19世纪30年代至70年代，现实主义美术思潮又在欧洲兴起。这一思潮的发源地是法国，影响最大的人物是法国的阿诺列·杜米埃（1808—1879年）、柯罗、米勒等。杜米埃创作了《立法肚子》《出版自由》等政治讽刺画。他在《出版自由》中塑造的印刷工人，是西方绘画史上最早塑造的作为主人翁登上政治舞台的无产者形象。

三、名人辈出的欧洲其他国家

17世纪西班牙最重要的画家是委拉斯开兹（1599—1660年），他的创作从一开始就立足于现实，《早餐》《卖水人》等作品描绘的都是城乡贫苦的人，《博士来拜》和《基督在马太和马利亚那里》等宗教画也有一定的风俗画特征。他的重要作品还有《纺织女》《宫娥》《教皇英诺森十世肖像》等。

弗朗西斯科·戈雅（1746—1828年）是西班牙跨世纪的绘画大师。他在1789年成为宫廷首席画家，在给皇家织造厂绘制的63件作品中，经常出现普通劳动者的生动形象，如《陶器市场》《葡萄熟了》等。戈雅用画笔对西班牙当时黑暗的宗教和世俗封建势力的统治进行了巧妙地鞭挞，这类画作有《宗教裁判所的审讯》《查理四世全家像》等。他后期创作的的作品中有大量反映西班牙人民反抗拿破仑侵略斗争的作品，如油画《1805年5月2日的起义》《1808年5月3日夜屠杀起义者》以及铜版组画《战争的灾祸》等。他的风格始于洛可可，很快就转向现实主义，又带有早期浪漫主义的特点。

17世纪的荷兰，最重要的画家是伦勃朗（1606—1669年）。他的油画、铜版画和素描都十分出色。他的取材也很广泛，有取自圣经或古典文学的"历史画"，如《基督下十字架》《被刺瞎眼的参逊》《拿着大卫王来信的拔示巴》等，还有来源于身边普通生活的以肖像画为主的作品，包括个人肖像画和团体肖像画，如《杜尔博士的解剖学课》《母亲肖像》《扬·西兹市长像》《写作的老人》等。他是美术史上最多产的画家之一，现存超过300件的油画作品和超过300件的铜版画作品，素描则超过1000件。

英国17世纪的绘画受外来的影响较大，查理一世请来佛兰德斯的彼得·保罗·鲁本斯（1577—1640年）和比利时弗拉芒族画家安东尼·凡·戴克（1599—1641年）等大师对本国绘画进行指导并参与创作。鲁本斯的壁画影响了英国装饰画的风格。戴克的作品具有典型的巴洛克风格，使巴洛克绘画风行英国。直到18世纪，英国的绘画才获得独立的发展，风俗画、肖像画、风景画和水

伦勃朗《杜尔博士的解剖学课》
伦勃朗准确地捕捉到杜尔博士的
微妙表情，人物位置、角度的安
排和光线的运用都颇有新意，这
使伦勃朗获得了普遍的赞誉。

彩画等多个画种的成就都很高。威廉·霍加斯（1697—1764年）是英国18世纪第一位重要的画家，他在油画、版画、肖像画、风俗画和历史画以及艺术理论方面的造诣都很高，代表作有带有连续情节的组画《妓女一生》《新式结婚》等，还有肖像画《柯勒姆上尉》《大卫·迦里柯和他的妻子》、讽刺画《化装舞会和歌剧勃林顿门》等。理论方面的代表作是关于形式分析的《美的分析》。雷诺兹（1723—1792年）和庚斯勃罗（1727—1788年）是肖像画的代表。雷诺兹的作品中的人物十分生动，力求表现出内在感情，主要作品有《卡洛林·凯佩尔夫人》《约翰逊博士》等。庚斯勃罗的肖像画富于诗意，代表作是《罗伯特·安德鲁斯先生和夫人》和《玛格丽特·庚斯勃罗小姐》。理查德·威尔逊（1714—1782年）是英国风景画的奠基人之一，善于描绘故乡威尔士的群山。水彩画家中最著名的是保罗·桑德比（1730—1809年）等人。

俄国在彼得大帝时期创办了最初的绘画学校，派青年画家出国学习。18世纪的俄国画家们认为从肖像画入手比较容易，陆续出现了安特罗波夫（1716—1795年）、阿尔古诺夫（1729—1802年）等肖像画家。安特罗波夫的作品惟妙惟肖，代表作有《布杜尔利娜》《彼得三世像》等。阿尔古诺夫在绘制盛装肖像画和室内肖像画方面的成就很高，代表作有《叶卡捷琳娜二世》《不知名的农妇》等。在外国各种绘画流派和风格不断传入俄国后，俄国画家创作的题材和技巧也得以扩大和提高，出现了历史画、风景画、风俗画、装饰画和铜版画等新的画种。

建筑艺术的发展

一、意大利的建筑

巴洛克建筑是最能显示巴洛克艺术风格特点的艺术种类。维尼奥拉（1507—1573 年）和波尔达（约 1540—1602 年）分别在 1568 年和在 1575 年设计了罗马耶稣会堂的平面图和正门立面，是巴洛克式建筑艺术家最早的艺术成果。马丹诺（1556—1629 年）设计的圣彼得大教堂东正面的建筑，是 16 世纪和 17 世纪之交巴洛克风格的新发展。波罗米尼（1599—1667 年）有"巴洛克建筑之父"的美誉，他在设计罗马圣卡尔罗教堂时，将"畸形的珍珠"这一寓意寄托在里面。圣卡尔罗教堂是他最重要的作品之一。17 世纪 30 年代，意大利的巴洛克建筑开始走向成熟，罗马的圣彼得大教堂的椭圆形大广场大约建于 1656 年至 1667 年，由贝尼尼（1598—1680 年）创作。贝尼尼为这座教堂奋斗终生，在他的努力下，这座先前由文艺复兴大师米开朗琪罗设计的大圆顶的宏伟建筑物最终得以完成，巴洛克风格使它更加辉煌。朗格纳（1598—1682 年）在 1630 年到 1631 年设计的位于威尼斯大运河之畔的安康圣母教堂，是巴洛克风格成熟时期的代表性建筑。

18 世纪初，巴洛克风格已经发展进入晚期。列阿里宫是万维泰利（1700—1773 年）最重要的作品之一，内部结构仍属于典型的巴洛克风格。尤维拉（1678—1763 年）的代表作马达莫宫，是这一时期巴洛克建筑的杰作之一。与传统相比，晚期巴洛克风格的建筑中出现了许多世俗性建筑。

意大利早期的洛可可风格建筑中，比较著名的是托利诺郊外的斯托皮尼基离宫。洛可可风格还表现在建筑物的装饰上，那不勒斯"瓷器装饰的小客厅"也是洛可可风格的杰作，并且导致了意大利舞台设计的变革。费·加利·比比耶纳（1657—1743 年）在 1703 年设计了一座新型舞台，能使观众尽可能地看到宽阔复杂的场面，他的儿子鸠塞帕（1696—1756 年）后来延续了这种风格的设计。

二、法国的建筑

意大利巴洛克风格对法国 17 世纪上半期的建筑风格的影响很大，但法国古典主义建筑的特征已经形成，而且越来越明显。路易十四指示对卢浮宫进行扩建，曾将贝尼尼聘来主持这件事，但法国人没有接受他的巴洛克式设计思想。

法国凯旋门

卢浮宫的扩建由有勒布伦参加的工作小组重新设计，遵循古典主义实施了扩建计划。凡尔赛宫的建设，从外部看更明显地体现了古典主义的原则——庄重、朴实、和谐、严谨。

　　法国新古典主义在建筑方面的代表作，有加布里埃尔（1698—1782 年）设计的协和广场（原以路易十五命名）、小特里亚农宫以及苏弗洛（1713—1780 年）设计的巴黎先贤祠等。香榭丽舍大街 19 世纪初还建起了凯旋门，它是新古典主义留下的又一座杰出的建筑。

三、英国的建筑

　　17 世纪初，英国建筑设计师琼斯（1573—1652 年）接触到威尼斯建筑师兼建筑理论家帕拉狄奥（1508—1580 年）的作品。帕拉狄奥重视理性，力求比例完美以带给人享受。琼斯回国后对帕拉狄奥的作品加以宣传，并按帕拉狄奥风格设计了白厅的宴会厅，具有朴素、典雅和简洁的特点，后来又设计了格林尼治女王宫。这种风格虽然源于意大利，但适合英国的气候条件，又被英国的建筑家加入了许多创新元素，所以被艺术史家视为大不列颠的民族风格。从 17 世纪开始，不断有人将中国式园林的优点介绍到欧洲。18 世纪，英国建筑受到东方的影响，其庭园建筑开始采用中国式的设计，不再采用正统的严格的几何图形式。威廉·肯特（1685—1748年）和朗塞洛斯·布朗（1715—1782年）是最有名的中国式园林设计师。肯特曾以一幅中国式风景画为参照对象对乡村的布置加以改造。布朗则在勃兰海姆设计了人造瀑布。曾经到过中国的钱伯斯（1723—1796年）对中国建筑做了大量速写。1750年，他在伦敦西郊建成"丘园"，园内的湖边矗立着一座中国式九层高塔，塔旁还有"孔子楼"。他还著有《中国房屋、农具、服饰、机械和家庭用品设计图册》《东方园艺》等理论著作。

四、俄国的建筑

17世纪后半期，俄国在彼得大帝的统治下进行了一系列改革，国力逐渐强盛。为营建新都圣彼得堡，彼得大帝聘请了意大利建筑师特雷西尼（1670—1734年）和一些德国建筑师。同时，俄国本国也有一大批建筑师成长起来，代表人物是叶罗普金（约1698—1740年）、科罗博夫（1700—1747年）等。叶罗普金领导编制了圣彼得堡总平面设计图，他的《建筑勘察的任务》是俄国最早的建筑论著。

五、西班牙的建筑

西班牙在17世纪末形成了具有自己特点的巴洛克风格，即丘里格拉式建筑风格。何塞·丘里格拉（1655—1725年）是这一风格的创始者，萨拉曼卡圣埃斯特万教堂的巨型祭坛和马耶尔广场牧师堂的钟楼是他的代表作。里贝拉（1722—1790年）是模仿丘里格拉的建筑师之一，他在马德里城兴建了养老院和普洛温旅馆，风格豪华。丘里格拉式建筑风格的影响延续到18世纪中期，严格来说它与正统的巴洛克风格有一定距离，特别注重装饰，反映了向洛可可式的过渡，因此被部分艺术史家看作有西班牙特色的洛可可风格。柯斯塔（1693—1761年）改建了赫洛纳教堂，对装饰物的重要性有更进一步的强调。

18世纪后期至19世纪三四十年代，受新古典主义文艺思潮影响，欧洲出现了新古典主义建筑。欧洲新古典主义建筑的中心是法国，代表建筑是位于巴黎戴高乐星形广场中央的雄狮凯旋门。从19世纪上半叶到20世纪初，欧洲各国开始流行折中主义的建筑风格。在当时的一些欧洲城市并存着古希腊、罗马、拜占庭、中世纪、文艺复兴和东方情调等风格的建筑，折中主义建筑师们把多

维也纳歌剧院
维也纳歌剧院是世界四
大歌剧院之一，始建于
1861 年，由奥地利著名
建筑师西克斯鲍和谬尔设
计督造。

种建筑样式和手法拼合在一座建筑上，追求比例均衡和纯形式美。折中主义建
筑最典型的代表作是法国的巴黎歌剧院，还有奥地利的维也纳歌剧院、意大利
罗马的埃马努埃莱二世纪念建筑等。

随着资本主义社会的发展，资产阶级有了新的生产和生活方式的需求，出
现了新型建筑材料。这些都要求建筑结构形式有所创新，于是出现了现代建筑
的开端，这类建筑以英国伦敦的水晶宫为代表。

雕塑艺术的发展

一、意大利的雕塑

和绘画一样，巴洛克雕塑也是巴洛克建筑的附属品，当然也有一些独立存
在的雕塑作品。雕塑艺术家对人物的表情和肉体的刻画十分深刻，使雕塑富于
动作性，显得很活泼，能表达出所塑造人物的内心世界。在巴洛克雕塑中，成
就最高的是贝尼尼。他从小俩受到雕塑家父亲的艺术熏陶，17 岁时成功地为
一位大主教制作了一个胸像雕刻。他在 1619 年或 1623 年完成了作品《大卫》，
与米开朗琪罗的《大卫》不同，他的作品塑造了一个似乎正在与敌人激烈搏斗
的形象。《阿波罗与达芙妮》是他 1622 年到 1625 年的作品，这件作品有效地
传达了运动感，被后人当成艺术史上前无古人的创举。贝尼尼为一些真实人物
创作过一些雕塑肖像，如《路易十四肖像》以及为自己的情人创作的《康士坦

察·布奥娜列里肖像》都是十分出色的艺术品。

二、法国的雕塑

17世纪的法国雕塑在很大程度上受到了意大利的影响，17世纪中期以后的一些重要作品还表现出一定的巴洛克风格。例如普热（1622—1694年）的《美杜萨头像》。不过，他的主要作品有的兼具巴洛克风格和古典主义风格，有的以古典主义为主。以古典主义风格为主的作品是《亚历山大与提奥奇尼斯》。吉拉尔东（1628—1715年）的作品则典型地体现出古典主义的特色，如《阿波罗沐浴》。科伊赛沃克斯（1640—1720年）的浮雕《胜利的路易十四》是宫廷古典主义作品的代表。

法尔科内特（1716—1791年）是一位从洛可可向新古典主义过渡的雕塑家。他的《司音乐的缪斯》《泉边的山林水泽女神》等虽然有洛可可风格的诸多特征，但已吸收了新古典主义的简洁。新古典主义雕塑的代表是乌东（1741—1828年），他用古典主义的形式表现新的时代内容，为众多影响了他的启蒙运动思想家以及科学家、文艺家和政治家们塑造雕像，如《狄德罗像》《伏尔泰像》《华盛顿像》《卢梭像》等。

法国雕塑在18世纪末到19世纪中叶这段时期，主要是新古典主义和浪漫主义的风格。意大利罗马对法国古典主义雕塑的发展产生过一定影响，意大利

乌东《伏尔泰像》

《伏尔泰像》是1782年法国雕塑家乌东创作的雕塑作品，对法国思想家伏尔泰的性格特征进行了深刻、细腻的表现。

雕塑家安东尼奥·卡诺瓦（1757—1822 年）长期在法国从事艺术活动，为拿破仑家族雕塑了许多肖像作品，其中以他为拿破仑的妹妹玛丽·宝琳·波尔盖丝创作的大理石雕刻《装扮成维纳斯的玛丽·宝琳·波尔盖丝》最有名。19 世纪法国及欧洲的雕塑家，不是出于他的门下，就是受过他的影响。同新古典主义雕塑相比，法国的浪漫主义雕塑取得了更大的成就，出现了一批杰出的雕塑家，有吕德、巴里、普劳尔特等，创作出了《马赛曲》《舞蹈》等不朽的作品，与浪漫主义绘画一起推动了法国以及欧洲浪漫主义美术运动的繁荣。

三、俄国的雕塑

18 世纪俄国的雕塑艺术，是为建筑物增加豪华壮伟不可或缺的装饰。同时也有许多独立于建筑物的雕塑作品。巴·卡·拉斯特雷利（1700—1771 年）创作的《彼得一世胸像》是以巴洛克和古典主义相结合的方式塑造成的，使人物形象表现出远大的目光和刚强的意志。古典主义雕塑家苏宾（1740—1805 年）善于刻画人物的心理和性格，作品有《卡德琳女皇》《楚尔柯夫》等。戈尔杰耶夫（1744—1810 年）早期的作品倾向于巴洛克风格，如《普罗米修斯》等；后期向古典主义发展，作品有《戈利津娜墓上雕像》等。

西方音乐体系的形成与发展

一、歌剧的诞生

在巴洛克音乐中，歌剧是非常重要的载体。西方歌剧最早于 16 世纪末至 17 世纪初出现在意大利，不过古希腊和古罗马时期已经有融合了歌唱的戏剧，并以乐声伴随剧情，只是音乐在整体上并不起主导作用。里努奇尼（1562—1621 年）改编的剧本《达芙妮》在以佩里（1561—1633 年）为主创作的乐曲的配合下，于 1594 年演出。它是公认的第一部"歌剧"艺术作品，可惜后来乐谱散失。不久，佩里和卡奇尼（1550—1618 年）共同创作了《欧丽蒂丝》，于 1600 年 10 月在美第奇公爵的妹妹玛利雅和法王亨利四世的婚礼上演出，是欧洲早期歌剧的雏形。有一个时期，水城威尼斯的歌剧演出十分兴盛，那里宫殿与教堂林立，激发了巴洛克音乐的热情。第一座专门的歌剧院于 1637 年在该地建立，而后陆续出现了 60 多座，类似的情况也出现在罗马和那不勒斯。歌剧的品种也一点点变得丰富，出现了正歌剧、趣歌剧、幕间剧等。有些地区的歌剧院设有廉价座位，使部分普通民众也能欣赏到歌剧。于是，巴洛克音乐作为歌剧的主导部分，也较为广泛地被社会各阶层所接受。

早期的意大利巴洛克音乐作曲家中，最具代表性的是威尼斯的蒙特维迪（1567—1643 年）。他不但创作丰富，还善于演奏，代表作是《奥菲欧》，其他作品还有《阿丽安娜》《波佩雅的加冕》等。1637 年，他在威尼斯创建了欧洲第一家经常公开演出的歌剧院。他在舞剧、抒情小曲和宗教歌曲方面也有一定建树。蒙特维迪的学生卡瓦里（1602—1676 年）和契斯蒂（1623—1669 年）都是威尼斯乐派杰出的歌剧作家。歌剧的纯音乐成分在契斯蒂的作品中较为突出，他还特别重视华丽的舞台布景和灯光与音乐的配合。他最著名的作品是为皇帝的婚礼创作的《金苹果》。为了这部歌剧的演出，皇室特地建造了一座大剧院。巴洛克的著名建筑师和雕刻家参与到建筑工作中，巴洛克艺术不同门类的艺术家进行了一次密切的协作。

巴洛克音乐还包括清唱剧。清唱剧形成于 16 世纪末，在巴洛克音乐诞生以后得到发展。17 世纪中期，它形成了包括独唱、合唱和管弦乐的综合性大型音乐作品。清唱剧演出时不需要专门的服装、布景，表演没有动作，除了歌词外，情节的发展还借助解说者的叙述，这些是与歌剧相区别之处。清唱剧的代表人物是卡里西米（1605—1674 年），作品有《所罗门的裁判》和《耶弗他》等。他还善于创作康塔塔。康塔塔是意大利巴洛克音乐初期的另一种常见形式，是以人声演唱的声乐曲。17 世纪，器乐音乐在意大利也得到了发展。器乐音乐家中比较重要的有科莱利（1653—1713 年）和维瓦尔第（1678—1741 年）等。科莱利是位小提琴演奏家。维瓦尔第创作了歌剧、清唱剧、康塔塔和协奏曲等大量作品，他和科莱利等人被称为意大利小提琴乐派。

英国的音乐一直发展得很缓慢，直到 17 世纪后期著名作曲家浦赛尔（1659—1695 年）的出现才改变了这一局面。他创作了许多声乐和器乐作品，吸收了意大利和法国歌剧的一些优点并加入英国民歌的特色，形成一种有特色的风格。他的代表作《迪东和伊尼》标志着英国民族歌剧的诞生。德国人亨德尔（1685—1759 年）是德国巴洛克音乐的代表人物之一，为英国歌剧的发展作出了重大贡献。他于 1712 年定居英国，后来在英国王室的支持下组建了"皇家歌剧院"；晚年创作的清唱剧，如《以色列人在埃及》《弥赛亚》《参逊》《犹大·玛卡伯》等取得了巨大成功，与新兴的英国市民阶层产生了强烈的共鸣。他去世后得到了"英国民族音乐家"的美誉。

17 世纪的俄国，宗教歌曲的单声部逐渐发展为多声部，感情色彩也有所增加。彼得大帝实行改革以后，有许多意大利音乐家来俄国演出，将成熟的巴洛克音乐带到俄国，歌剧很快在圣彼得堡和莫斯科便盛行起来。意大利作曲家格鲁皮等人在俄国活动并传播歌剧，对俄国的音乐工作者有很大启发。俄国的福明（1761—1800 年）等人开始用俄语创作表现本国民间生活的歌剧，如《驿站车夫》《磨坊主、巫师、骗子和媒人》等。

二、音乐的繁荣

18 世纪上半期，德国的巴洛克音乐进入兴盛期，以巴赫（1685—1750 年）和亨德尔（1685—1759 年）为代表。巴赫出生在一个音乐世家，从小受家庭熏陶，又四处寻访名师。他生前只是著名的演奏家。直到 1800 年，在门德尔松的推崇下，人们才注意到他的作品。他的作品有风琴曲、交响曲、钢琴曲、提琴曲、笛子演奏曲等，种类很多，总数超过 500 首。他创作的复调音乐中的重要艺术特色是以赋格曲显示的对位风格。他声乐作品的代表作有《农民康塔塔》《咖啡康塔塔》，器乐作品的代表作有《勃兰登堡协奏曲》《平均律钢琴曲集》等。他在音乐教育和理论研究方面也很有造诣，《赋格的艺术》是音乐史上有重大价值的著作。

到了 18 世纪中后期，德国和奥地利的音乐呈现出更加繁荣的景象，音乐达到了前所未有的高水平，进入被称为"后来者的卓绝楷模"的古典主义时期。文学戏剧等方面的"古典主义"都源于法国，但是在音乐领域，"古典主义"是指在 18 世纪中后期在德语国家形成的音乐主流。这种音乐一直延续到 19 世纪初，以"维也纳古典乐派"的大师海顿（1732—1809 年）、莫扎特（1756—1791 年）和贝多芬（1770—1827 年）为代表。这三位大师都曾在维也纳生活和创作，度过创作成熟期，完成了最杰出的典范性作品，形成了维也纳古典乐派。

海顿于 1761 年成为维也纳郊外一位匈牙利贵族的宫廷乐师，写下了交响曲和协奏曲等大量作品，90 年代到英国游历，创作了《伦敦交响曲》12 部和清唱剧《创世纪》和《四季》等。他最大的贡献是完美的古典交响乐和四重奏形式，作品有 107 部交响曲、68 首弦乐四重奏、20 多首三重奏、60 首钢琴奏

《莫扎特一家》

鸣曲、13 部意大利式歌剧等，被称为"维也纳古典乐派的奠基人"。

莫扎特从小便被视为音乐神童，很小时就学会了弹钢琴和作曲，1781 年前往维也纳，但因自小劳累过度，36 岁时于贫病中去世。他的一生虽然短暂，但作品有 52 部交响曲、77 首奏鸣曲、22 部歌剧等，总数达到 600 多部，种类也几乎涉及音乐的所有领域。他在歌剧方面取得的成就最为突出，创作了不少具有民族风格的歌剧，代表作有《克里特国王伊多美纽斯》《费加罗的婚礼》《唐璜》《魔笛》等。他是维也纳古典乐派承前启后的人物。

贝多芬把维也纳古典乐派的成就推到最高峰。他从 1792 年起在维也纳生活，1796 年开始逐渐失去听觉，但他非常勤奋地进行创作，作品有 9 部交响曲、1 部歌剧、32 首钢琴奏鸣曲、5 首钢琴协奏曲，多首管弦乐序曲和小提琴、大提琴奏鸣曲，以及大量各种形式的重奏作品、声乐作品，总数近 200 部。贝多芬是一位跨世纪的艺术家。他的有些作品是在 19 世纪初创作的，这些后期的作品已不能仅仅归于古典主义，同时也带着浪漫主义的特征。可以说，对奏鸣曲和交响曲的发展与创新是贝多芬对艺术的贡献中最重要的部分。

19 世纪三四十年代，是欧洲浪漫主义音乐的鼎盛期，代表人物是法国的柏辽兹（1803—1869 年）、德国的门德尔松（1809—1847 年）和舒曼（1810—1856 年）、波兰的肖邦（1810—1849 年）、匈牙利的李斯特（1811—1886 年）等人。柏辽兹的作品中最有代表性的是交响曲，如被公认为音乐史上第一部浪漫主义交响曲的《幻想交响曲》。门德尔松以文学、自然和宗教为主要创作题

肖邦　　　　　　　　　　李斯特

材，又首创"无词歌"这一钢琴作品体裁。大型器乐曲和大型声乐曲是舒曼后期的创作重点。在 19 世纪 40 年代之后舒曼创作了 4 部交响乐中的 3 部，代表作是《降 B 大调第一交响曲》和《降 E 大调钢琴五重奏》。肖邦一生创作了200 余部钢琴曲和 20 余首声乐曲、室内乐曲，代表作有《告别圆舞曲》《海洋》《革命练习曲》等。李斯特主要创作钢琴曲和交响曲，交响诗体裁是他最重要的一项贡献。

三、多姿多彩的舞台剧

近代欧美的舞台剧，融合了文学、音乐、舞蹈等多种艺术形式，呈现出多姿多彩的特点。

15 世纪的法国出现了较大型的剧团，以表演神秘剧和笑剧为主。这些剧团一直到 16 世纪都没有固定的表演场所，但其存在为 17 世纪舞台剧的发展打下了基础。1629 年，黎塞留新建了玛雷剧院，他明确要求演出的内容应能为巩固王权服务。1680 年，路易十四亲自指示建立了法兰西剧院，并加强了对戏剧表演艺术的管制。法国的古典主义戏剧主要是悲剧，多以诗的形式写成，内容主要描写王公贵族们的生活。玛雷剧院创建初期，由著名演员孟多里（1594—1651 年）兼任导演和剧院领导。他善于通过激情的朗诵和生动的表情来体现人物的性格特点，塑造出鲜明的人物形象，成为日益发展的古典主义表演的一个重要范例。当时另外一个出色的演员费罗里多尔（1608—1671年）的特点是朗诵台词时感情丰富又自然流畅，与日常生活中的语言十分接近，这成为古典主义表演的另外一个范例。

古典主义也有一些喜剧作品，代表是莫里哀，作品有《冒失鬼》《多情的医生》《吝啬鬼》等。喜剧在创作和演出时较少受到古典主义清规戒律的束缚，莫里哀基本遵守三一律，但有时也不遵守。

18 世纪，法国的戏剧转向启蒙主义。莫里哀之后的小说兼戏剧作家勒萨日（1668—1747 年）在 18 世纪初创造了一种新形式，被称为"讽刺喜剧"，戏剧家拉·萧瑟（1692—1754 年）以创作"流泪喜剧"而闻名。伏尔泰的戏剧作品和表演理论与古典主义仍然保持联系。他在 18 世纪上半期的作品，虽然内容上宣传启蒙主义，但形式仍基本遵循三一律原则。狄德罗不仅创作戏剧，还著有更为重要的戏剧理论著作，如《关于〈私生子〉的谈话》《论戏剧诗》等。18 世纪后期最重要的剧作家是博马舍（1732—1799 年），他阐明了严肃戏剧的意义，称正剧为"严肃喜剧"。他最著名的政治喜剧作品是《费加罗的婚礼》，作品中含有反对封建统治的内容。

提起英国的戏剧，就不能不提到英国最伟大的戏剧家莎士比亚（1564—1616 年）。他是文艺复兴时期的大师，艺术活动一直延续到 17 世纪初。继莎士比亚后，也常被归入文艺复兴时期的戏剧家的本·琼生（1572—1637 年）在 17 世纪初生活和创作的时间更长一些。随后，英国戏剧出现了一段时间的低潮，因为作为新兴英国资产阶级中坚力量的清教徒认为戏剧是贵族的消遣品，于是加以抵制。后来，资产阶级认识到戏剧有批判贵族阶级和宣传资产阶级思想的作用，在 18 世纪前期由李洛（1693—1739 年）创作了第一部标准的资产阶级戏剧《伦敦商人》。18 世纪中后期的剧作家有哥尔斯密（1728—1774 年）、科尔曼（1732—1794 年）等。

17 世纪初，德国的戏剧在欧洲相对落后。从 18 世纪开始，启蒙运动家为改变这一落后局面做了努力。启蒙运动最重要的代表莱辛认为戏剧是最重要的社会教育手段，他还要求建立有德国民族特色的戏剧。德国戏剧表演艺术的改革，最早是由著名女演员奈贝尔（1692—1760 年）在 1727 年开始的，她和她的丈夫把莱比锡变成德国戏剧艺术的一个中心，不过由于他们早期受到启蒙运动理论家高特舍特（1700—1766 年）的影响，仍然力图贯彻古典主义，强求遵守三一律等规则，导致改革无法深入。施洛得尔（1744—1816 年）自兼演员、导演、剧作家，他反对脱离生活实际的法国古典主义，培养出了大批优秀的戏剧从业者。启蒙主义运动之后，德国很快又兴起了狂飙突进运动。这一运动中最有成就的戏剧家是青年时期的歌德和席勒。席勒的剧作《强盗》在曼海姆上演，引起了极大的轰动。

芭蕾舞于 17 世纪形成于法国宫廷，在 17 世纪后期传入俄国，到 18 世纪时引起了皇室的兴趣。1738 年，圣彼得堡建立了第一所舞蹈学校，芭蕾舞是其教学重点。1773 年和 1776 年，莫斯科先后成立了芭蕾舞班和芭蕾舞团，很快就培养出许多芭蕾舞舞蹈家和编导。在芭蕾舞发展史上，浪漫主义芭蕾被称为芭蕾舞的"黄金时代"，具有代表性的表演艺术家是丹麦的布农维尔（1805—1879 年）和意大利的塔利奥妮（1804—1884 年）、格丽西（1819—1899 年）、博朴克姬（1853—1870 年）。芭蕾在 18 世纪中叶传入美国。到了 19 世纪，美国出现了著名女演员奥古丝德·梅伍德、玛丽·安·李，还有美国首位芭蕾舞男主角乔治·史密斯。

现代篇（上）

20世纪初的世界

　　20世纪初，日本、美国不断崛起，改变了欧洲称霸世界的局面。在1905年俄国革命的影响下，亚洲和拉丁美洲各国纷纷爆发了民主革命，进行了争取民族独立的起义和工人运动。1914年至1918年，两大帝国主义集团为重新瓜分世界和争夺世界霸权进行了首次世界性的大规模战争，从而揭开了世界历史的一个新篇章。

欧洲两大军事集团的形成

20 世纪初，世界已经被帝国主义列强瓜分完毕。随着各国经济的发展，各国实力对比也发生了变化，后来发展强大的国家强烈要求重新瓜分世界。因此，帝国主义列强之间的争夺愈演愈烈。为了压倒对手，建立霸权，帝国主义列强在欧洲逐步形成了两大帝国主义军事集团。

三皇同盟——三国同盟的建立和法国、俄国的靠近

1871 年 5 月，德国和法国缔结了《法兰克福条约》，普法战争结束，然而德法两国之间的矛盾却没有因此而变得缓和。法国被迫割让洛林、阿尔萨斯两省给德国，赔款 50 亿法郎。这个屈辱的条款让法国上下无法忍受，两国的旧恨还没消除，又添加了新仇。从《法兰克福条约》签订之日起，法国国内的复仇主义思想就不断发展。全国各党派和阶层对德国表示出了无比的仇恨。因此，战争结束后，法国政府一边努力恢复战争带来的创伤，恢复国力，重整军备，一边加紧与其他盟国合作，准备再找机会与德国进行一场战争。

毫无疑问，德国十分忌讳法国的复苏和其与他国的结盟。它不断地在法国面前炫耀自己的武力，企图以此来迫使法国屈服于自己。1872 年 4 月至 5 月，德国和法国进行了一次谈判，德国要求法国提前偿还 30 亿法郎的赔款。此外在外交方面，德国对俄国、奥匈帝国极力拉拢，防止法国与这两国缔结盟约。1872 年 9 月，德国、俄国、奥匈帝国三国皇帝在柏林举行了会晤。1873 年 6 月，沙皇对奥匈帝国进行访问。10 月，德皇访问了奥匈帝国。他们在维也纳附近签订了一个协议。协议规定：只要发生战争或者是有革命的危险，缔约国各方应该共同进行协商，确立行动方针。这个协议宣布了"三皇同盟"的成立。

19 世纪末的维也纳

19 世纪末期，维也纳是奥匈帝国的首都，在人类文化史上拥有极为重要的地位。

俾斯麦企图通过这个盟约在外交上孤立法国。

　　然而"三皇同盟"的各国从签订协议起就貌合神离，各有各的打算。在 3 个国家当中，除了德国和奥匈帝国的关系比较稳固之外，俄国和奥匈帝国在巴尔干地区有着利益纠纷，俄国和德国在对待法国的政策上也有很大的分歧。

　　1875 年，德国以法国增加军事编制为借口，不断叫嚣要掀起战争。俾斯麦的目的就是要制造爆发战争的气氛。就在这时，俄国并不支持德国借这个机会震慑法国，而且在 1878 年的柏林会议中，俄国在德国、奥匈帝国的逼迫下交出了在与奥斯曼帝国交战中获得的大部分战利品，导致俄国企图占领达达尼尔和博斯普鲁斯海峡的愿望化为了泡影。这些情况说明"三皇同盟"实际上已经瓦解。1879 年 10 月 7 日，德、奥匈两国秘密缔结了军事同盟条约。条约规定：缔约国一旦遭受俄国的攻打，缔约国双方要以自己全部的军事力量彼此支援；缔约国的一方遭到另外一大国的进攻，只要俄国不属于侵略国的一方，那么缔约国另一方就必须保持善意的中立；要是俄国参加侵略国的一方，那么缔约国的另一方就要全力支援自己的盟国一方进行作战。

　　德、奥匈两国缔结军事同盟之后不久，德国又利用法国和意大利之间为争夺突尼斯而引起的矛盾，把意大利拉进同盟。1882 年 5 月，意大利与德、奥匈两国在维也纳签订了三国同盟条约。条约规定：如果法国进犯意大利，德、奥匈两国将会对意大利进行军事援助；法国如果进攻德国，意大利也同样有支援德国的义务；缔约国的一方遭到两个或两个以上大国的同时进攻，缔约三国应协同作战。这样一来，"三国同盟"最终成立。

　　德国为"三国同盟"的首领，但是在同盟当中，奥匈帝国无疑是德国坚定的盟友，而意大利则是一个不稳定的同盟国。"三国同盟"的成立宣告欧洲开始形成军事集团，这让法国和俄国产生了不安全感，使得两国很快接近。

随着"三国同盟"的成立，法国的局势变得十分危险，它急需寻找到一个强大的盟友，以摆脱自己当前孤立的境地。

"三皇同盟"的瓦解以及德国和俄国之间关系的恶化，无疑给法国提供了一个靠近俄国的机会。1887 年，法国对俄国提出了结盟的提议，但是俄国没有接纳。为了尽快与俄国缔结同盟，法国先后向俄国提供了 5 亿法郎和 19 亿法郎的贷款，帮助俄国解决国内的财政困境。在这以后，法国资本源源不断地输入俄国，使得陷入资金窘境的俄国对法国资本的依赖性逐渐加深。1888 年，法国又同意卖给俄国 50 万支步枪，法国和俄国的关系又前进了一步。

1890 年，俾斯麦下野以后，德国修改了俾斯麦竭力谋求的防止对法国和俄国同时作战的政策，导致德俄之间关系的恶化。1891 年，法国舰队对俄国的喀琅施塔得要塞进行访问，沙皇亚历山大三世亲自到港口迎接法国舰队。后来，法俄两国达成了一项政治协定。1892 年，法俄两国又签订了军事协定，规定了两国需要承担的义务：一旦法国受到德国或者是意大利的进攻，俄国要用自己的全部兵力攻打德国；一旦俄国受到德国或者是奥匈帝国的进攻；法国要用自己的全部兵力攻打德国。此外，对德国的战争同时发生后，法国应出动 130 万兵力，俄国应出动 70 万至 80 万兵力，并且在战争中迫使德国在东西两线进行作战。1893 年，法俄军事协定正式生效，法俄正式建立同盟关系。

俄罗斯喀琅施塔得海军大教堂

法俄同盟的建立，使得欧洲出现了两大军事集团，出现了军事集团对峙的局面，也加深了各帝国主义之间的矛盾。从此，欧洲上空弥漫着战争的阴云，为后来的第一次世界大战奠定了基础。

英德矛盾与三国协约的形成

19世纪末20世纪初，英国是世界上头号的殖民帝国主义国家。为了争夺殖民地，列强与英国在世界各地不断发生冲突。其中，英国和俄国在亚洲，英国和法国在非洲，都发生了十分激烈的争夺。因为帝国主义国家发展的不平衡，德国逐渐成为英国的主要竞争者，英国和德国之间的矛盾最终变成了帝国主义国家之间的主要矛盾。

在经济上，英德之间的主要矛盾是贸易竞争。德国使用新技术并压低工人的酬劳，生产出了物美价廉的商品，冲破其他国家的关税壁垒进行倾销。在世界贸易中的比重中，德国的比重不断增加，1870年仅占9.7％，到1913年时，则上升到了12.6％，仅在英国之后，位居第二位。英国商品在欧洲市场逐渐遭到来到德国商品的排挤。1913年，德国对欧洲各国的贸易占到了德国出口的75％，进口的54％。面对德国咄咄逼人的竞争，英国感受到了前所未有的压力。

在殖民地方面，英国也面临着德国的竞争。因为经济发展较晚，德国直到80年代才开始争夺殖民地，至1914年，一共夺得了290万平方千米的殖民地，还不到英国殖民地的1/11。对此，德国帝国主义显然不会甘心。可是，世界已经被列强瓜分完了，德国只能从其他帝国主义国家手里抢夺殖民地。德国首先把矛头对准了英国。虽然在国际政治舞台上，英国与俄国、法国的矛盾仍然十分尖锐，然而英国与德国的斗争也同时进行着。

为了能够与英国争霸，德国决定修筑"三B铁路"。这条铁路线的起点是德国首都柏林，穿过奥匈帝国以及它所控制的巴尔干地区，抵达伊斯坦布尔，然后渡过海峡，经过安卡拉到达巴格达。"三B铁路"建成以后，德国将自己的势力延伸到了亚洲地区，可以直达波斯湾畔，对以印度为基地的英国势力圈造成了很大的威胁。很显然英国是极力反对的，并极力进行破坏，由此也加深了两国的矛盾。

在争夺非洲殖民地上，德国和英国也爆发了冲突。在帝国主义列强瓜分非

德国"三 B 铁路"
"三 B 铁路"是一条计划连接
柏林、伊斯坦布尔、巴格达
的铁路，因这 3 市名字的第
一个英文字母都是 B，故名。

洲的过程当中，德国计划沿着赤道往向外进行扩张，从西南非和东非把非洲截断，从而建立起一个殖民帝国。英国则计划从埃及开始南下，并从好望角北上，纵贯整个非洲，在非洲建立起一个殖民帝国。为此，英国计划修建一条从开普敦至开罗再连接至加尔各答的铁路，将英国在亚洲和非洲的殖民地连成一片。这就是英国的所谓"三 C 计划"。

可是，德国在 1890 年抢先占领了坦噶尼喀，将英国的去路挡住。就在英国企图经过比利时的属地刚果修筑铁路时，德国又逼迫比利时拒绝英国在刚果修筑铁路，以此来阻止英国修建纵贯非洲铁路线的计划。此外，英国在非洲南部的扩张也遭到了德国的极力阻止，最明显的行为就是德国支持布尔人抵抗英国的入侵。1896 年，布尔人击退了英国人詹森的偷袭，德皇威廉二世还特地发出了带有示威性质的贺电，并对布尔人给予了军事上的援助。1898 年 9 月 26 日，英国以瓜分葡萄牙殖民地作为诱饵，与德国签订了条约，德国才放弃卷入英布战争。

此外，为了争夺海洋霸权，德国加紧对海军进行扩充。1898 年，德国议会通过了海军法案，海军扩军计划进入实施阶段。英国十分清楚德国扩充海军意味着什么。因为，德国如果没有海军的支持，只能够通过外交手段与英国对抗，而德国建成海军以后，就可以直接对英国本土以及海外殖民地构成威胁。而且，德国在经济方面已经赶上甚至超过英国，这意味着德国在海军方面的建设也是有可能赶上甚至超过英国的。因此，在 19 世纪末 20 世纪初，英国将德国视为未来的主要竞争对手——想要保持自己在世界上的霸权地位，就必须击垮德国。

到 20 世纪初时，英德之间的矛盾成了帝国主义之间的主要矛盾，英德之间已经出现了战争的阴云。在这样的情形下，英国只能放弃长期奉行的"光荣孤立"政策，也开始在欧洲寻找可以结盟的国家。当时，因为法俄同盟与德、奥匈同盟之间有着尖锐的矛盾，同时英法、英俄的矛盾也逐渐变弱。英法两国都产生了调整关系联合起来对抗德国的想法。1904 年，英国和法国缔结了协约，对两国在殖民地问题上的纠纷进行了调整：法国不再反对英国占领埃及，正式承认埃及为英国的殖民地，英国则承认法国占领摩洛哥。在这以后，两国实际上已经建立了同盟关系。1907 年，英国和俄国在波斯、阿富汗以及中国西藏地区问题上达成妥协，并且缔结了《英俄协约》。协约规定：将波斯分为三个部分，北部为俄国的势力范围，南部为英国势力范围，中部地区则是中立地带，两国均可在这里自由出入。协约还明确了英国对阿富汗的占领。关于中国西藏地区，协约规定英俄彼此承认对方在西藏的既得利益，维持西藏现状，承认中国对西藏拥有主权等。《英俄协约》和《英法协约》一样，是帝国主义列强为各自利益签订的协约，是彻头彻尾的分赃协约。

1904 年和 1907 年签订的两个协约，宣告了英法俄三国联盟的成立。这样，两大军事集团最终形成。

两大军事集团的军备竞赛和海牙和会

19 世纪末，欧洲各国掀起了一股扩军的热潮，其来势十分迅猛，竞争尤为激烈。军备竞赛首先表现在军费增长上面。

从 1874 年开始到 1896 年，欧洲大国军费的平均增长都在 50％以上。其中，德国的增长最为明显，达到了 79％，俄国为 75％，英国为 47％，法国为 43％，奥匈帝国只有 21％。到了 20 世纪初，各国的军费又不断地上升。在 1900 年至 1913 年，英国、法国、俄国、德国、奥匈帝国、意大利六个国家的海军平均军费从最初的 3.9 亿美元上升到了 7.2 亿美元，陆军平均军费则由 7.45 亿美元增加到了 11.9 亿美元。

在陆军方面，俄、法、德、奥匈四国的竞争尤为激烈。1871 年，俄国的陆军仅有 76 万人，到 1914 年，已经发展到拥有 107 个师，人数达 144 万人。1871 年，法国常备军有 43 万人，到 1914 年，已经拥有 54 个帅，人数达 76 万多人。1870 年，德国军队人数在 30 万左右，到 1914 年，已经拥有 51 个师，

75 万人。1912 年，奥匈帝国的军队扩充到了 20 万人。在第一次世界大战爆发以后，各国又进行了总动员，军队又得到了迅速扩充。俄国共有 143 个师，人数达 480 万。法国则有 93 个师，358 万人。德国则有 107 个师，有 382 万人。奥匈共有 63 个师，人数为 250 万。

在海军方面，帝国主义之间的主要竞争在英国和德国之间进行。德国觊觎英国的海外殖民地，企图从英国手中夺得海上优势，英德之间的海军竞争异常激烈。英国通过自己无可匹敌的海军称雄世界，在军备竞赛中，它依照"海军两强标准"，加紧扩充海军力量。1900 年，德国制定海军法，对海军规模进行扩充。从 1883 年至 1908 年，德国海军军费从 4600 万法郎增长到了 4.36 亿法郎，足足增加了 9 倍多；英国则从 2.7 亿法郎上升到了 8.11 亿法郎，军费也增加了 3 倍多。

1905 年，为保持自己的海上优势，英国开始建造一种巨型的战列舰——无畏舰。德国获悉这个消息后，于 1906 年对海军法案进行了修正，将原计划修造的大军舰一律改造成无畏舰。作为回应，英国则制定"以 2 对 1"的海军政策，即只要德国每建造出一艘军舰，它就建造 2 艘，保持自身无畏舰数为德方两倍。1908 年，英国建了 12 艘无畏舰，德国建造了 9 艘，另外还有 3 艘在建造过程中。到 1914 年大战爆发时，英国拥有大小军舰 688 艘，海军人数为 20 多万；德国共有 391 艘军舰，海军人数为 8 万左右；俄国共有军舰 306 艘，海军人数为 5 万多；法国拥有军舰 350 艘，海军人数为 5 万多；奥匈拥有 202 艘军舰，海军人数接近 2 万。德国海军实力虽然没能赶上英国，但是经过这次扩充，已经一跃成为仅次于英国的海军强国。

就在两大军事集团各自进行军备扩充的同时，各国却又制造一些虚假的和

英国"无畏"号战列舰

无畏舰为 20 世纪初各海军强国竞相建造的一种战列舰，其名称来源于英国海军于 1906 年开始建造的"无畏"号战列舰，该舰是现代战列舰的始祖。

平来掩盖自己的备战活动。1898 年 8 月和 1899 年 1 月，俄国政府先后两次向各国发出通告，呼吁各国举行一次和平会议，并且大肆宣扬称："此次会议也许会成为即将到来的世纪的美好预兆。"两大军事集团的成员国对此纷纷作出响应，但是各自打着自己的算盘。

1899 年 5 月，第一次国际和平会议在荷兰海牙举行，又称"海牙和会"。参加此次会议的有 26 个国家，会议持续到 7 月。参会的各国代表只是在高谈阔论，虚谈裁军问题，没有对裁军问题做出任何实质性决议，只是在一个公约中表示"希望各国能够限制陆海军军力以及军事预算"。此外，会议还签订了关于和平解决国际争端、陆战法规等 3 项公约，以及禁止从气球上投掷炸弹和爆炸物等 3 项宣言。会议还决定成立"常设仲裁法庭"。第一次海牙和会就这样在虚伪空洞的喧闹声中结束。会议结束后，帝国主义列强加紧了扩军步伐，为未来可能爆发的战争准备着。

1907 年 6 月至 10 月，帝国主义列强又进行了第二次海牙和会。这次会议有五大洲的 44 个国家参加。与会各国承认，自 1899 年以来，各国不仅没有实行裁军的要求，反而不断扩充军备，军费数目成倍数上升。但是，各国在会议上却把限制军备的问题搁在一旁，而是专门去讨论如何制定陆、海战争的各种

参与海牙和会的各国代表合影
海牙和会上编纂的许多公约至今仍然有效，为以后战争法的编纂和发展奠定了基础，并对在战争中实行人道主义原则起了促进作用。

法规。会上通过的陆战和海战的法规有十几项之多，充分说明这根本就不是什么和平会议，而是一个战争的预备会议，是帝国主义列强之间战争即将到来的先兆。

海牙和会结束后，列强之间的气氛愈来愈紧张。就在第二次海牙和会结束后不久，俄国和英国举行了一次会谈，双方决定对俄国的海军、陆军进行扩充，以对付德国。1907 年，俄国的军费为 4.93 亿卢布，到 1908 年时，军费陡增为 6.12 亿卢布，到 1913 年又增长到了 9.44 亿卢布。事实表明，海牙和会实际上就是帝国主义列强的一个骗局。会议除了使列强之间的冲突更加尖锐之外，基本没有有益的成果。

东方问题——列强瓜分奥斯曼帝国

奥斯曼帝国是世界历史上最后一个横跨欧、亚、非三洲的大帝国。19 世纪以后，随着奥斯曼帝国的衰落，西方列强纷纷通过战争强占其领土，攫取在帝国的特权等。此外，长期以来被压迫的巴尔干各民族纷纷行动起来，发动争取民族独立的起义，奥斯曼帝国濒临瓦解。

东方问题

自 13 世纪末期起，土耳其人开始建立奥斯曼帝国。该帝国逐渐扩张为一个地跨欧亚非三洲的军事封建帝国。但是，在欧洲开始确立和发展资本主义的时候，奥斯曼帝国却沦为了一个比较落后的封建国家。奥斯曼帝国的执政者希望通过扩大军事力量以及推行侵略战争，来挽救即将瓦解的帝国。然而事与愿违，帝国在军事上的失利导致国库空虚。为了维持帝国的腐朽统治，奥斯曼帝国苏丹不断增加地租和各种捐税，这种行为严重扰乱、破坏了农村的生产活动，导致农业濒于破产。在苏丹的横征暴敛以及外国商品涌入的双重打击下，许多手工业者和手工工厂纷纷破产。19 世纪初，安卡拉有 300 家呢绒手工工厂，然而到 19 世纪 70 年代，只剩下 4 家。

奥斯曼帝国是一个多民族的国家，民族问题十分严峻，民族矛盾和阶级矛盾以及宗教矛盾交织在一起。比如在波斯尼亚和黑塞哥维那，当地的官吏和地主绝大部分为土耳其人，都信仰伊斯兰教，而大多被剥削的农民是斯拉夫人，信仰基督教。19 世纪的奥斯曼帝国，因为内忧外患，已经奄奄一息，处在瓦解的前夕。随着帝国的逐渐衰败，欧洲列强当然不会放过这个争夺目标。

奥斯曼帝国地处欧亚非之间的枢纽地区，有着十分重要的战略地位。如果谁占领黑海的门户——博斯普鲁斯和达达尼尔海峡，那么谁就可以主宰黑海，控制通向东方的交通要道，称霸于欧洲。对于奥斯曼帝国，欧洲列强有着极其复杂的争斗，导致 18 世纪末以来"东方问题"成为世界政治斗争中的一个重大的国际问题。

"东方问题"主要体现在两个方面。首先，欧洲列强为了瓜分摇摇欲坠的奥斯曼帝国的领土产生了矛盾和斗争，他们彼此牵制不让某个国家单独占领这个地区。其次，奥斯曼帝国统治下的巴尔干地区被压迫民族不断涌现出民族解放斗争。因为列强的插手和干预，巴尔干民族解放运动的道路显得尤为坎坷。这两个方面的问题又错综复杂地联系在一起，使得巴尔干问题历久未能解决，成为国际冲突的焦点。巴尔干地区也就成了欧洲名副其实的"火药桶"。

博斯普鲁斯海峡
土耳其海峡是黑海和地中海的唯一通道，包括博斯普鲁斯海峡（又叫伊斯坦布尔海峡）、马尔马拉海和达达尼尔海峡（又叫恰纳卡莱海峡）三部分。

克里米亚战争

　　克里米亚战争，又称"东方战争"，是欧洲列强在 1853 年至 1856 年因争夺巴尔干半岛的控制权而爆发的一场战争。从表面上看，这场战争的爆发是因为宗教问题而引起的。俄国向奥斯曼帝国提出要求，要为在奥斯曼帝国境内的东正教徒在"圣地"巴勒斯坦建立属于俄国的保护地。奥斯曼帝国苏丹拒绝了俄国的要求。同时，法国的天主教教徒和英国的新教教徒也极力反对俄国在巴勒斯坦建立据点。就在苏丹拒绝后，俄国决定以此作为发起军事行动的理由。1853 年，俄国宣布与奥斯曼帝国断交，并逐步占领了多瑙河流域的奥斯曼帝国附属国。

　　俄国发起战争的真正原因是它看到了奥斯曼帝国内部在不断地瓦解，认为这是扩大自己在欧洲的势力的绝好机会，特别是借此可以获得一个通往地中海以及占领巴尔干半岛的好机会。显然，此时奥斯曼帝国在巴尔干半岛的统治地位已经摇摇欲坠，俄国借此机会控制了达达尼尔海峡和博斯普鲁斯海峡。面对俄国的扩张，英国和法国显然不会坐视不理，它们不希望俄国占领这个战略要地，英法要维持自己在东南欧的势力和既得利益。

　　1853 年 7 月 3 日，俄国为了控制黑海海峡，并在巴尔干地区扩张势力，宣布对奥斯曼帝国开战。1853 年 10 月 16 日奥斯曼帝国向俄国宣战。1854 年 3 月 27 日英国对俄国宣战。28 日，法国对俄国宣战。8 月 16 日，俄国在波罗

南丁格尔
南丁格尔出生于意大利，后到英国发展她的护理事业。克里米亚战争中，南丁格尔为伤兵的救援工作做出了突出贡献，可以说她的工作开创了现代护理事业的开端，她的行为、精神与能力更是感染了一代又一代人。

的海奥兰的一个要塞被占领。12 月 2 日，英国、法国和奥地利在维也纳签署反俄同盟。1855 年 1 月 16 日，撒丁王国加入反俄同盟。9 月 14 日，奥地利迫使俄国从多瑙河撤军，然而没有协助英法围攻克里米亚的塞瓦斯托波尔要塞的舰队。奥地利并没有主动参加这场战争，却在这场战争中充当了重要的角色。1855 年 9 月，英法联军在围攻 11 个月后占领塞瓦斯托波尔要塞，俄军战败，只能退出克里米亚半岛。

　　1856 年 3 月 30 日，奥斯曼帝国、俄国、撒丁王国、法国、英国、奥地利和普鲁士签署《巴黎和约》，克里米亚战争正式结束。俄国放弃占领地区，奥斯曼帝国的领土得到了保全，但规定黑海中立，不得驻军。这场战争使得俄国通过土耳其海峡向南扩张的企图遭到重大打击。

巴尔干各族人民争取独立的斗争

　　19 世纪以来，巴尔干地区的各族人民为了摆脱奥斯曼帝国的统治，取得独立，前赴后继地进行斗争。1821 年，希腊人民发动了一场独立战争，结束了奥斯曼帝国对希腊近 400 年的军事封建统治，获得了独立。塞尔维亚人民也先后进行了两次起义，最终在 1829 年取得了自治地位。1859 年，罗马尼亚人民经过长期艰苦的斗争，终于真正联合了摩尔达维亚公国和瓦拉几亚公国，为近代罗马尼亚国家的成立奠定了基础。黑山（黑山共和国）虽然早就独立了，只是还没有得到国际社会的认可。

　　19 世纪 70 年代，巴尔干半岛的大部分地区仍然处在奥斯曼帝国的统治之下，而且属于不同的民族。居住在保加利亚、东鲁米利亚这两个地区的居民都属于保加利亚人，居住在波斯尼亚和黑塞哥维那这个地区的居民属于塞尔维亚人，居住在马其顿的居民有塞尔维亚人、保加利亚人、希腊人，居住在阿尔巴尼亚的居民属于阿尔巴尼亚人。而其中的保加利亚人和塞尔维亚人都有着斯拉夫人的血统。

　　进入 19 世纪 70 年代以后，巴尔干各民族的解放运动进入一个新的阶段。1875 年 7 月，黑塞哥维那爆发了反抗奥斯曼帝国的起义，不久之后运动就扩大到了波斯尼亚。1875 年到 1876 年，保加利亚人民也先后发起了两次起义。残暴的奥斯曼帝国苏丹对各族起义者进行了惨无人道的屠杀。仅仅在几天时间内，奥斯曼帝国军队就杀害了 1.5 万名保加利亚起义者，毁掉了 79 个村庄。

巴尔干半岛风光
巴尔干半岛位于欧洲的东南隅，在亚得里亚海和黑海之间。巴尔干一词是由土耳其语的"山脉"一词派生而来。

　　然而巴尔干各族人民并没有被奥斯曼帝国军队的血腥镇压击退，前赴后继地进行起义斗争。随着时间的推移，起义的范围愈来愈广，规模也是愈来愈大。塞尔维亚和黑山强烈要求奥斯曼帝国不要把军队派往波斯尼亚和黑塞哥维那。但是奥斯曼帝国拒绝了它们的要求。1876 年 6 月，两国同时对奥斯曼帝国宣战。

列强插手巴尔干

　　就在巴尔干地区的起义斗争激战正酣时，一直以来企图利用"东方问题"乘虚而入的欧洲列强借这个机会插手了。在奥斯曼帝国陷入危机之时，俄国、英国、奥匈帝国各怀鬼胎，抱着野心积极干预，趁火打劫，以达到它们镇压民族解放运动和瓜分奥斯曼帝国领土的险恶目的。

　　俄国为了实现称霸世界的野心，长期以来觊觎奥斯曼帝国的领土。彼得一世为了能够控制黑海，曾于 1695 年和 1696 年两次挥师南下远征，将亚速占领，但是没能夺得黑海的出海口。进入 18 世纪后，俄国曾多次对奥斯曼帝国发动战争，夺取了黑海北岸到多瑙河河口的广袤地区。19 世纪时，俄国认为奥斯曼帝国已经病入膏肓，攻打的时机已经到来。

　　英国是俄国在巴尔干半岛的一个重要竞争对手，它要极力阻止俄国占领黑海和地中海之间的两个海峡。尤其是 1869 年苏伊士运河开通以后，从印度开往英国的航程就缩短了 1 万千米左右。英国将印度看作是自己皇冠上的明珠，因此这条航线无疑是英国最重要的路线。英国自然不希望看到俄国在地中海任意驰骋，对这条航线造成威胁。此外，英国又想让奥斯曼帝国苏丹成为自己的傀儡，将奥斯曼帝国变成英国的殖民地。因此，英国政府这时要做的就是维持奥斯曼帝国的当前局势，维持苏丹对奥斯曼帝国的统治。

奥匈帝国也是俄国和英国在巴尔干地区的一个主要竞争对手。它对波斯尼亚和黑塞哥维那虎视眈眈，企图占领这个地区。在哈布斯堡王朝的统治下，奥匈帝国境内也有数百万斯拉夫人居住。因此，它担心风起云涌的巴尔干民族解放运动会使得奥匈帝国境内的斯拉夫人效法。它在表面上支持奥斯曼帝国，以防止巴尔干民族解放运动发展扩大和俄国乘机往南进军；另一方面又暗中计划着如何瓜分奥斯曼帝国的领土。

《柏林条约》

俄国虽然在克里米亚战争中被击败，实力也一时被削弱，但它依然没有放弃自己在巴尔干地区和中东的侵略计划。

在塞尔维亚对奥斯曼帝国宣战以后，俄国认为这是一个好机会，于是积极准备进行武装干涉。为了能让奥匈帝国在俄国与奥斯曼帝国的战争中保持中立，1876 年 7 月 8 日，俄国沙皇和奥匈帝国皇帝在波希米亚的莱西斯塔特城堡举行了会谈，双方达成了协议。一旦俄国和奥斯曼帝国爆发战争，奥匈帝国保持中立的态度。作为对奥匈保持中立的回报，俄国承认了奥匈帝国对波斯尼亚和黑塞哥维那大部分地区的占领。

就在塞尔维亚对奥斯曼帝国宣战以后，俄国立即派出了 4000 名志愿军，其中派出了许多军官进入塞尔维亚。在军事和外交两个方面，俄国也加快了活动，并于 1877 年 4 月 24 日向奥斯曼帝国宣战。5 月，已经宣布独立的罗马尼亚也对奥斯曼帝国宣战。俄国出动了 18.5 万陆军，向奥斯曼帝国发起进攻，6 月底，俄军渡过了多瑙河。然而战争的发展暴露了俄国政府脆弱的一面，俄军的进展十分缓慢。1878 年 1 月，俄军攻占领了亚得里亚堡，然后继续向伊斯坦布尔推进。俄军的军事活动引起了英国和奥匈帝国的惊慌。2 月，英国迅速将军舰开往马尔马拉海，并且对部分海军进行动员。同时，英国也对俄国进行威胁，如果俄军攻占伊斯坦布尔，那么英国将与俄国断绝外交关系。这时候奥匈帝国也站出来发表声明，一旦俄军占领伊斯坦布尔，那么它就召回自己在俄国的大使。俄国在这场战争中已经精疲力竭，面对这种情况，自然不愿与英奥产生冲突。

在这样的形势下，1878 年 3 月 3 日，在距离伊斯坦布尔 12 千米远的地区，俄国与奥斯曼帝国签订了《圣斯特法诺和约》。和约规定：建立了一个"大保加利亚"，它的领土东抵多瑙河，南达爱琴海，东鲁米利亚和色雷斯属于它的管辖范围；奥斯曼帝国承认黑山、塞尔维亚和罗马尼亚完全独立，并且保证波斯尼亚和黑塞哥维那自治；奥斯曼帝国对俄国赔款，并且将巴统等地割让给俄国；俄国还占领了比萨拉比亚的西南部分地区。

《圣斯特法诺和约》的签订，使得俄国在巴尔干半岛的势力得到了前所未有的扩张。这个条约无疑触动了英国和奥匈帝国在巴尔干地区的利益。因此，英、奥匈两国对《圣斯特法诺和约》表示十分不满，强烈要求召开国际会议，对这个条约进行修改。德国也不愿意看到俄国在巴尔干获益，也站出来表示赞成。俄国看到自己已经完全处在被孤立的地位，无奈之下被迫同意召开一次国际会议。

1878 年 6 月 13 日，各国在德国柏林召开了修改《圣斯特法诺和约》的国际会议。参加这次会议的国家有英国、俄国、德国、奥匈帝国、意大利、奥斯曼帝国等国的代表。在柏林召开的这个会议，是欧洲列强为了更好瓜分奥斯曼帝国领土，以及任意处置奥斯曼帝国统治下的那些被压迫民族命运的会议。在德国的支持下，英国、奥匈对《圣斯特法诺和约》进行了较大的修改。7 月 13 日，参加会议的各国签订了《柏林条约》。《柏林条约》将原来《圣斯特法诺和约》拟定的"大保加利亚"分成了三个部分：其一，建立享有自治的保加利亚公国，公国臣属于奥斯曼帝国苏丹；其二，在巴尔干山脉以南成立一个名为"东鲁米利亚"的半自治省，行政有自治权，但是政治和军事仍然受到奥斯曼帝国的直接管辖；其三，奥斯曼帝国苏丹依旧统治马其顿。塞尔维亚、黑山、罗马尼亚正式被承认为独立的国家。俄国取得比萨拉比亚，并且把亚洲的巴统、卡尔斯和阿尔达汉兼并。奥匈帝国获得了波斯尼亚和黑塞哥维那的行政管理权。英国则占领了塞浦路斯。

《柏林条约》实际上就是欧洲列强对奥斯曼帝国的部分瓜分，是一次彻头彻尾的分赃公议。它不仅没有也不可能促进巴尔干民族解放运动的发展。但是在巴尔干地区，土耳其人仍然统治着人数众多的其他民族。那些已经取得独立的巴尔干国家仍然是列强关注的焦点。欧洲列强对于它们的内政、外交时刻进行干涉和影响。因此，在巴尔干地区，旧的矛盾依然未能解决，如今又出现了新的矛盾。

第一次巴尔干战争

柏林会议结束以后，巴尔干的局势依然动荡不安。巴尔干各族人民为了获得民族的独立，将土耳其人赶出巴尔干半岛，仍然在战斗着。欧洲列强并不关心巴尔干各民族的利益，它们只关心自己可以在巴尔干谋求什么利益。除此之外，巴尔干各国的统治者之间也因为利益关系而产生了冲突。

20世纪初，帝国主义国家之间的利益争夺不断加剧，世界上不断出现严重的政治军事危机，例如1905—1906年和1911年，法德两国为侵占摩洛哥而爆发的两次摩洛哥危机；1908年，因为奥匈帝国吞并波斯尼亚和黑塞哥维那，从而引起的波斯尼亚危机；1911—1912年，由于意大利计划占领利比亚而导致的意土战争；还有后来爆发的两次巴尔干战争等。

意土战争的爆发，使得早已处在谈判过程中的塞尔维亚和保加利亚加快谈判速度。俄国这时候也介入谈判。1912年3月13日，双方签订了《保塞同盟条约》。作为协约国的一员，俄国积极表示支持和欢迎这个同盟。俄国的目的是想把这个同盟作为反对德国、奥匈帝国的一个工具，为日益紧张的世界形势做好准备。巴尔干各国则是把这个同盟看作是从奥斯曼帝国手中夺回自己在欧洲的领土的一种手段。在条约附件的第一条中有这样的规定，俄国提出的意见对于缔约国双方而言是具有强制性的。而在附件的第四条中规定，这个条约、秘密附件、军事协定在一些条文的解释上、执行上所产生的一切争论，都应该提交俄国讨论，再做最后的决定。这个条约直接确立了俄国是保加利亚和塞尔维亚同盟之间的仲裁者。当然，《保塞同盟条约》的内容都通知了英国和法国，英法两国对此都表示赞同。5月，保塞两国共同签订了军事协定，不久后保加利亚又与希腊缔结了同盟条约。9月，保加利亚和黑山在口头上缔结了共同抵抗奥斯曼帝国的协定。

1912年10月9日，巴尔干各国借着意土战争还没有完全结束的时机对奥斯曼帝国宣战。黑山率先对奥斯曼帝国宣战。紧接着，保加利亚、塞尔维亚和希腊也先后对奥斯曼帝国宣战。就这样，第一次巴尔干战争爆发了。第一次巴尔干战争开始后，同盟国在战场上节节胜利，土军接连败退，损失惨重，急忙向伊斯坦布尔的防线撤退。奥斯曼帝国几乎丧失了在巴尔干半岛的全部领土。10月底，保加利亚的军队逼近伊斯坦布尔。1912年11月，奥斯曼帝国政府举步维艰，只好请求大国进行调停。这个请求立即得到了俄国、奥匈等国的回应。随着帝国主义国家的加入，局势也就变得愈发复杂起来。

巴尔干同盟宣传画

1912年，位于欧洲巴尔干半岛的四个东正教国家——希腊王国、保加利亚王国、塞尔维亚王国和黑山王国组成联合对抗奥斯曼帝国的军事同盟，称为巴尔干同盟。

20 世纪初期的奥匈帝国街头
20 世纪初是奥匈帝国最强盛的时期。1908 年，奥匈帝国宣布正式吞并波黑，最终导致了萨拉热窝暗杀事件。

俄国害怕保加利亚军队攻占伊斯坦布尔，这样一来必然会引起其他国家的干涉，那么它占领海峡的企图就变得更加困难。所以，俄国极力阻止保加利亚继续向伊斯坦布尔进军，要求双方立即停战。奥匈帝国也要求作战的各方立即停止战争，以防止塞尔维亚的势力扩张到亚得里亚海地区，并派出军队，在塞尔维亚边境集结，以此来进行威胁，要求塞尔维亚马上从阿尔巴尼亚撤军。德国对奥匈帝国采取的军事行动表示支持。德国随即向奥匈帝国表示，德方对于两国之间的同盟义务恪守不渝。俄国表示支持塞尔维亚的要求。与此同时，法国也做出保证，对俄国表示支持。一旦德国参战，那么法国一定会履行自己的义务。可是，俄国还没有做好进行战争的准备，为了避免与同盟国集团之间发生军事冲突，俄国不得不做某些让步，劝说塞尔维亚不要攻占亚得里亚海的出海口，并将争议的问题提请各大国进行仲裁，以此来解决问题。虽然俄国采取了妥协的态度，但是德国采取了进攻的态度。1912 年 12 月 2 日，德国首相柏特曼发表公开声明，只要奥匈帝国受到他国的"攻击"，那么德国一定会履行同盟国的义务。就在德国发表声明后，英国的外交大臣格雷向德国做出暗示，一旦俄法与德、奥匈双方爆发战争，那么英国将不会保持中立。面对这个严重现实，德、奥匈两国不得不重新考虑自己的力量。

在这样的情况下，德、奥匈两国只好做出让步，同意各国一起召开会议。1912 年 12 月 17 日，欧洲列强的大使级会议和交战国会议在伦敦举行同时举行。起决定性作用的是大使级会议。在这次会议上，协约国表示支持巴尔干各国，德、奥匈两国则支持奥斯曼帝国。欧洲各国在会议上讨论了阿尔巴尼亚的地位、奥斯曼帝国与欧洲的边界和爱琴海诸岛屿的归属等问题。

当时，阿尔巴尼亚人民经过 1911 年到 1912 年的起义，已经在 1912 年 11 月宣布独立。奥斯曼帝国内部得到德国支持的青年奥斯曼帝国党人发动政变。因为政变后成立的新内阁拒绝接受战胜国提出的要求奥斯曼帝国让出亚得里亚堡和爱琴海中诸岛屿的条件，导致协议破裂。1913 年 2 月，巴尔干同盟国再次向奥斯曼帝国发起军事行动。很快，奥斯曼帝国又遭受挫败。

1913 年 5 月 30 日，奥斯曼帝国与巴尔干同盟国在伦敦举行会议，交战双方签订了和约。根据和约，奥斯曼帝国几乎在丧失欧洲的全部领土，只是保留了伊斯坦布尔及海峡北面的一小块欧洲领土，巴尔干同盟国将其他欧洲部分的领土占领。而关于阿尔巴尼亚和爱琴海诸岛的问题，由欧洲列强来协商解决。

第一次巴尔干战争结束后，巴尔干半岛各民族终于摆脱了奥斯曼帝国的封建统治，获得了独立。因为奥斯曼帝国的失败，德国和奥匈帝国在巴尔干半岛的地位被极大地削弱了。它们原本希望在与俄国发生战争时能够得到奥斯曼帝国的支援，而现在形势对它们而言变得十分严峻，一旦与俄国发生战争，巴尔干同盟将会对奥匈帝国的后方构成威胁。为了摆脱这个束缚，德、奥匈两国在巴尔干同盟之间极力挑拨离间，唆使它们相互争斗，以此来达到瓦解巴尔干同盟的目的。帝国主义国家的挑拨，加上巴尔干各君主国政府的掠夺政策，导致了第二次巴尔干战争的爆发。

第二次巴尔干战争

第一次巴尔干战争结束后，塞尔维亚没有得到亚得里亚海的出海口，要求从保加利亚占领的马其顿领土中补偿，也就是要求对《保塞同盟条约》进行修改。

1913 年 6 月 1 日，在瓜分马其顿的基础上，塞尔维亚和希腊签订了反对保加利亚的希塞同盟，后来罗马尼亚也加入这个同盟。奥匈帝国同意向保加利亚贷款，并且保证它的领土完整。在德、奥匈两国的鼓动下，自恃强大的保加利亚率先发难。1913 年 6 月 29 日，保加利亚向塞尔维亚和希腊发起进攻，挑起第二次巴尔干战争。战争爆发后，黑山、罗马尼亚加入塞尔维亚和希腊一边，并对保加利亚宣战。保加利亚孤军作战，奥斯曼帝国也乘这个机会加入反对保加利亚的战争。不久后，保加利亚处于四面楚歌的境地，最终被打败。

亚历山大·涅夫斯基大教堂
保加利亚的亚历山大·涅夫斯基大教堂是世界上最大的东正教教堂之一，该教堂以俄国沙皇亚历山大二世为名，坐落于保加利亚首都索菲亚的中心广场上。

第二次巴尔干战争后，奥匈帝国曾计划向塞尔维亚发起进攻，来支援保加利亚。但是德国还有自己的考虑，它认为自己还没有完全准备好发动一场世界大战，拒绝支持奥匈帝国的军事行动。这样一来，保加利亚孤立无援，无奈之下只能求和。1913 年 8 月 10 日，交战国双方签订了《布加勒斯特和约》。根据和约，保加利亚被迫同意塞尔维亚、希腊瓜分马其顿，保加利亚只保留了马其顿的一小部分地区。罗马尼亚占有南多布鲁甲。9 月 29 日，保加利亚和奥斯曼帝国签订了和约，奥斯曼帝国占领亚得里亚堡地区。第二次巴尔干战争的爆发，不仅没有解决巴尔干各国之间的矛盾，反而使得各国间的矛盾更加尖锐。

《布加勒斯特和约》签订以后，塞尔维亚、黑山、罗马尼亚、希腊站到了协约国一方。遭受打击的保加利亚不甘心失败，于是开始向德奥集团靠近，最后在第一次世界大战爆发后，和奥斯曼帝国一起加入同盟国一方。

两次巴尔干战争推动了波斯尼亚和黑塞哥维那的民族解放运动。两地人民要求摆脱奥匈帝国的统治，并且与塞尔维亚合并，这必然会导致奥匈帝国和塞尔维亚之间的冲突。奥匈帝国和塞尔维亚之间的冲突又必然会导致同盟国和协约国这两大集团之间的军事冲突。因此，帝国主义列强在巴尔干半岛的争夺以及巴尔干半岛各国之间的矛盾冲突，使得巴尔干地区上空笼罩着战争的阴霾。巴尔干成了欧洲名副其实的"火药桶"，只要双方的摩擦产生一点火星，这个火药桶就会发生爆炸。

20世纪初亚洲的觉醒

20 世纪初，亚洲掀起了一场反帝反封建的资产阶级民主革命。伊朗、土耳其、中国相继爆发革命，印度则出现了民族解放运动高潮。被列强压迫的亚洲各国人民为了争取民族独立和民主权利而积极参加革命斗争，亚洲历史进入新的发展时期。

伊朗资产阶级革命

19 世纪中叶以来，因为有着重要的战略地位和丰富的石油资源，伊朗成为帝国主义争夺的对象，尤其是英俄两国之间的竞争尤其激烈。英国依靠军事实力，与伊朗签订了不平等条约，取得了一系列特权，并且垄断了伊朗 2/3 的石油。

在伊朗北部，俄国也通过不平等条约取得了特权。伊朗由于毗邻俄国，因此被多次入侵，大片领土被割占。20 世纪初，伊朗南部成了英国的势力范围，北部地区被俄国控制，甚至连王位的继承也由圣彼得堡来决定。腐朽的恺加王朝对内实行封建专制统治，对外屈辱出卖主权，成了英俄帝国主义的傀儡。

伊朗大部分土地被本国封建主和外国资本家占据。种类繁多的苛捐杂税和封建地租使得农民不堪重负，纷纷破产，成千上万农民在饥饿中丧命。伊朗工人的处境是非常恶劣，他们的工作时间长达 15 个小时以上，工资却只有欧洲工人的 1/10。20 世纪初，伊朗北部地区破产的农民和手工业者只好背井离乡，去俄国巴库、第比利斯等地寻找生计，人数最多时达 20 万。这部分人在俄国接触到了俄国工人的斗争，成为后来伊朗革命的重要力量。就在这一时期，伊朗境内也出现了资产阶级，主要是商业资产阶级和自由派地主。帝国主义商品的倾销和国内的各种苛捐杂税让他们举步维艰，逼迫他们走上反抗帝国主义和封建主义的道路。

20 世纪初，因为农业连年歉收，群众性的反抗运动此起彼伏。1903 年至 1904 年，在德黑兰、大不里士等主要城市爆发了"饥饿暴动"。饥饿的民众冲上街头，捣毁米店、肉铺等，反对政府提高食品税和签订出卖国家利益的关税协定，并强烈要求罢免卖国的首相阿扎姆。在这种局势下，国王感到了群众运动带来的压力，只好撤销了阿扎姆的职务，但是其卖国政策却依然没有改变。伊朗国内的革命形势在继续发展，严重的民族危机和阶级矛盾终于导致了资产阶级革命的爆发。

1905 年 12 月，克尔曼和德黑兰的官员和军队殴打僧侣和商人的事件成了资产阶级革命的导火线。民众的愤怒被点燃，全国各城市相继爆发了游行集会与罢工罢市活动，抗议暴行。12 月 14 日，德黑兰的阿訇率领神学院的学生，以及数千名市民来到近郊的清真寺，在这里发表宣言，谴责政府的罪恶行径，要求召开议会，进行彻底的改革。与此同时，军队也拒绝镇压游行的群众。这样，一场声势浩大的资产阶级革命开始了。

伊朗恺加王朝的狮徽
18 世纪末，伊朗东北部的土库曼人恺加部落统一了伊朗，建立了恺加王朝。

伊朗皇家清真寺
伊朗皇家清真寺，又名"蓝色清真寺"，坐落在伊朗伊斯法罕广场的南侧，是古代清真寺建筑中最为华丽的一座。

迫于群众运动压力，1906 年 1 月，国王宣布召开议会，进行一系列改革，并任命自由主义者纳斯罗拉汗担任首相。10 月，第一届议会召开，在 200 多名议员当中，大部分是阿訇、贵族、官吏和商人，手工业者只占少数。在这次议会上，相继通过了《基本法》和《基本法补充条款》。

这是伊朗历史上的首部资产阶级宪法。宪法规定：伊朗为君主立宪国家，议会为最高权力机构，有权批准法律和预算，未经议会批准通过，政府不得与外国缔结和约，不得将专利租让给其他国家。宪法还规定了公民的人身、居所、财产等权利不受侵犯，人民享有受教育、结社、集会、出版、言论自由等权利。此外它还规定伊斯兰教为国家宗教，设立了由高级阿訇为主的委员会，依据伊斯兰教义审核和否决议会的所有议案，这个规定实际上确立了阿訇在政治上的特权地位。

伊朗资产阶级革命的重要成果就是颁布宪法，但是这部宪法也有着很大的妥协性。宪法虽然限制了王权，但是没有根本没有触及封建阶级的利益，尽管规定了人民的民主权利，但在实际执行中，广大群众难以行使这些权利，同时宪法也没有涉及农民的土地问题。真正得益的是自由派地主、大资本家、高级阿訇等立宪派。

立宪派在获得有限的权利后，认为革命已经完成，不想再继续革命，变成了保守力量。而那些没有获得任何权利的个人、农民和小资产阶级力图要把革命继续发展下去。

1906 年以后，伊朗各地的群众运动方兴未艾。各省农民抗租抗税，拒绝服劳役，夺取土地。城市的群众运动也迅速升温。1906 年，德黑兰工人举行了大罢工，电报、渔业、印刷等行业相继罢工，要求缩短工时，提高待遇。同时，德黑兰还出现了伊朗第一个工会组织。北部的一些城市还成立了革命组织穆扎希德，并且制定了革命纲领，要求实现民主选举制，言论、出版自由，给农民分配土地，实行8小时工作制和累进税等。此外，在伊朗北部还成立了群众性的革命武装费达伊，费达伊成为北部地区革命运动的主要领导者。

随着工农群众运动的不断高涨，立宪派惊恐万分，想方设法压制工农运动。为了扑灭这场革命，维持自己在伊朗的利益，英俄帝国主义也相互勾结起来。1907年8月，双方签订了瓜分伊朗的协定，在伊朗南北部划分了各自的势力范围。新即位的穆罕默德·阿里国王依仗帝国主义的支持，以哥萨克人为核心，于12月集结军队发动政变。德黑兰的群众性政治组织领导人民群众进行了坚决反击，反革命政变失败。

1908年6月23日，阿里发动第二次政变，由俄国军官率领的哥萨克近卫军炮轰议会大厦，逮捕了议员和群众组织的领导人，并解散议会，屠杀革命群众。政权再次落入封建贵族手中。面对凶残的反革命力量，立宪派面临严峻的形势，已经无法领导革命，小资产阶级革命派接过了革命的领导权。革命中心也由德黑兰转移到了北部的大不里士和吉兰。

1909年7月，吉兰的费达伊和南部部落反国王的部队共同向首都德黑兰发起进攻，推翻了阿里的统治，阿里匆忙逃到俄国。伊朗资产阶级革命再次获得胜利。护宪运动获得胜利后，以阿萨德汗为首的自由派地主和资产阶级掌握了政权，随后建立了临时政府，并宣布恢复宪法，召开议会，废黜阿里，立14岁的王子为新国王。可是，新的议会比前届议会更加保守，它公开宣布取缔群

大不里士阿尔格清真寺
大不里士始建于3世纪，历史上多次成为王朝首都。阿尔格清真寺建于14世纪伊尔汗国时期。

众性的政治组织，下令解散费达伊，关闭那些进步的报刊。新议会幻想依靠美国来对抗英俄两国。1910 年底，伊朗政府向美国聘请财政顾问，对伊朗财政制度进行改革。次年 1 月，美国派出摩根·舒斯特等五人作为顾问来到伊朗。这样，伊朗把自己的财政大权拱手送给了美国。

新议会的一系列反革命政策分裂了革命力量，这无疑给封建势力创造了机会。1911 年 7 月，已经被废黜的阿里在俄国的支持下，率领 3 万武装军队在里海沿岸登陆，然后朝德黑兰进犯。1911 年 11 月，英俄两国也派出军队，分别从南北两路发起进攻。面对反革命势力的进攻，伊朗国内再次激起了爱国热潮，革命群众奋勇抵抗。就在人民群众浴血奋战之际，阿萨德汗叛变了革命。12 月，在俄国的谋划下，阿萨德汗在德黑兰发动政变，将国会大厦包围，解散议会，恺加封建王朝再次复辟，持续 6 年的伊朗革命被帝国主义扼杀了。

土耳其革命

土耳其原是一个地跨欧亚非的多民族的军事封建帝国 —— 奥斯曼帝国，有着十分重要的战略地位。17 世纪以后，帝国内部开始出现危机，逐渐衰弱，其广袤的领土成了西方国家觊觎的目标。19 世纪末期，如何瓜分奥斯曼帝国成了帝国主义国家之间斗争的关键。1878 年的《柏林条约》，是帝国主义的第一次分赃，英、法、俄、奥匈等国瓜分了奥斯曼帝国在地中海和巴尔干的大片领土。1881 年和 1882 年，英国和法国先后攻占了突尼斯和埃及，帝国面临着被欧洲列强彻底瓜分的厄运。此外，列强还通过签订各种不平等条约，在帝国窃取了各种政治、经济上的特权，控制住了帝国的交通运输、贸易和矿产资源。1881 年，英、法、奥匈、意等国组成了"奥斯曼国债管理处"，掌握了帝国的烟、酒、盐、印花税等重要税源，把持帝国的财政命脉。1903 年，德国获得了从柏林途经伊斯坦布尔抵达巴格达的铁路修筑权。这时的帝国已经沦为半殖民地。

奥斯曼帝国各族人民深受帝国主义宰割、压迫的同时，还要面对国内封建专制主义的残暴统治。1876 年，"血腥的苏丹"哈米德二世利用"新奥斯曼党"立宪运动登上了王位，但是他在两年后就发动政变，废除宪法，解散议会，并且将当时的首相——新奥斯曼党的领袖米德哈特放逐国外，血腥扼杀了立宪运动。与此同时，哈米德二世还极力推行泛伊斯兰主义和泛土耳其主义，挑拨伊斯兰教民族和基督教民族相互厮杀，并且对各民族的反抗进行残酷镇压，无数人在反抗中被屠杀。1894年，亚美尼亚人起义反抗哈米德二世的统治，最后被镇压，先后有6万多人被杀害，3000多个村庄被摧毁。在"血腥的苏丹"的统治下，奥斯曼帝国民生凋敝，一片破败景象。民族危机加剧，阶级矛盾和民族矛盾也空前激化。

在奥斯曼帝国内忧外患之际，国内出现了一些积极进行革命的政党。1894年，在新闻记者阿麦德·李萨的领导下，奥斯曼帝国成立了"统一与进步委员会"，又称青年土耳其党。青年土耳其党的主要成员是军事院校的学生、下级军官、新闻记者和流亡国外的新奥斯曼党人。它的纲领是维护奥斯曼帝国领土的完整，恢复1876年的宪法。1897年，青年土耳其党在伊斯坦布尔发动了第一次示威活动，结果遭到哈米德二世的血腥镇压，政党损失惨重，陷入分裂瓦解的状态。

1905年，俄国革命和伊朗革命兴起，鼓舞了奥斯曼帝国各族人民反抗封建专制主义的革命斗争。亚美尼亚、阿尔巴尼亚、阿拉伯地区纷纷爆发了农民起义，马其顿、安纳托利亚的农民起义此起彼伏，军队中也频频发生骚乱事件。青年土耳其党人被农民运动的革命热情所鼓舞。为了领导革命斗争，该党在1906年将总部从巴黎迁到了马其顿的萨罗尼加，又在1907年召开了由各族革命团体参加的代表大会，提出了革命纲领：废黜哈米德二世，恢复1876年宪法，实行各民族的平等。大会结束以后，青年土耳其党人立即与塞尔维亚、

阿卜杜勒·哈米德二世

保加利亚、阿尔巴尼亚和马其顿的游击队联合起来，积极鼓动马其顿的驻军进行武装起义。

革命运动迅速发展。为了扼杀革命运动，哈米德二世与外国势力勾结起来。1908 年 6 月，英俄两国达成协议，共同向马其顿出兵。帝国主义的干涉加速了革命的爆发。1908 年 3 月，马其顿驻军第三军团的青年土耳其党人尼雅吉中尉率领部下起义，第二军团立即响应。各族的游击队和农民也加入到了起义队伍当中，哈米德二世派去镇压起义的军队也纷纷倒戈。7 月 23 日，起义军在萨罗尼加向哈米德二世发出最后通牒，要求苏丹在 24 小时之内恢复 1876 年宪法，否则随时准备向伊斯坦布尔发起进攻。众叛亲离的哈米德二世陷入孤立无助的境地，无奈之下被迫在翌日发表声明，宣布恢复宪法，并且召开国会，解散反动组织，承认各民族的平等权利。革命取得了初步胜利，这让青年土耳其党在民众中赢得了很大的威望，在同年年底举行的国会选举中，青年土耳其党获得了多数议席，革命领导人李萨当选为国会议长。

就在革命刚刚取得初步胜利后，青年土耳其党人认为革命任务已经完成，于是停止不前。但是广大人民群众并没有实现自己的要求，革命运动依然高涨。铁路、码头、煤炭工人先后进行了各种罢工，要求实现工人立法。农民也起来集会，要求对土地进行分配，取消各种苛捐杂税。其他属地的各族人民则要求取得民族平等权。面对工人和农民的要求，青年土耳其党不仅不支持，反而背信弃义，镇压工农运动。青年土耳其党要求马其顿的游击队交出武器，立即解散，并声称奥斯曼帝国只有一个民族，从根本上否认了其他民族的存在。青年土耳其党的这种行径严重违背了革命纲领，导致了革命力量的分裂，助长了反动势力的气焰。1909 年 4 月 13 日，哈米德二世在英国的支持下发动政变，解散了国会，抓捕了大量青年土耳其党人。

然而封建势力的复辟注定只是昙花一现。青年土耳其党集结第二、第三军团，并与马其顿游击队重新联合起来，再次向伊斯坦布尔发起进攻。4 月 24 日，革命队伍攻占了伊斯坦布尔，逮捕并废黜了哈米德二世，立其弟穆罕默德五世为奥斯曼帝国苏丹，重新组建政府，恢复议会。革命运动最终以君主立宪政体的确立而结束。革命虽然取得胜利，但却是一次不彻底的资产阶级革命，革命确立了君主立宪政体，打击了封建专制制度，激励了境内各族人民争取解放的斗争。

印度民族运动

20 世纪初，帝国主义国家在亚洲的争霸不断加剧，一直将印度看作是生命线的英国加紧了它在印度的殖民统治。

1899 年，寇松勋爵就任印度总督。寇松是一个极端殖民主义分子，他上任后的第一年首先实施的是完成 19 世纪末就已开始的币制改革，宣布取消银本位制，在印度禁止银币的铸造和流通，并且提高了英镑与卢比之间的汇率，使得卢比完全与英镑挂钩，从而有利于英国商品和资本输入印度。寇松的措施使得印度割断了与其他国家，尤其是实行银本位制的亚洲国家之间的货币联系，导致了印资工厂大规模倒闭，英国在印度的垄断地位得到巩固，加速了印度国内经济的殖民化。

殖民者废止银币，导致银价暴跌，以银饰为储备手段的广大人民的财富被残忍剥夺，同时也损害了拥有大量白银的封建贵族和资产者的利益。这是英国殖民者对印度赤裸裸的抢劫。此外，卢比的相对增值又导致了物价的上涨，已经陷入困境的广大人民群众雪上加霜，成千上万的人死于饥饿。

在殖民化政策的推动下，英国加大了对印度的商品和资本输入。1896—1910 年，英国在印度的投资从 4 亿至 5 亿卢比增长到了 6 亿至 7 亿卢比，投资对象主要是殖民政府的公债、铁路、矿产、造船、航运、种植园等。为了加强对印度的统治和掠夺，英国加快在印度建筑铁路。1890 年，全印度的铁路长度约有 2.54 万千米，1905 年为 4.31 万千米，1913 年达到了 5.57 万千

寇松勋爵

寇松勋爵，英国保守党政治家，1898—1905 年任印度总督，因在印度分割孟加拉，用兵西藏，划分苏波边界而闻名。

米。铁路的建成方便了殖民者对印度的掠夺，1901—1906 年和 1896—1897 年比较，从印度输往英国的小麦增加了 176%，棉花增加了 43%，黄麻增加了 27%。除此之外，殖民政府的赋税也是越来越繁重。英国在这一时期对亚非各国发动了一系列的侵略战争，花费了数目庞大的军费，但大部分费用都转嫁到印度人民身上。1905 年，殖民政府的预算有 3/4 直接用于军费和官员薪金，但是赤字每年仍然在不断上升，1913 年时，赤字已达 2.74 亿英镑。

英国的野蛮掠夺给印度人民带来了前所未有的灾难，各地灾荒频发，瘟疫流行。1905—1906 年，受灾人口为 330 万；1906—1907 年，受灾人口为 1300 万；1907—1908 年，受灾人口达到了 4900 万。19 世纪末到 20 世纪初的几年，死于饥荒和鼠疫的人达到了 1000 多万人。灾难深重的印度人民不堪重负，为了生存，人们纷纷起来反抗殖民政府的残酷统治。印度各地不断出现农民暴动抢粮的事件，工人也纷纷举行罢工运动，工农运动浪潮此起彼伏。

工农运动的发展促进了印度国民大会党的分化、发展。19 世纪 90 年代，以蒂拉克为首的小资产阶级激进派成立。他们反对温和的改良路线，主张发动工农群众，使用各种斗争形式包括暴力来推翻英国在印度的殖民统治，建立一个独立的印度联邦共和国，成为 1905—1908 年印度民族运动的先驱。

印度人民的觉醒和反英运动的爆发，使英国殖民者惊恐万状，迅速采取了各种高压政策。寇松以印度民族是一个"下等"民族，没有自治的能力为由，拒绝国大党参加执政的要求。1905 年，英国又玩起了"分而治之"伎俩，宣布把孟加拉省分为东西两省。孟加拉省有 8000 万人口，有发达的工商业，有着强大的资产阶级和无产阶级力量，是当时印度民族解放运动的重要地区。然而这个地区的阶级关系和宗教关系较为复杂。东部地区的地主、商人大部分为印度教徒，工农群众则多属于穆斯林，西部地区的情况则与之相反。寇松之所以要实行孟加拉分治，就是要制造教派之间的冲突，破坏民族团结，继而分裂瓦解反英运动力量。英国议会通过了寇松分割孟加拉省的提议，并于 1905 年 10 月实施。殖民政府的野蛮行径激起了印度人民的愤怒，人们奋起抗议。在国大党的领导下，孟加拉省各城市的工人罢工、商人罢市，印度各地兴起了抵制英国商品的运动，全国性的反英运动掀起高潮。1905 年，印度民族运动终于爆发了。

1906 年 12 月，国大党年会通过了自治、自产、抵制英国商品、民族教育四大纲领。印度反英斗争进入了争取民族自治的新阶段。但是在如何自治这一问题上，国大党却产生了分歧。国大党中的温和派认为"自治"是在英国范围之内的自治，激进派则反对这样的自治，认为印度要实现自治，就要推翻英国的殖民统治，取得民族独立，建立印度共和国。随着反英运动的不断深入，两派之间的分歧导致了国大党的分裂。

1907 年 4 月，印度东孟加拉农民发动起义，反对地主高利贷阶层，支持自治和自产。接着拉合尔、阿姆利则也爆发了工农运动。殖民当局惊恐万分，一边撤离官员的家属，一边又派军队北上镇压工农运动。但是铁路工人发起罢工运动，拒绝运送军队。与此同时，工人的罢工运动进入高潮。1907 年 11 月，孟加拉铁路工人持续罢工两周，加尔各答通往各地的火车停运，整个东部地区陷入瘫痪状态。

蓬勃发展的工农运动震动了英国殖民者、大地主、大资产阶级及其代表，国大党温和派也被吓坏了。他们害怕工农运动发展扩大，最终导致革命的爆发，于是投靠了殖民者。1907 年 12 月，在国大党的年会上，他们公开宣布放弃四大纲领，停止所有反对英国殖民者的斗争活动，竭力攻击激进派。激进派于是退出了大会，建立"民族主义者党"，继续坚持四大纲领，坚持反对英国殖民者的斗争。

虽然国大党领导集团选择向英国殖民者妥协投降，但是印度的群众运动依然在发展。激进派领导了孟买西部和南部的群众运动，工人的罢工斗争将反英运动推向新的高潮。1908 年春，孟买等地的铁路工人、建筑工人、纺织工人持续罢工。在激进派的领导下，一些工人和市民采取了罢工罢市，占领政府部门，捣毁警察局等极端行为。

英国殖民政府在拉拢国大党温和派的同时，对激进派进行了残酷的镇压，企图扼杀群众运动。他们下令禁止群众集会，并取缔"民族主义者党"，查禁各类革命报刊，并逮捕激进派的革命家。6 月 24 日，殖民政府悍然逮捕了激进派领导人蒂拉克，并判处他 6 年劳役。殖民统治者的丑恶行径再次激起了全国人民的愤怒，孟买 10 万工人宣布实行政治大罢工，走上街头举行示威游行，修筑街垒，英勇抗击殖民军警的血腥镇压，数百人血洒街头。总罢工一直持续了 6 天，而与警察的冲突则持续了两周。

孟买工人政治大罢工是印度三年来反英运动的最高潮，它的出现表明印度的工人阶级作为一股新兴的阶级力量正式登上了民族解放运动的舞台。历时 3 年的印度人民革命运动虽然遭遇失败，但是却沉重打击了英国在印度的殖民统治，迫使英国政府对分割孟加拉的法案进行修改。1911 年，东西孟加拉省重新合并。

中国的辛亥革命

20 世纪初，中华大地深陷空前严重的民族危机。1901 年，清朝政府与八国联军签订了丧权辱国的《辛丑条约》，民族危机成为整个社会危机主要表现形式。

1901—1905 年，为了挽救摇摇欲坠的清王朝，清朝政府进行了"新政"改革。清政府的改革零敲碎打，并没有起到什么作用，但是在客观上却增加了新一代知识阶层的力量。1909 年，全国有各类学校 59177 所，到日本留学的有 5000 多人。在辛亥革命爆发之前，受世界先进文化影响的新型知识分子大约有 20 万人。这个阶层的群体有着强烈的爱国心，有着良好的思想文化素质、较强的组织能力。1901—1905 年，他们组织反清革命团体，进行革命活动，先后成立了光复会、华兴会。1905 年 8 月，由孙中山领导和组织的中国同盟会在日本成立，确立了以建立民族民主国家为核心的纲领，即"驱逐鞑虏，恢复中华，创立民国，平均地权"。11 月，孙中山在《民报》上发刊词中将同盟会纲领理论化为"民族""民权""民生"。

在中国传统社会，政治中心的变革对社会的变革有着决定性的影响。因此，进步人士决定通过革命手段改变政治中心，从而推进国家的进步。1907—1910年，清朝政府预备立宪失败，腐败无能的政府让有良知的进步人士完全丧失了信心。

辛亥革命前夕，国内已经形成了三股革命力量。

首先是以农民为主要力量的群众斗争。1909 年，各地发生了 130 多次群

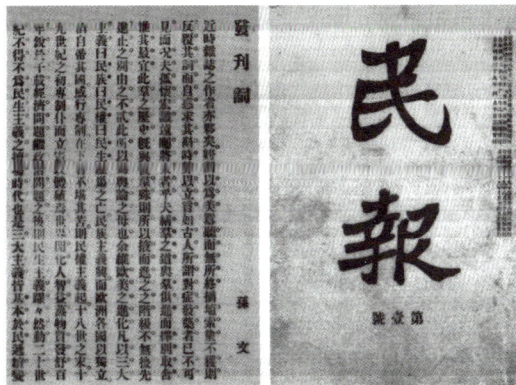

《民报》创刊号

孙中山与南洋同盟会成员合影

众斗争，到 1910 年时，增加到了 290 多次。其中比较有代表性的有 1909 年长沙的抢米风波、1910 年山东莱阳的抗捐斗争、1906—1908 年陕西的"交农抗捐"等群众斗争。这些群众斗争沉重打击了清政府的统治。

其次是同盟会有计划、有组织的武装起义。其中以 1910 年 2 月和 1911 年 4 月的广州起义最为突出。1910 年 2 月 12 日，黄兴、胡汉民及新军内的同盟会会员率广州新军起义，史称"庚戌新军起义"。这次起义牺牲了百余人，被捕百余人，另外有数百人撤到了香港，起义失败。就在革命陷入低潮之际，1910 年 11 月 13 日，孙中山召集赵声、黄兴、胡汉民等同盟会重要骨干参加会议，会议集结了同盟会精英，众人决定再次发起广州起义，彻底推翻清政府统治。1911 年 4 月 27 日，赵声、黄兴等人在广州领导起义。起义队伍与清军展开了激烈的战斗，起义最终因为力量不敌而失败。后来人们收殓到 72 具烈士遗骸，合葬于黄花岗，建成黄花岗七十二烈士墓。这次起义表现出了革命党人的高度自我牺牲精神。黄花岗七十二烈士的英雄气概震动了全国。

第三是山西、陕西、山东、安徽、东北等地区先后爆发的收回矿权、路权的运动。1907—1911 年，各地人民奋起斗争，从帝国主义列强手中收回的矿权、路权达十几处。在收回权利的运动斗争中，湖南、湖北、四川、广东的保路运动声势最大，成为武昌起义的导火线。

武汉号称九省通衢，是当时的大城市。当时新军中有不少人是革命团体"文学社"和"共进会"的成员。为了更好地领导革命，这两个革命团体合并，并于 1911 年 9 月 24 日在武昌成立起义领导机关。四川保路运动酿成民变后，湖北新军奉命进入四川进行镇压。此时，镇守武汉的新军大部被调入

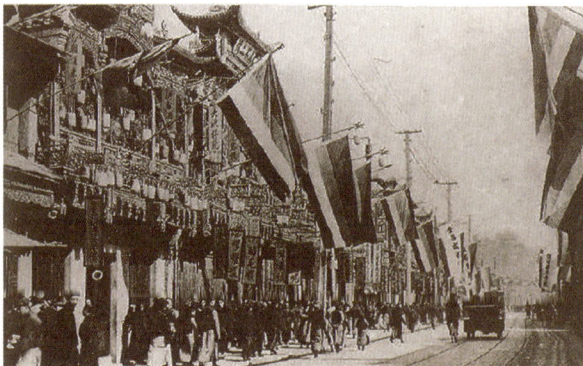

辛亥革命时的上海南京路

了四川，武汉的防务十分空虚，革命党人认为这是发动起义的好机会。

1911 年 10 月 10 日，起义者发动武昌起义。起义士兵首先攻占了楚望台军械库，深受文学社、共进会等革命团体影响的大部分新军随即起来响应。起义部队攻打湖广总督府，在次日黎明前攻占总督衙门，湖广总督瑞澂逃走，起义队伍占领武昌。12 日和 13 日，起义队伍先后占领了汉口和汉阳。22 日，湖南和陕西两省先后起义，响应武昌起义。在短短一个月时间内，各省纷纷爆发起义，脱离清王朝独立。到 11 月底，内地 18 省基本光复。清朝政府控制的地区只有河南、直隶和东北等地。12 月 29 日，各省代表在南京召开临时大总统选举会。孙中山被选为临时大总统，具有资产阶级共和国性质的南京临时政府成立。南京临时政府通过了一系列有利于民主政治和发展资本主义的政策和法令。

1912 年 1 月 1 日，孙中山在南京正式宣布中华民国成立，并宣誓就任临时大总统。2 月 12 日，溥仪宣告退位，统治了中国 268 年的清朝正式宣告灭亡。3 月 10 日，掌握兵权并且得到帝国主义支持的袁世凯在北京就任临时大总统。3 月 11 日，孙中山在南京颁布了《中华民国临时约法》，以法律形式将资产阶级民主共和制确定下来。13 日，袁世凯提名并经参议院通过，成立了以唐绍仪为总理的新内阁。4 月 1 日，孙中山正式解除大总统职务。5 日，临时参议院、内阁北迁北京。就这样，大地主、大买办阶级把持了政权，中国进入"北洋政府"统治时期。

辛亥革命是以孙中山为代表的先进人物借世界潮流推动中国走向世界的进步运动。辛亥革命推翻了 2000 多年的专制制度，摧毁了中国 2000 年来的帝制，是中国历史上的一次大解放。

拉美国家的民主运动

19世纪末20世纪初,随着欧美帝国主义侵略的加强,拉美许多国家沦为殖民地、半殖民地和附属国,民族危机空前加剧。在这种情况下,拉丁美洲人民掀起了反帝反封建斗争和民族民主运动高潮,斗争形式也从旧式的农民起义转为资产阶级民族民主运动。

拉丁美洲独立后的概况

1826年拉丁美洲的独立运动取得胜利,拉美地区普遍建立了共和国,但此后拉美各国陷入了长期政局动荡、经济停滞的形势中,并没有走上独立发展资本主义的道路,与美国资本主义的迅速发展形成了鲜明的对比。

拉丁美洲各国在取得独立后,并没有完成资产阶级革命提出的各项任务,各国在不同程度上还保留着浓厚的封建社会残余。大庄园制在各国十分盛行,极少数人占有大量土地,而广大农民没有土地,生活贫苦。在19世纪末和20世纪初,这种现象在拉美各国仍然十分普遍。比如在阿根廷,全国一半以上的耕地被数千个大地主所占有;在巴西,占有1万平方千米以上土地的地主只是所有农户数的0.3%,但是却占有了全国耕地面积的25%;即便是在较为发达的智利,全国56%的耕地也被数百户大地主所占有。这些大庄园主大部分都在大城市生活,一些人甚至还在欧洲的大都市里过着奢侈的生活,根本就不把庄园内的生产放在心上,更别提庄园的发展。结果导致了土地大片荒芜,无人耕种的局面。例如在委内瑞拉,可以耕种的土地使用率仅有1%左右。可以说,正是因为大庄园制的存在导致拉丁美洲长期贫困落后。

除了庄园地主之外,拉美各国的教会也占有大量的土地。在独立战争结束

拉丁美洲的种植园经济
大庄园的生产属自给自足的自然经济，劳动生产率低下，农村贫富分化加剧，国内市场萎缩，阻挠了劳动力的自由流动与资本主义雇佣关系的发展。

以后，教会依然是统治阶级的精神支柱，同时又占有巨大的财富，许多主教和修道院长成为大地主、大财主。此外，教会经常与国内外反动势力勾结在一起，反对改革和进步，成为拉丁美洲发展前进的主要障碍。

考迪罗主义

　　所谓"考迪罗"，是西班牙语 caudillo 的音译，原意是首领或领袖，这里意为军事独裁者。考迪罗主义是一种以暴力夺取政权、维持统治的独裁制度。19 世纪初，在拉美各地争取独立的斗争中，曾先后涌现出了一批军事领袖，他们曾为各国推翻殖民统治、争取独立做出了不同程度的贡献。独立战争结束后，这些军事领袖和各地势力强大的地主集团首领成为拉美各独立国家或者某个地区的独裁统治者。这些人是拉美的第一代考迪罗。

　　考迪罗制是拉美地区特有的独裁制度，其主要特征是军阀、地主和教会相结合的"三元寡头"统治。拉美独立战争结束以后，拉美各国的大地主为了维持大庄园制，往往采用武力的方式来维护自己的统治。这使得考迪罗主义在拉丁美洲盛行。考迪罗通过各种政变上台和下台，政府和宪法也在不断变换，导致内乱不断、民不聊生的局面。例如在玻利维亚在 74 年中就爆发了 60 次所谓的"革命"，委内瑞拉在 19 世纪 70 年中就发生了 50 次"起义"，秘鲁在独立以后的前 100 年中换了 50 多个总统，巴拉圭则是几乎每年就发生一次"革命"运动。

　　考迪罗可以在全国建立独裁政权，或者是在某个地区割据，称霸一方，他们往往会在某个地区进行数十年的血腥统治，例如墨西哥的圣安纳（1794—1876 年），阿根廷的罗萨斯（1793—1877 年），巴拉圭的洛佩斯父子等。考迪罗的上台和下台导致内战不断出现，动乱局面加剧，拉美国家的经济想取得迅速发展，显然是无法实现的。由此可见，考迪罗主义的存在，是阻碍拉美各国发展进步的主要障碍之一。

墨西哥独裁者圣安纳
圣安纳的反动独裁政权代表大地主利益。他在担任墨西哥总统期间实行残酷的独裁统治，镇压民主运动。

门罗主义

1822—1823 年，就在欧洲"神圣同盟"企图对拉丁美洲独立运动进行干涉时，美国已经把拉丁美洲看作是自己的势力范围，在美洲推行了所谓的"美洲事务是美洲人事务"的政策。

1823 年，美国总统门罗在国会上发表咨文，宣称："今后欧洲任何列强不得把美洲大陆已经独立自由的国家当作将来殖民的对象。"他提出，美国不会去干涉欧洲列强的内部事务，同样的，美国也不容许欧洲列强去干预美洲内部的事务。这项咨文就是所谓的《门罗宣言》，它所包含的原则就是所谓的门罗主义。门罗主义的含义主要有三点：一、要求欧洲国家不能在西半球进行殖民活动。这个原则不仅明确表示反对西欧列强在拉美各国的殖民扩张，同时也反对俄国在北美西海岸进行殖民扩张；二、要求欧洲不能去干涉美洲已经独立国家的内部事务；三、美国保证不干涉欧洲列强之间的事务，包括欧洲当前的在美

美国第五任总统门罗
《门罗宣言》成为美国用来反对美洲以外的国家
干涉美洲事务的工具，为美国在西半球的扩张
扫清了道路。

洲各国殖民地的事务。然而门罗主义提出来后在当时并没有产生多大的影响，
这是因为当时英国在拉美地区有着很大的影响。19 世纪 40 年代以后，美国再
次提起了门罗主义。

　　美国对拉丁美洲垂涎已久，内战结束以后，美国加紧了向拉丁美洲进行经
济扩张的步伐。1899 年，美国在拉美的投资只有 3 亿美元左右，第一次世界
大战前，投资金额激增到 15 亿美元，已经可以和英国平分秋色。当时，美国
在中美洲以及西印度群岛的势力已经占据上风，但是在南美地区，英国依然处
在优势。英美等国家对拉丁美洲国家进行经济侵略的同时，在政治上、军事上
也横加干涉和控制。整个 19 世纪，美国和欧洲列强都把拉美国家看作是自
己的领地，或是在那里扶植傀儡政权，或是直接派出军队进行侵略活动，长
期霸占他国领土。1856—1903 年，拉美国家曾遭到了美国 50 次的武装干涉。
美国通过 1846—1848 年的美墨战争，就鲸吞了墨西哥 230 万平方千米的领
土。1861—1865 年，西班牙卷土重来，悍然入侵多米尼加。1861—1867 年，
法国对墨西哥进行了长达 6 年之久的殖民战争。

　　进入帝国主义时代，在门罗主义的幌子下，美国轮流使用金元和大棒政策，
在拉丁美洲推行自己的霸权政策。在 1909 和 1912 年，美国先后两次入侵尼加
拉瓜，并进行对其实施长期占领。1915 年，美国派出军舰，打着"维持秩序"
的旗号，20 多次入侵海地。1905 年，在美国的武力胁迫下，多米尼加被迫与
其签订不平等条约。从 1916 年起，美国又对多米尼加实行了长达 8 年之久的

殖民占领。此外，美帝国主义在拉美地区最明目张胆的扩张行径则是由它一手炮制的"巴拿马革命"。

巴拿马独立

早在 19 世纪中期，美国就企图在巴拿马地峡开凿出一条连接大西洋及太平洋的运河。当时，巴拿马是哥伦比亚共和国的组成部分。但是当时美国的实力还不够强大，英国对此进行抵制，两国于是在 1850 年签订了《克莱顿—布尔瓦条约》，宣布共同拥有在巴拿马开凿运河的权利。但是美国已经把巴拿马当作是自己的势力范围。1850—1855 年，美国在巴拿马地区修筑了铁路。1852 年，美国不经哥伦比亚政府同意就擅自在巴拿马地区调派军队。1856 年，美国借口所谓的"西瓜事件"，曾一度派兵占领了巴拿马。美国一而再再而三地践踏哥伦比亚的主权。

19 世纪末，随着资本主义的迅速发展，在巴拿马地区开凿运河沟通两个大洋的呼声在美国越来越高。在大西洋和太平洋之间开通运河可以使从旧金山到纽约的海路减少 9000 海里的距离。这不仅有利于美国垄断资本家，同时也对美国政府有着深远的战略意义。因此，美国政府和垄断资本家加快了掠夺巴拿马的步伐。

美国在巴拿马开凿运河，首先要做的就是向英国施加压力，迫使它同意修改两国 1850 年签订的条约。因为忙于应对欧洲事务，英美双方经过多次交涉

经济价值巨大的巴拿马运河
巴拿马运河由美国建造完成，于 1914 年开始通航，被誉为世界七大工程奇迹之一。

谈判，英国终于做出了让步。1901 年 11 月 18 日，两国签订了新的条约。条约规定，英国放弃了自己对巴拿马地区的要求，承认美国可以独自经营。

1899 年，美国成立新巴拿马运河公司，并与法国巴拿马公司进行谈判，企图将后者一并吞掉，以此来清除开凿巴拿马运河的竞争对手。为了实现这个目的，美国不惜四处放出虚假消息，制造出自己计划在尼加拉瓜修筑运河的假象。1902 年 1 月 4 日，在美国长期的敲诈之下，法国巴拿马公司终于同意美国的求购要求，以 4000 万美金的低价出售了该公司的全部权利和财产。在摆平竞争对手后，美国就将侵略的矛头指向了哥伦比亚。

1902 年，美国与哥伦比亚进行了一次紧张的谈判。开始时，哥伦比亚公使孔查顶住了美国施加的压力，但是却被加上了"精神病"的帽子，然后被驱逐出美国。1903 年 1 月 22 日，接替孔查担任公使的埃兰不惜卖国求荣，与美国国务卿海约翰签订了《埃兰—海约翰条约》。根据条约规定，美国在巴拿马地区拥有独占租借权，期限为 100 年，还可以在不经哥伦比亚政府允许的情况下向该地区派遣军队。作为对哥伦比亚的补偿，美国只是支付了 1000 万美元的补偿金以及每年 25 万美元的租金。

《埃兰—海约翰条约》签订的消息传开后，哥伦比亚全国一片哗然，朝野震动，全国上下纷纷斥责埃兰出卖了国家的主权和领土。见此情况，美国立即向哥伦比亚施加压力，西奥多·罗斯福总统和国务卿海约翰亲自出面对哥伦比亚发出威胁，企图迫使哥伦比亚国会通过《埃兰—海约翰条约》。

8 月 12 日，哥伦比亚参议院通过决议，出席的 27 人以 24 票的压倒性优势否决了《埃兰—海约翰条约》，维护了国家的尊严和主权。美国政府对哥伦比亚这个决议恼羞成怒，于是转而采取颠覆手段，企图通过武力分割哥伦比亚的领土。早在 3 月，罗斯福总统就已经命令陆军部长鲁特，让他秘密派遣精干的军官潜入巴拿马地区收集情报，唆使当地上层人物以及大地主中的反动分子在巴拿马地区发动"起义"。为此，美国为他们制定了"起义"计划，并且提供大量活动经费。

美国在得知这一小撮叛乱分子发动"起义"的确切日期以后，派数艘美国军舰分别开进了科隆港和巴拿马城海滨。11 月 3 日晚，巴拿马地区果然爆发了"革命"，并且在第二天宣布脱离哥伦比亚，成立巴拿马共和国。就在这时，大批美国军舰迅速驶进科隆港，将巴拿马与外界的联系彻底切断，使得哥伦比亚政府无法弄清起义的真正原因，只能眼睁睁地看着事态恶化。

美国政府见巴拿马"起义"成功，匆忙承认了巴拿马共和国。11 月 18 日，美国迫不及待地与巴拿马签订条约。这一次，美国在巴拿马地区的所有要求全都得到了满足。

古巴独立战争

在 19 世纪初期的拉丁美洲独立运动热潮当中，古巴并没有获得独立。从 19 世纪 20 年代起，古巴陆续出现了一些抵抗帝国主义殖民统治的爱国组织，例如"玻利瓦尔的阳光和闪电""黑鹰大军"等。玻利瓦尔和许多独立的拉美国家纷纷表示支持古巴人民的独立斗争。古巴人民的斗争从一开始便得到了玻利瓦尔和许多独立的拉丁美洲国家的支持。古巴被誉为"加勒比海上的明珠"，所以邻近的美国对它一直虎视眈眈，企图将其吞并。

19 世纪初期，美国的实力还不足以独自占领古巴，于是努力维持古巴原状。1840 年，美国政府向西班牙政府发表声明，表示自己可以通过武力支持后者继续占领古巴。1853 年，美国又变换把戏，试图用 1.3 亿美元从西班牙手里买下古巴，遭到西班牙政府的拒绝，但是美国由始至终都没有放弃占有古巴的野心。

19 世纪中期，随着经济的发展，古巴和西班牙之间的矛盾不断深化尖锐。古巴社会的各个阶层，尤其是占人口多数的土生白人、混血种人和黑人都强烈要求摆脱西班牙的殖民统治。1868 年 10 月 10 日，律师塞斯佩德斯在东方省率先发动起义，并且发表了《独立宣言》，古巴历史上著名的"十年战争"由此拉开了序幕。起义最初发展得很快，迅速蔓延到了数个省，队伍也发展到了 2 万多人。1869 年 4 月 10 日，起义军宣布成立古巴共和国，塞斯佩德斯担任总统。共和国颁布了宪法，规定废除奴隶制，但是起义军在战争期间却没有提出进行社会改革的纲领。为了维持自己在美洲仅有的殖民地，西班牙曾先后数次派遣大量军队镇压古巴起义军，并对整个岛屿严加封锁。英勇不屈的古巴人民与殖民者顽强抗争了十年之久。1874 年，塞斯佩德斯被西班牙军队俘虏，英勇就义。1878 年，由于起义军领导者的动摇和叛卖，起义军与殖民者签订了妥协的和约，"十年战争"以失败而告终。

1886 年，在十年战争的影响下，西班牙殖民政府宣布在古巴全岛废除奴隶制度。更为重要的是，十年战争为以后的古巴革命培养了一批领导者，在以后的独立战争中发挥了难以估量的作用，其中就有马塞奥·伊·格拉哈莱斯

（1845—1896 年）和马克西莫·戈麦斯（1836—1905 年）。

格拉哈莱斯出生于一个穆拉托人的农民家庭，他的父亲是一名革命家，曾经参加过委内瑞拉和哥伦比亚的独立战争，而他的母亲也是一位勇敢的革命女英雄。在父母的影响下，**格拉哈莱斯与自己的 6 位兄弟全都参加了古巴的解放事业**。十年战争失利以后，格拉哈莱斯继续与西班牙的殖民统治进行不懈的斗争。

戈麦斯出生于一个地主家庭。他参加了十年战争，因为立下赫赫战功而被提拔任命为共和国的陆军部长。戈麦斯对 1878 年签订的和约十分不满，继续坚持与殖民者进行斗争。

在解放古巴的斗争史中，还有一位杰出的革命家和爱国者，那就是何塞·马蒂（1853—1895 年）。马蒂出身贫苦家庭，他在上学时就参与了反对殖民统治的革命活动，以诗歌和戏剧的形式唤起古巴人民与殖民者进行斗争。1869 年，年仅 17 岁的马蒂因为参加起义而被捕，被判处 6 年劳役，后来又被流放到西班牙。马蒂十分支持十年战争，同时反对 1878 年的和约。1879 年 9 月，他返回古巴，准备再次进行起义，但是不久后就被捕了，然后流亡到了美国。在美国期间，马蒂努力收集经费，购买各种武器，同时为古巴流亡组织做了大量工作，号召古巴所有爱国者不分肤色、信仰，团结起来为古巴的解放而继续斗争。

1892 年 4 月 10 日，马蒂领导成立古巴革命党。马蒂代表的是小资产阶级，并没有联合工人阶级的力量，也没有颁布一个改革古巴社会的纲领，但是他坚决反对帝国主义的殖民统治，并始终热爱古巴，最终成为古巴人民解放运动的

古巴比索正面的何塞·马蒂头像

何塞·马蒂是古巴思想家、革命家、文学家。1994 年由联合国教科文组织执行委员会创立的何塞·马蒂国际奖章是古巴的最高荣誉勋章。

旗手。

十年战争结束以后，西班牙加紧了它在古巴的殖民统治，进行残酷剥削和控制。虽然每年古巴创造的财富很多，可是债务却每年都在递增，1880 年时仅为 1.7 亿比索，到 1898 年已经上升到了 5 亿比索。1895 年，古巴全国的总收入为 1.23 亿比索，但是这些财富都被西班牙殖民者搜刮去了。当时古巴的经济中心主要在西部地区，其中的哈瓦那省就居住着全国 45% 的人口。东部地区则较为贫穷，是矛盾集中的地区，也是独立战争的策源地。

1895 年 2 月 24 日，蒙卡达将军率领部下在东部地区起义。4 月，马蒂和戈麦斯响应蒙卡达将军的起义，率领一批爱国志士回国，加强了起义队伍的力量。

广大的人民纷纷参加战斗，革命很快就席卷全国。起义部队击败了西班牙殖民军，取得了初步胜利。1895 年 5 月 19 日，马蒂在战斗中英勇牺牲，起义队伍遭遇巨大损失。西班牙当局随后派遣重兵镇压起义队伍。但是起义队伍在斗争的同时，不断壮大队伍的力量。起义军最初时仅有 1.2 万人，到 1895 年底时增加到 3 万人，1896 年初，队伍又猛增到了 4.5 万人。1895 年 9 月，古巴起义军在卡马圭省举行制宪大会，会上颁布了新宪法，并宣布古巴独立，成立共和国。1896 年 1 月，起义军正副司令戈麦斯和格拉哈莱斯率军逼近哈瓦那。

起义军军节节胜利，这让西班牙殖民当局恐慌不已。1896 年初，上任的新总督魏勒将军为了镇压古巴人民起义，通过设立集中营的手段来镇压人民。据估计，哈瓦那省集中营关押了 15 万人，其中一半以上的人被折磨而死，而在全国的集中营中死掉的人就有 40 多万人，几乎是当时古巴总人口的 1/3，殖民者的血腥可见一斑。1896 年 12 月，格拉哈莱斯在战斗中不幸牺牲。不过古巴独立已成必然趋势。1897 年底，在古巴人民的英勇打击下，20 万西班牙殖民军仅剩下 6 万多人，而此时的起义军队伍已经增加到了 5.3 万人。西班牙政府只好承认已无法以武力解决问题。1897 年 11 月，西班牙殖民被迫同意古巴自治。

西班牙在古巴的殖民统治陷入了崩溃的边缘。但是一直以来对古巴虎视眈眈的美国却在这时乘虚而入，霸占了古巴人民来之不易的胜利。1898 年 2 月 15 日，在哈瓦那港停泊的美国军舰"缅因"号突然发生爆炸，原因至今也不清楚。就在军舰爆炸事件尚在调查时，4 月 25 日，美国就急不可待地向西班牙宣战。美国军队在古巴起义军的配合下，顺利地在古巴登陆，并迅速取得了

胜利。西班牙殖民军早已遭到了古巴起义军的沉重打击，无力再战。1898 年 8
月，西班牙被迫签订了停战协定。同年 12 月，美西两国签订《巴黎和约》，和
约规定：西班牙放弃对古巴的殖民统治，承认古巴独立。

　　美国打着"解放者"的名义，趁机获得了控制古巴的权力，并且从西班牙
手中夺过了波多黎各、关岛和菲律宾。美国表面上承认古巴独立，可是 1901
年美国国会却通过了普拉特修正案，规定古巴在没有得到美国同意情况下，不
能与其他国家签订国际条约，同时不能向他国借外债。为了维持古巴的"独立"
和政治稳定，美国可以随时向古巴派出军队。1902 年 5 月，古巴共和国正式
宣告成立，但实际上却变成了美国的附属国。

墨西哥资产阶级民主革命

　　1821 年，墨西哥脱离西班牙独立，后来经历了圣安纳长达 21 年之久的专
政统治和美墨战争，独立后的墨西哥陷入了内忧外患的境地。1854 年到 1860
年，墨西哥进行了改革和内战，才使国家得到了一线生机。但是不久后，墨
西哥又遭到帝国主义的侵略。1861—1867 年，法国对墨西哥进行了武装侵略。
在胡阿雷斯的领导下，饱经磨难的墨西哥人民奋起反抗，最终击败了法国侵略
军，维护了国家的独立和自由。

　　1876 年，迪亚斯上台，墨西哥再次走向崩溃的深渊。1876 年至 1911 年，
在迪亚斯的专政下，墨西哥人民遭受到了前所未有的灾难。为了巩固自己的独

裁统治，迪亚斯随心所欲地把大片土地分给自己的亲信。墨西哥土地的集中和财富的悬殊达到了让人惊诧的程度。1910 年，墨西哥 1.1 万个大地主就占有了全国 2/3 的土地，同时却有 1500 万农民完全失去了土地。

在国内，迪亚斯得到了一小撮大庄园主的支持，对外则通过卖国依附帝国主义，将墨西哥的各种资源白白送给外国垄断资本家。在他统治末期，美国资本家掌握了墨西哥 87% 的矿业、85% 的石油产地、58% 的炼油厂。美国大资本家纷纷掠夺墨西哥的土地，只在奇瓦瓦州一地，美国资本家通过巧取豪夺，就占有了 3500 万英亩的土地。美国资本家建造了墨西哥 2/3 的铁路，并把持着铁路的管理权。美国在墨西哥的总投资达到了 10 亿美元，墨西哥人创造的财富有 43% 落入美国人的口袋。

在迪亚斯统治时期，墨西哥人民过着悲惨的生活。1890 年到 1910 年，墨西哥的食品价格上涨了 1 倍以上，而人民的实际收入却不断地减少，人们不堪重负。一些矿业、石油开采工业的无产阶级首先起来反对迪亚斯的独裁统治。1906 年 12 月，普韦布拉、奥里萨巴等地的纺织工人纷纷举行罢工。翌年 1 月 7 日，政府对举行罢工的工人进行威胁、利诱，但是遭到工人的拒绝。迪亚斯于是调集大批军队镇压工人运动，数百名工人遭到屠杀。但是工人运动并没有因为政府的血腥镇压而停止。1907—1908 年，好几个州爆发了工人运动。这些工人运动是墨西哥革命的前奏。

与工人运动相呼应的是，各地纷纷爆发了农民夺取土地的斗争。贫农出身的查巴塔在南方领导农民起义，以微拉为首的游击队活跃在北方。政府想方设法地扼杀农民起义，但是无法扑灭农民反抗的怒火。两支农民起义军南北呼应，沉重地打击了迪亚斯的独裁统治。

1905 年，墨西哥小资产阶级成立自由党，并于次年颁布了要求改革的纲领。这表明小资产阶级也加入到反对迪亚斯统治的斗争中。与此同时，以马德罗为首的地主和资产阶级内部也出现了反对迪亚斯统治的派别。但是刚开始时马德罗并没有提出明确的政治纲领，只是要求选举民主化和反对迪亚斯继续执政。

墨西哥的政治气氛越来越紧张，反对派发起了反对迪亚斯继续执政的运动。1910 年 4 月，马德罗被推选为总统候选人。该年秋天，政府却将马德罗逮捕并关进了监狱。反对派与政府之间的冲突越发激烈。为了继续当选，迪亚斯控制了选举，弄虚作假，最后宣布自己获得 100 万张选票而"正式当选"。一石激起千层浪，迪亚斯的无耻行径激起了全国人民的愤怒和声讨。选举结束以后，马德罗就被释放了，然后流亡美国。马德罗在流亡后宣布了新的政治纲领，决定通过革命手段推翻迪亚斯的统治，并进行土地改革。11 月 18 日，马德罗的拥护者和政府军在墨西哥城的东南部的普韦布拉爆发了武装冲突，正式揭开了墨西哥资产阶级革命的序幕。

　　1911 年春，全国反对迪亚斯的斗争此起彼伏，农民、工人、资产阶级反对派以及部分军队都起来反对迪亚斯。1911 年 2 月，查巴塔领导的农民队伍开始向首都墨西哥城逼近。5 月 24 日，首都墨西哥城爆发了大规模的游行示威，数以万计的群众将总统府团团包围，人们高呼"打倒迪亚斯""绞死迪亚斯"。民众的反抗使得反动派惊恐万状，山穷水尽的迪亚斯只好宣布下台，仓皇逃亡国外。同年 11 月 6 日，马德罗当选为总统。

马德罗
马德罗曾领导了推翻独裁者迪亚斯而进行的资产阶级民主革命，并当选为墨西哥总统。

　　推翻迪亚斯独裁统治只是墨西哥人民伟大革命胜利的开始。但是不久之后，在反政府阵营中出现了分裂。马德罗政府起初采取了一些措施来稳定国内局势，抵制外国资本的势力，却没有解决农民关心的土地问题，没有剥夺大庄园主的利益。因此，广大农民阶层与资产阶级政府之间的矛盾愈来愈尖锐。查巴塔领导的农民队伍多次呼吁实行土地改革，但是马德罗政府无心改革。1911 年 11 月 28 日，查巴塔提出纲领，决定没收地主的土地，并分配给农民。农民队伍不仅拒绝向政府交出武器，反而在几个州进行了夺取土地的运动。失去了农民的支持，马德罗政府举步维艰。

　　此外，马德罗政府抵制外国资本的举措也惹怒了美国。虽然代表民族资产阶级利益的马德罗只不过对美国资本采取了一些较为温和的限制措施，但是一直以来将墨西哥看作是自己属地的美国政府却怒不可遏，不停地向马德罗施加压力。美国政府一边将大量武器运送给墨西哥境内的美国居民，企图在墨西哥国内制造混乱；同时又在美墨边境调集十万兵力，明目张胆地进行战争挑衅。1913 年 2 月，在美国大使一手策划下，墨西哥城爆发了反革命叛乱。2 月 18 日，反动军官在美国的支持下逮捕了马德罗。不久，马德罗就被杀害了，反动军官韦尔塔粉墨登场。韦尔塔的政变导致了墨西哥内战的爆发，同时标志着墨西哥革命进入了新阶段。

　　查巴塔和微拉都坚决反对韦尔塔的反革命政变，前马德罗的助手卡兰萨这时也组成了立宪军，开始对反政府进行军事行动。在南方，查巴塔领导的队伍狠狠打击了韦尔塔的军队；在墨西哥北部，微拉领导的农民军控制了大片地区。

　　墨西哥的革命运动进入关键时期，美国借机进行干扰。1914 年 4 月，美国以几个水兵被扣事件为借口，悍然侵入了韦拉克鲁斯港。美国的公然侵略加快了墨西哥国内革命形势的发展。墨西哥人民既要反对美国的侵略，又要进行反对韦尔塔的斗争，革命形势进入高潮。在微拉和查巴塔率领的农民起义军以及卡兰萨所率领的立宪军的夹击下，韦尔塔接连失利。1914 年 7 月 15 日，走投无路的韦尔塔宣布下台。

　　在推翻韦尔塔以后，取得胜利的资产阶级和农民之间的矛盾再度激发。资产阶级没有彻底土地改革的计划，农民起义军则下定决心抗争到底。因为双方意见分歧严重，最终导致了激烈的武装冲突。1914 年 12 月，在民众的支持下，

墨西哥城革命纪念碑
墨西哥城革命纪念碑是为纪念
1910—1917 年的墨西哥资产阶
级革命而建。四根柱子下分别
安放着马德罗、卡兰萨、卡列
斯和卡德纳靳的遗骸。

微拉和查巴塔的队伍攻占了墨西哥城。但是墨西哥农民起义军因为各种条件限制，未能夺取政权。1915 年初，卡兰萨提出土地法，表示愿意将迪亚斯时期所侵占的土地归还给农民，并且采取了一些维护民族利益的措施。后来，卡兰萨又挑拨工人与农民之间的矛盾，让他们相互残杀，以此来巩固资产阶级政权。经过残酷的三年内战，微拉和查巴塔的力量被严重削弱，而卡兰萨取得了最终胜利。

1917 年 2 月，墨西哥立法会议通过了宪法，宣告了革命的结束。虽然广大人民没能完全取得胜利，但是宪法中却反映了他们在长期斗争中所取得的成果。宪法第 27 条规定，墨西哥的资源属于本国公民，外国人不得占有，并且规定了土地改革的原则。宪法第 123 条规定了较为进步的劳动法，例如墨西哥工人享有 8 小时工作制、组织工会和罢工的权利。1917 年颁布的墨西哥宪法沉重打击了封建势力，较好地解决了一些工人、农民关心的问题，是一部资产阶级民主主义的宪法。

1910—1917 年的墨西哥革命在墨西哥历史上有着重要的地位。虽然资产阶级掌握了政权，但是广大劳动人民，尤其是农民成为社会前进的动力，使其带有鲜明的民主革命色彩。在颁布 1917 年宪法以后，墨西哥人民继续开展了争取民主、进步和土地的斗争。

全球通史

—— 近代篇（下） 现代篇（上）——

❶ 19 世纪中叶的欧美

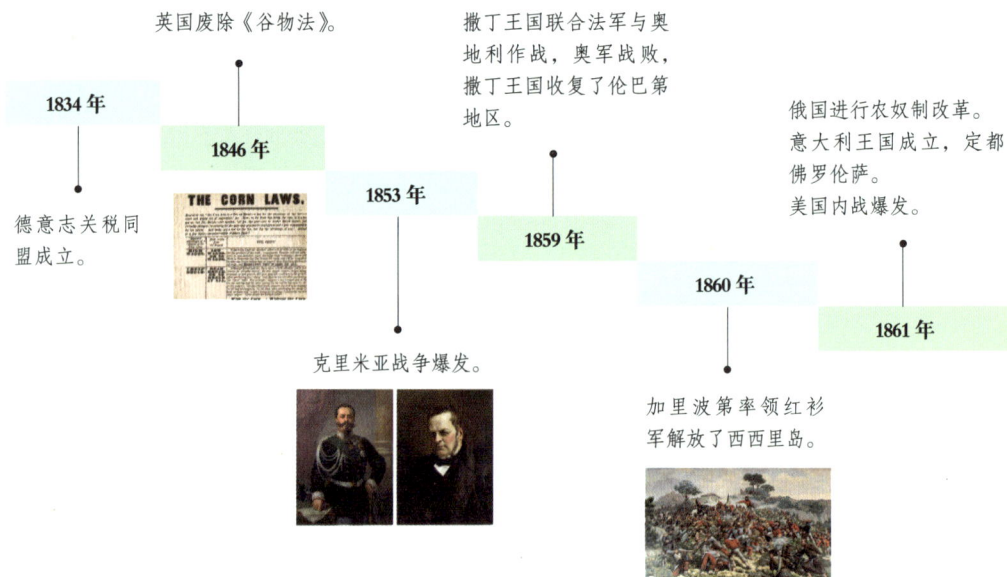

1834 年

德意志关税同盟成立。

英国废除《谷物法》。

1846 年

1853 年

克里米亚战争爆发。

撒丁王国联合法军与奥地利作战，奥军战败，撒丁王国收复了伦巴第地区。

1859 年

1860 年

加里波第率领红衫军解放了西西里岛。

俄国进行农奴制改革。
意大利王国成立，定都佛罗伦萨。
美国内战爆发。

1861 年

❷ 19 世纪下半叶的欧美日 1

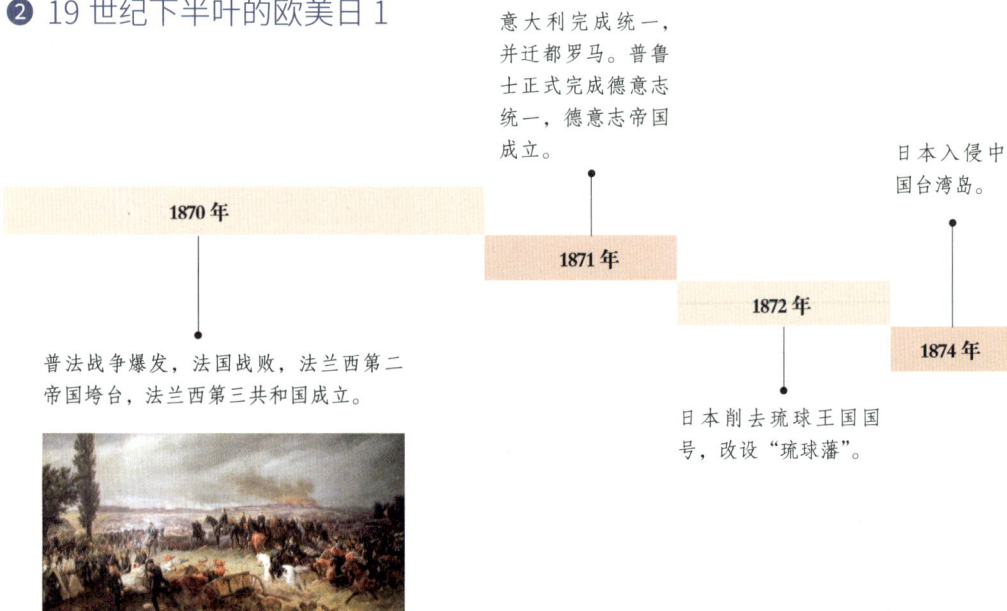

意大利完成统一，并迁都罗马。普鲁士正式完成德意志统一，德意志帝国成立。

1870 年

普法战争爆发，法国战败，法兰西第二帝国垮台，法兰西第三共和国成立。

1871 年

1872 年

日本削去琉球王国国号，改设"琉球藩"。

日本入侵中国台湾岛。

1874 年

历史年表

普奥战争爆发，奥地利战败，以普鲁士为首的北德意志邦联成立。

德国第一个无产阶级政党——德国社会民主工党成立，并加入了第一国际。

普丹战争爆发，德意志开始走向统一。

1868 年

1866 年

1869 年

1865 年

1864 年

1862 年

美国内战结束，随后时任美国总统林肯遇刺身亡。

俄国在中亚日益强盛。

普鲁士国王威廉一世任命俾斯麦担任首相，进行军事改革。

法国工人党成立，法国工人运动进入新的发展阶段。

马克思开始创作《哥达纲领批判》。

1879 年

1876 年

1875 年

美国人贝尔发明了电话，从根本上改变了人类的通信方式。

❷ 19 世纪下半叶的欧美日 2

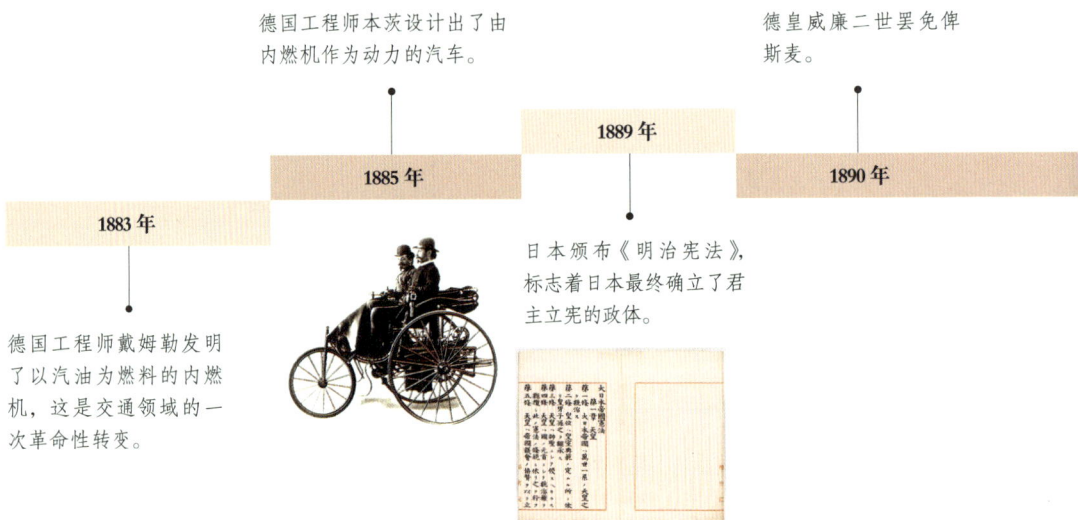

德国工程师本茨设计出了由
内燃机作为动力的汽车。

德皇威廉二世罢免俾
斯麦。

1889 年

1885 年

1890 年

1883 年

日本颁布《明治宪法》，
标志着日本最终确立了君
主立宪的政体。

德国工程师戴姆勒发明
了以汽油为燃料的内燃
机，这是交通领域的一
次革命性转变。

❸ 19 世纪中后期的亚非地区 ——中国

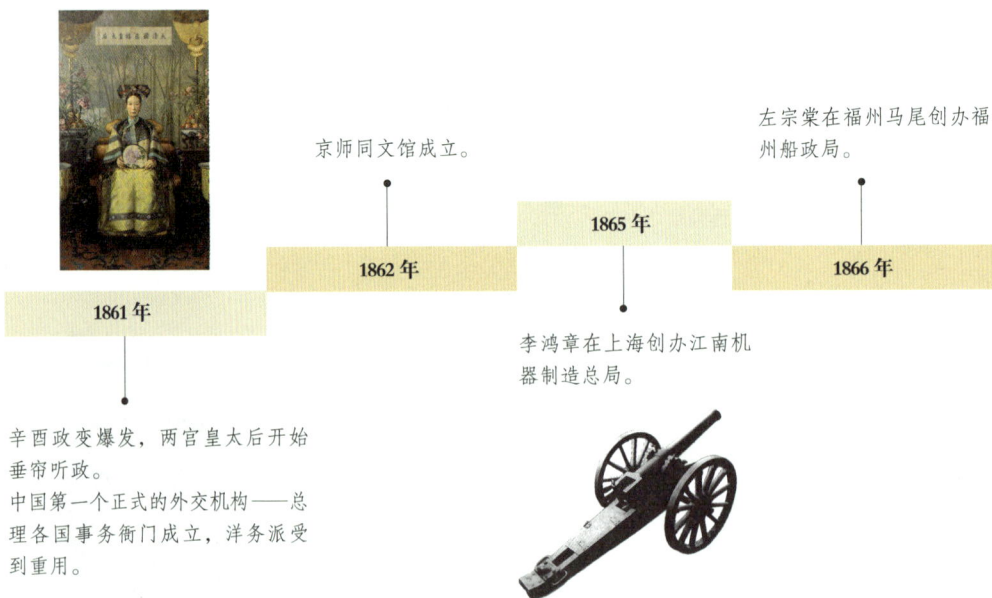

京师同文馆成立。

左宗棠在福州马尾创办福
州船政局。

1865 年

1862 年

1866 年

1861 年

李鸿章在上海创办江南机
器制造总局。

辛酉政变爆发，两宫皇太后开始
垂帘听政。
中国第一个正式的外交机构——总
理各国事务衙门成立，洋务派受
到重用。

英国独立工党成立。

美西战争爆发。

1894 年

1893 年

1898 年

法国发生德雷福斯诬告案。

戊戌变法失败。这场
变法运动总共持续了
103 天，因此也称"百
日维新"。

北洋水师在甲午战争中
全军覆没，洋务运动宣
告破产。

轮船招商局在上海
成立。

1897 年

1895 年

1898 年

1883 年

严复翻译的《天演论》
问世。

1873 年

中法战争爆发。

❹ 19 世纪中后期的亚非地区 ——亚洲其他国家

朝鲜爆发甲申政变。

越南爆发安世起义，越南
农民抵抗法国殖民统治。

1876 年

1884 年

1885 年

1887 年

日本和朝鲜签订不平等条约
《朝日修好条规》(又称《江
华条约》)，日本正式打开了
朝鲜的经济大门。
奥斯曼青年党人发动政变，
另立穆拉德五世为苏丹，
颁布新宪法。

印度国民大会党
(国大党)在孟买
成立。
越南爆发抗法武装
斗争，史称"勤王
运动"。

❺ 19 世纪中后期的亚非地区 ——非洲地区

英国发动第七次阿散
蒂战争，之后阿散蒂
联邦开始衰落。

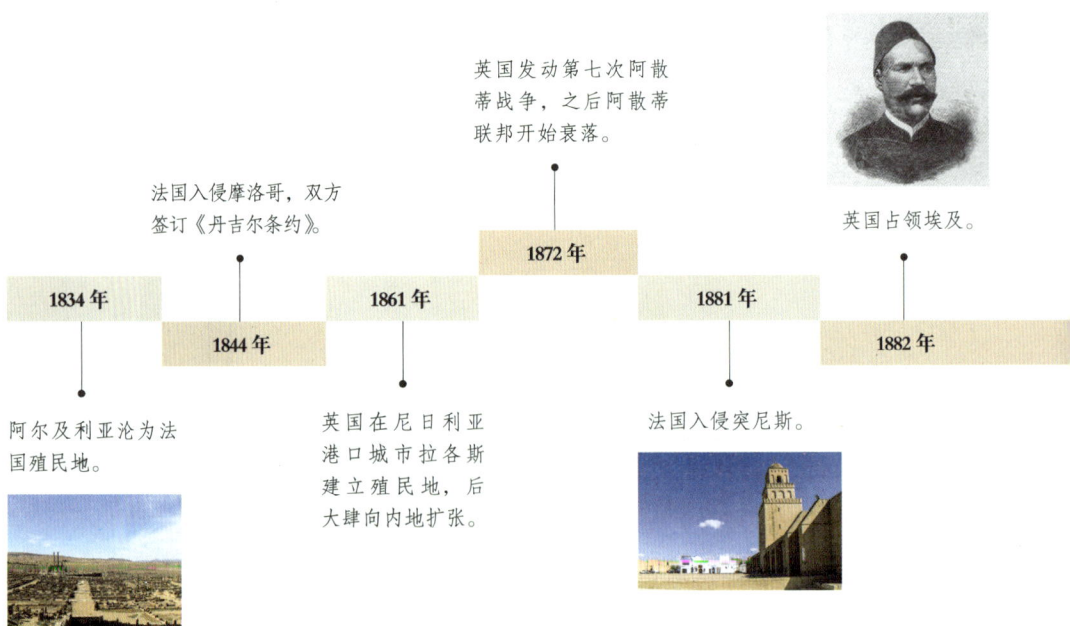

法国入侵摩洛哥，双方
签订《丹吉尔条约》。

英国占领埃及。

1834 年

1844 年

1861 年

1872 年

1881 年

1882 年

阿尔及利亚沦为法
国殖民地。

英国在尼日利亚
港口城市拉各斯
建立殖民地，后
大肆向内地扩张。

法国入侵突尼斯。

菲律宾建立了秘密组织"卡蒂普南"，提出以武装斗争的方式获取民族独立。

菲律宾宣布独立。

1894 年

1892 年

1898 年

朝鲜爆发甲午农民战争（东学党起义）。

桑给巴尔岛沦为英国殖民地。

马达加斯加沦为法国殖民地。埃塞俄比亚大败意军，意被迫承认埃塞俄比亚独立。

法国占领吉布提。

1896 年

1895 年

1890 年

1884 年

1888 年

1889 年

多哥、喀麦隆沦为德国殖民地。比利时国王利奥波德二世建立刚果自由邦。

埃塞俄比亚和意大利签订《乌西阿利条约》，承认其对北部地区的占领。

法属西非成立，包括现社的毛里塔尼亚、塞内加尔、法属苏丹（今马里）、尼日尔、科特迪瓦、上沃尔特（今布基纳法索）、法属几内亚（今几内亚）和达荷美（今贝宁）。

❻ 近代欧美科学文化的发展——自然科学的发展

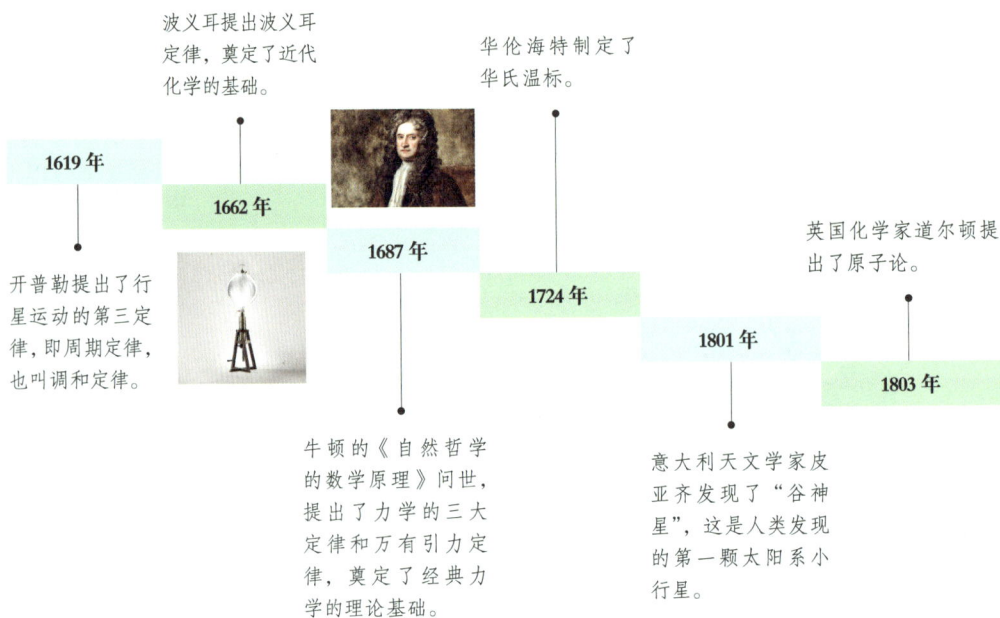

波义耳提出波义耳定律，奠定了近代化学的基础。

华伦海特制定了华氏温标。

1619 年

1662 年

英国化学家道尔顿提出了原子论。

1687 年

1724 年

1801 年

开普勒提出了行星运动的第三定律，即周期定律，也叫调和定律。

1803 年

牛顿的《自然哲学的数学原理》问世，提出了力学的三大定律和万有引力定律，奠定了经典力学的理论基础。

意大利天文学家皮亚齐发现了"谷神星"，这是人类发现的第一颗太阳系小行星。

❼ 近代欧美科学文化的发展——人文艺术的发展 1

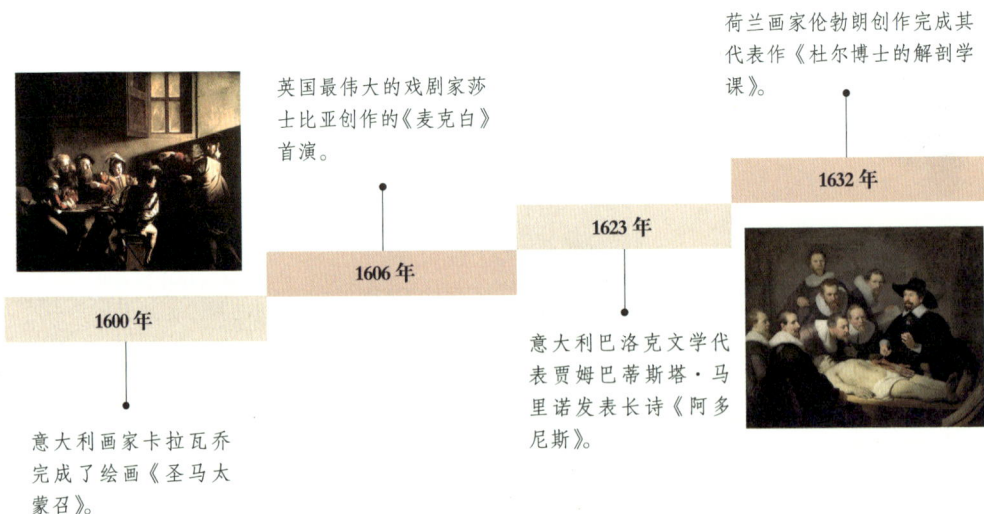

荷兰画家伦勃朗创作完成其代表作《杜尔博士的解剖学课》。

英国最伟大的戏剧家莎士比亚创作的《麦克白》首演。

1632 年

1623 年

1606 年

1600 年

意大利画家卡拉瓦乔完成了绘画《圣马太蒙召》。

意大利巴洛克文学代表贾姆巴蒂斯塔·马里诺发表长诗《阿多尼斯》。

达尔文出版《物种起源》，提出生物进化论，开创了生物学发展的新纪元。

麦克斯韦发表《论电和磁》，系统地阐述了电磁场理论。

德国植物学家施莱登发表《植物发生论》，指出细胞是植物最基本的结构单位。

1869 年

1859 年

1873 年

1842 年

1838 年

俄国化学家门捷列夫发表了元素周期表。

1831 年

德国科学家迈尔发表《论无机界的力》，成为最先发现能量守恒和转换定律的科学家之一。

法拉第发现电磁感应现象。

法国喜剧作家莫里哀发表其代表作《伪君子》。

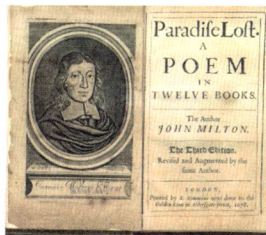

笛福出版了英国第一部现实主义长篇小说《鲁滨逊漂流记》。

1661 年

1667 年

1719 年

英国作家弥尔顿创作出被誉为西方三大诗歌之一的《失乐园》。

奥地利古典主义作曲家莫扎特创作的歌剧《费加罗的婚礼》在维也纳首演。

被誉为"俄国文学之父"的普希金完成了诗体小说《叶甫盖尼·奥涅金》。

1749 年

1786 年

1793 年

1831 年

被誉为"西方音乐之父"的德国作曲家巴赫创作完成《B 小调弥撒曲》。

法国新古典主义画派奠基人大卫创作完成《马拉之死》。

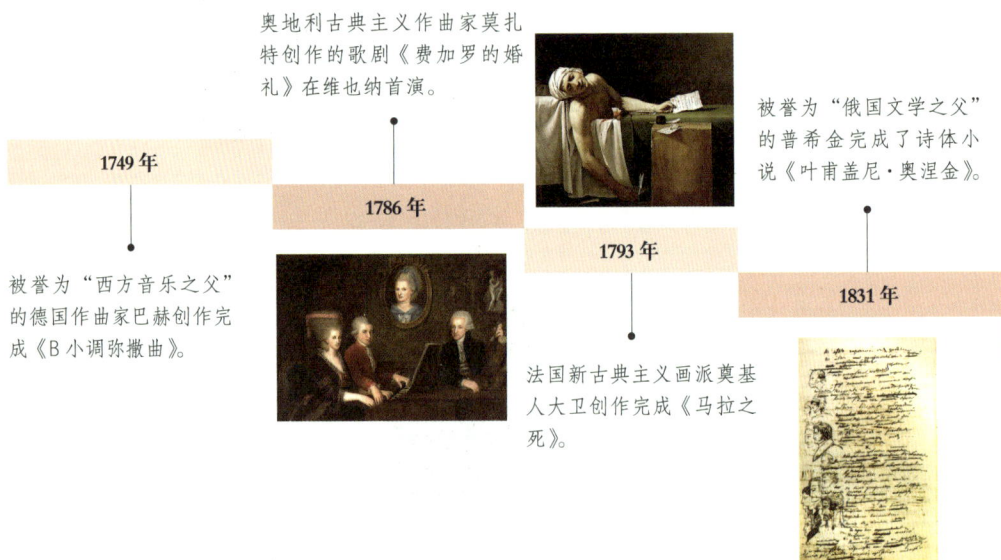

❽ 二十世纪初的世界 —— 欧洲两大军事集团的形成

德国、奥匈帝国、意大利在维也纳签订盟约,"三国同盟"正式成立。

1892 年

1882 年

1873 年

法俄两国缔结军事条约草案,法俄同盟正式建立。

德国、俄国、奥匈帝国三国签署协议,"三皇同盟"正式成立。

俄国批判现实主义作家托尔斯泰出版了第一部《战争与和平》。

1865 年

1866 年

德国最伟大的作家之一歌德完成了《浮士德》的创作。

1862 年

俄国著名作家陀思妥耶夫斯基的长篇小说代表作《罪与罚》出版。

1831 年

法国浪漫主义文学作家雨果出版了其代表作《悲惨世界》。

英国和法国缔结协约，两国实际上建立起了同盟关系。

1899 年

1904 年

1907 年

第一次国际和平会议在海牙召开，又称"海牙和会"。会议结束后，帝国主义列强加紧了扩军步伐。

英俄两国缔结了《英俄条约》。至此，英法俄"三国协约"正式成立。

9 二十世纪初的世界——列强瓜分奥斯曼帝国

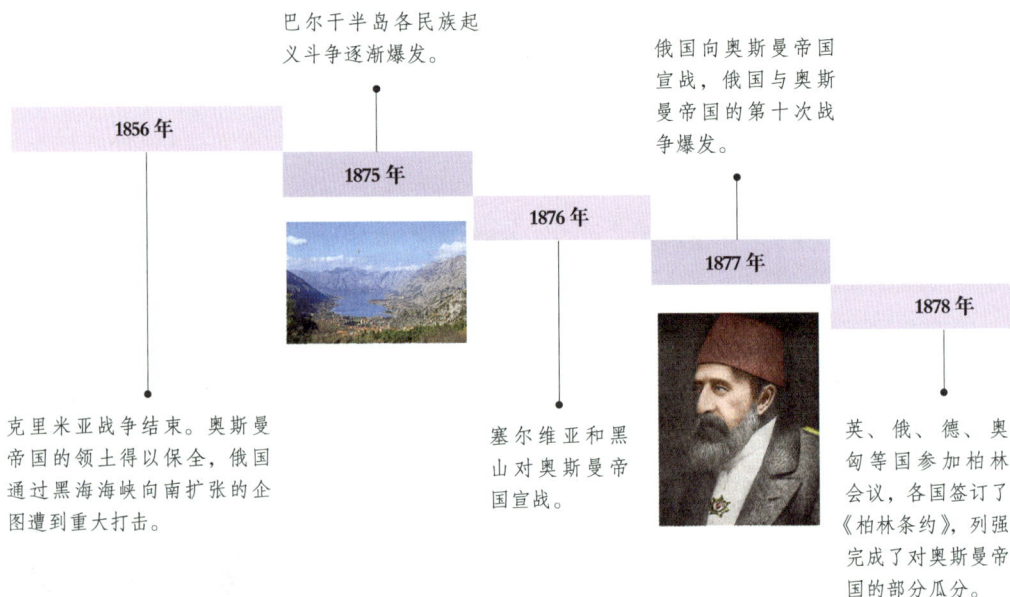

巴尔干半岛各民族起义斗争逐渐爆发。

俄国向奥斯曼帝国宣战，俄国与奥斯曼帝国的第十次战争爆发。

1856 年

1875 年

1876 年

1877 年

1878 年

克里米亚战争结束。奥斯曼帝国的领土得以保全，俄国通过黑海海峡向南扩张的企图遭到重大打击。

塞尔维亚和黑山对奥斯曼帝国宣战。

英、俄、德、奥匈等国参加柏林会议，各国签订了《柏林条约》，列强完成了对奥斯曼帝国的部分瓜分。

10 二十世纪初的世界——亚洲、拉美地区的民族觉醒

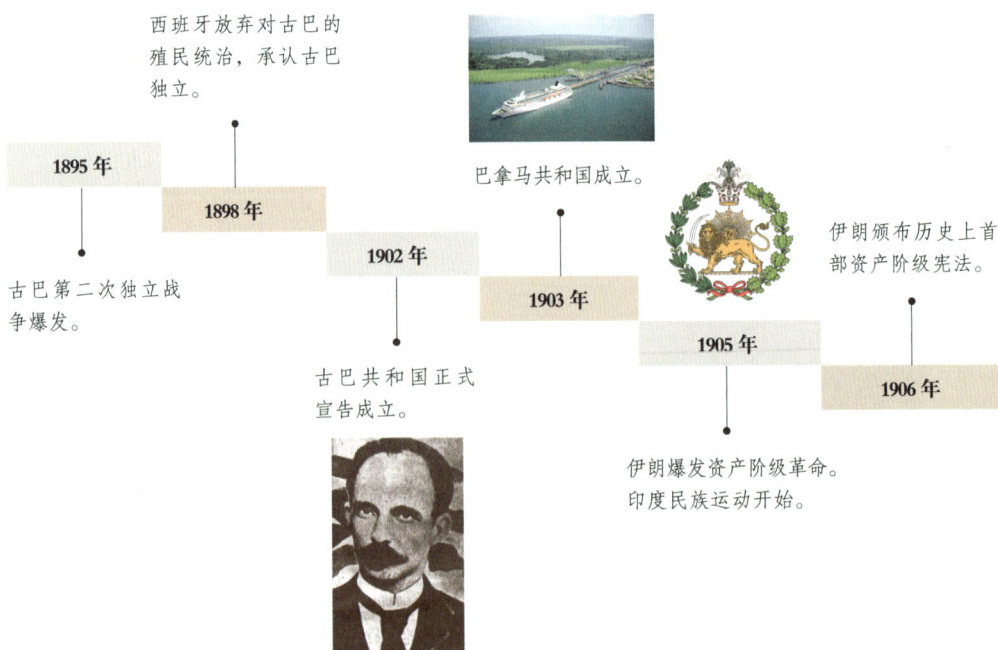

西班牙放弃对古巴的殖民统治，承认古巴独立。

巴拿马共和国成立。

1895 年

1898 年

1902 年

1903 年

1905 年

1906 年

伊朗颁布历史上首部资产阶级宪法。

古巴第二次独立战争爆发。

古巴共和国正式宣告成立。

伊朗爆发资产阶级革命。印度民族运动开始。

第二次巴尔干战争爆发。保
加利亚战败，巴尔干各国间
的矛盾日益尖锐。

意土战争爆发。

1913 年

1912 年

1911 年

1908 年

第一次巴尔干战争爆发。
奥斯曼帝国战败，丧失了
其在欧洲的大部分领土。

巴尔干半岛爆发波
斯尼亚危机。

中华民国成立，孙中山
就任临时大总统。

墨西哥资产阶级民
主革命爆发。

1917 年

1912 年

1911 年

1910 年

1900 年

墨西哥颁布了第一部
资产阶级民主主义的
宪法。

伊朗革命被帝国主义扼
杀，恺加王朝再次复辟。
中国爆发辛亥革命。

土耳其革命爆发。哈米德二
世被废，青年土耳其党人开
始执政。
印度孟买爆发工人大罢工。